尖閣諸島をめぐる「誤解」を解く

国会答弁にみる政府見解の検証

笘米地 真理 著
TOMABECHI Masato

日本僑報社

推薦の辞

東アジア共同体研究所所長、元駐イラン大使、元防衛大学校教授

孫崎享

　多くの人は、「日本は昔から尖閣諸島の主権を唱え、石油があるという調査の後、中国が尖閣の主権を主張した」と思っている。

　しかし、本書の筆者である笘米地真理氏は国会答弁を通して、日本は尖閣諸島にどのような領有権主張を行ってきたかを丹念に分析し、1970 年までは日本政府も尖閣諸島の領有権について明言していないこと等を明らかにした。

　貴重なデータを含んでいるので、以下に本書が述べる歴史上の主要点を記す。

(1) 1950 年代の国会答弁では、島の名前すら明確に認識しておらず、領有権主張は実に曖昧である。

(2) 沖縄返還の可能性が出る 1967 年以降、この島の存在が論議され始める。

(3) 1968 年、東郷文彦アメリカ局長は、尖閣諸島周辺の海域が領海だとの認識を示す。

(4) 尖閣諸島の帰属については 1970 年の 4 月、山中貞則総理府総務長官が「明らかに石垣島に属する島でございまする」と初めて答弁した。

(5) 同年 9 月 7 日、外務省の山崎敏夫参事官が「領有権に関しましてはまさに議論の余地のない」「明らかにわれわれの領土」（衆議院科学技術振興対策特別委員会）と答弁。

(6) 同年 9 月 10 日、愛知揆一外相は、「尖閣諸島の領有権問題につきましては、いかなる政府とも交渉とか何とかを持つべき筋合いのものではない、領土権としては、これは明確に領土権を日本側が持っている」（衆議院外務委員会）と初めて大臣として明言した。

(7) 同年 10 月 7 日、山中総理府総務長官は、1895 年の閣議決定と翌年の勅

今によって尖閣諸島を編入した旨を初めて答弁（参議院決算委員会）
した。

(8) 1972年3月8日、「外務省統一見解 尖閣諸島の領有権問題について」
が発表されたが、「先占」という言葉は用いられておらず、領有根拠と
して「国際法上の先占」は明示されてはいない。

(9) 同年3月21日、高島益郎条約局長は、「先占の法理によって日本が合
法的に取得した」（衆議院予算委員会第二分科会）と初めて答弁した。

(10) 同年5月、外務省情報文化局が『尖閣列島について』というパンフレ
ットを発行した。その中で、「明治28年（1895年）1月14日の閣議決
定により、尖閣諸島を沖縄県の所轄として、標杭をたてることにきめま
した」、「これは国際法的には、それまでどこの国にも所属していなかっ
たそれらの諸島の領有権を、わが国が、いわゆる『先占』と呼ばれる行
為によって取得したのだということになります」と、初めて文書で「先
占の法理」に言及した。

中国や台湾の領有主張が「石油が出てからの後出しジャンケン」だとす
る表現は、日本領有の根拠として巷間に流布している「定説」である。しか
し、本書で詳述される日本政府による国会答弁の変遷をみれば、1895年の
閣議決定の根拠を「国際法上の先占の法理」であるとする尖閣領有に関する
歴史的経緯に関する日本政府の「物語」が完成したのは1972年であること
が理解できる。

私の勤務経験からいっても、尖閣諸島をめぐっては、日中間で「棚上げ」
にするとの暗黙の了解があったはずだが、現在の外務省はそれを否定してい
る。著者は、「棚上げ」を否定する国会答弁を最初に行ったのは1975年の宮
澤喜一外相であり、爾来、国会における答弁では政府は棚上げを否定してき
たことを明らかにしている。しかし、同時に、日中平和友好条約に調印した
園田直外相の国会答弁や栗山尚一他の外務省関係者からの証言、また実際の
外交実務上の日本政府の対応から、「棚上げ」の暗黙の了解があったと論証
している。

尖閣諸島についての「棚上げ」は、日本にとって有利な条件であることを私も再三主張している。係争状態にあることを認め、冷静な話し合いによって解決しなければ、武力による決着以外に方法はないのである。

　著者の苫米地氏は、40才を過ぎてから入学した大学院で私の講義にも参加し、修士論文「領土政策に関する政府見解の変遷─尖閣諸島をめぐる国会答弁を中心に─」で学位を取得した。たとえ日本にとって不利となる事実であっても、国会会議録から消し去ることはできない。「まずは事実を認識し、それを踏まえて冷静に議論することで、日中信頼関係の再構築を」と語る。

　尖閣問題に関する「誤解」を解き、こじれた問題を解決するためのヒントにあふれる本書を推薦したい。

尖閣認識の「落とし穴」を突く
―笘米地氏の新著を推す―

共同通信客員論説委員

岡田充

　尖閣諸島（中国名　釣魚島）の領有争いが、歴史認識と並んで日中間最大の外交懸案になっていることはよく知られる。外交だけではない。多くの日本人と中国人に領土ナショナリズムを炎上させ、相互不信感情を醸成したのは、負の歴史として長く記憶されねばならない。

　中国や台湾の領有権主張に対し、多くの日本人は「石油が出そうになってからの後出しジャンケン」という見方が支配的だと思う。本当にそうなのだろうか。では「多くの日本人」は、日本側がいつから領有権を主張したのか認識しているだろうか。ナショナリズムの病に取りつかれると、自分の相貌は棚上げし、相手の醜さだけを極大視する。

　本書は、著者の修士論文（法政大）を大幅に加筆し差し替えた内容である。尖閣領有に関する日本政府の国会答弁を丹念に調べ、その主張の時期特定を実証研究した好著である。著者は日本の領有権の論拠として①「無主地先占権」の法理適用②1895年1月の閣議決定による編入③日本が一貫して有効に支配してきた「固有の領土」④領土問題は存在しない⑤「棚上げ」の有無―を挙げ、日本政府がいつからその主張をしたかを特定する。

　われわれは、外務省の発表を伝えるメディア報道を見て、明治政府が尖閣を編入した1895年以来、日本側が約120年間にわたりずっと領有権を主張してきたと思い込みがちだ。しかし1895年の閣議決定は秘密裏に行われ、内外に初公開されたのは1952年である。尖閣周辺海域に石油資源があることが1960年代後半に報告されて、日本側も初めてあの無人島の存在を意識

したのである。それまでは、われわれの視界には島は存在しなかった。

　日本政府の「物語」が完成し、領有権を明言するのは1970年になってからであり、50年代には、政府当局者ですら「尖閣諸島」という名称も認識していなかった事実は初めて知った。安倍政権は2013年、中国が島上空を含む空域に設定した「防空識別圏（ADIZ）」を「一方的現状変更」として撤回を要求した。しかし72年当時、防衛官僚が国会答弁で、中国がADIZを設定しても「格別、不都合ではない」と答えていた事実も本書で明らかにされる。

　歴史的事象に対してわれわれは、今の認識枠組みを使って「過去の歴史的時点での事象」を無意識のうちに当てはめていることが多い。日本だけでなく中国も同様である。本書の最大の成果は、領土ナショナリズムによって陥りがちな認識の「落とし穴」を自覚させてくれたことだと思う。

　本書はこのほか、「自民党政権と民主党政権における外交実務上の対応を論述し、政府見解と実務対応との相違」を挙げる研究成果（第3章）を出している。さらに歴史的な文脈から沖縄と尖閣とのかかわりも論述し、「新たな棚上げ」を主張し、領土画定の可能性にも言及している（第4章）。

目次

推薦の辞　孫崎享 3

尖閣認識の「落とし穴」を突く―苫米地氏の新著を推す―　岡田充 6

序章 12

　　［凡例］――尖閣諸島について 19

第1章　尖閣諸島に関する政府見解の変遷 22

　第1節　1970年までの国会答弁 22

　　1950年代の国会答弁　正式な島名を答えられない日本政府 22

　　1967年、「尖閣群島」に台湾人が住みつくことが問題に 26

　　1970年4月、尖閣諸島の帰属を答弁 29

　第2節　1970年9月、外務大臣が尖閣の領有権を明言 32

　　1970年9月17日の琉球政府声明 34

　　1884年、古賀辰四郎の尖閣諸島への「探検」 37

　　1895年の閣議決定による領有権を答弁 39

　第3節　米国の中立政策の背景 42

　　尖閣諸島の主権に関する米国の中立政策 42

　　サンフランシスコ平和条約第26条と北方領土問題 46

　　米国の中立政策は陰謀なのか　中国名の米軍射爆場 50

第2章　日本政府による領有権主張の根拠 57

　第1節　領有権を根拠づける沖縄での資料収集 57

　　資料収集の成果として「先占の法理」論を展開 61

　　1970年になって日本政府が尖閣の領有権を明言した背景 66

中国側の指摘――石油埋蔵の可能性から日本も領有権を主張..........68

第2節　「先占の法理」と「棚上げ」..70

「先占の法理」による領土編入..70

1978年の園田外相答弁　平和友好条約交渉で尖閣は議題にせず.....78

「棚上げ」に関する政府見解..79

第3章　外交上の実務対応と沖縄をめぐる歴史的経緯 81

第1節　公式見解と実務対応の相違..81

政府見解と実務対応のダブルスタンダード..81

1972年、国交正常化交渉での尖閣に関するやりとり........................85

1978年、平和友好条約締結交渉での尖閣に関するやりとり............89

第2節　自民党政権と民主党政権における実務対応の差異..........93

「国有化」以後――中国も実効支配しつつある「現状」...................93

2004年3月、厳しい日中関係下での小泉首相の対応........................95

2010年9月、漁船衝突事件時の菅内閣の対応....................................96

第3節　「固有の領土」と沖縄をめぐる歴史的経緯......................97

「固有の領土」論の問題性..97

「固有本土」は守り、「固有の領土」は「捨て」うる.....................101

琉球処分と沖縄「分割案」..104

第4章　結論 109

第1節　「新たな棚上げ論」で現状凍結の明文化を 109

中国による領海法制定　「棚上げ」＝現状維持への挑戦..............109

米国は安保条約で尖閣を守るのか..111

「棚上げ」と資源の共同開発..115

不測事態の回避　海上事故防止協定の締結を....................................122

第 2 節　現状凍結から国境画定へ ……………………………………… 127

　　「棚上げ」から国境の画定へ ………………………………………… 127

　　歴史問題の理解 ………………………………………………………… 130

　　様々な選択肢を ………………………………………………………… 133

　　島嶼の分割による国境画定 …………………………………………… 137

終章 ………………………………………………………………………………… 139

　[注釈] …………………………………………………………………………… 141

　[参考文献] ……………………………………………………………………… 172

序章

　尖閣諸島（中国名：釣魚島。台湾名：釣魚臺島嶼）については多くの誤解が存在する。本書の目的は、尖閣諸島をめぐる国会答弁を中心とした政府見解が、どのような変遷をたどったのかを検証し、そのうちのいくつかの誤解を軌道修正することにある。

　外務省ホームページに掲載されている「尖閣諸島についての基本見解」には、「尖閣諸島が日本固有の領土であることは、歴史的にも国際法上も疑いのないところであり、現にわが国はこれを有効に支配しています。したがって、尖閣諸島をめぐり解決すべき領有権の問題はそもそも存在していません[1]」とある。これを見れば、1895年に尖閣諸島を編入する閣議決定を行って以来、日本政府が120年間一貫してそのように主張していると考えがちである。

　筆者は、国会会議録と関連公文書を調査し、日本政府が尖閣諸島の領有権を明言したのは1970年になってからであること等を本書で明らかにしたい。同時に実際の外交実務上の対応がいかなるものであったのかを精査し、沖縄が日本に併合された歴史的な経緯等もふまえつつ、尖閣諸島をめぐる問題を解決し、安定した日中関係を構築することを目指す。

　2009年8月31日に執行された第45回衆議院議員総選挙で民主党は308議席を獲得し、政権交代が実現した。しかし、3年3ヶ月続いた民主党政権[2]の評価が問われた2012年12月の第46回衆議院議員総選挙において、民主党は公示前の231議席から174議席減らす57議席という結果となり、戦後日本政治史上空前の大敗北を喫して政権を失った。その敗因はいくつか挙げられるが、尖閣諸島問題への対応も、原因の一つであったと考えられる。

　民主党政権下における、尖閣諸島にまつわる大きな事件としては、2010年9月に発生した尖閣諸島沖漁船衝突事件と2012年9月の野田佳彦内閣による尖閣諸島「国有化[3]」が挙げられよう。尖閣諸島の領有権を主張している中華人民共和国（以下、中国）は、「国有化」に反発し、中国国内では日系企業やスーパーなどに対する焼き討ちや略奪を含む大規模な「反日暴動」が発生した。他方、日本国内においても、多くの日本人の反中・嫌中感情が高まりをみせるなど、日中国交正常化以降で最も厳しい対立局面が生まれることとなった。

尖閣諸島沖漁船衝突事件については、「領有権の問題はそもそも存在しない[4]」との質問主意書への答弁書に菅直人内閣総理大臣が「日中国交正常化後の歴代総理大臣として、はじめて[5]」署名したことや、前原誠司外務大臣が「棚上げ[6]」について中国側の「一方的[7]」な主張だと国会答弁をしたことが解決を困難にしたとの批判がある[8]。しかし、それ以前の政府見解はどうだったのか。

　尖閣諸島に関する「領有権の問題はそもそも存在しない」という政府見解は、いつから主張するようになったのかを明らかにするために国会会議録を調べたところ、その時々に発生した実にさまざまな具体的な問題について、各党を代表する国会議員が政府に問うていることを確認した。質疑に対しては、首相や外相、沖縄問題担当大臣をはじめ、具体的な詳細に関しては担当局長や参事官等の官僚が答弁している。その質疑応答の内容を時系列的に検証してみると、尖閣諸島に関して発生した問題と政府の対応を網羅することが可能となる。そこには、尖閣諸島の領有権を主張する上で日本政府にとって、有利とはいえない内容も含まれている。しかしながら、政府が日本にとって有利になる事実だけを主張して、この不利になりかねない事実を封印しようとしても、国会会議録からその部分を消し去ることはできないのである。尖閣諸島をめぐって発生した問題を解決するためには、日本にとって不利な事実もふまえた上で、方策を考える必要があると認識するに至った。

　したがって、本書では、尖閣諸島問題に関する国会答弁を中心とした日本政府の見解がどのような変遷をたどり、また実際の外交実務上の対応がいかなるものであったかの論及を行う。ここで結論を先取りすれば、短期的には「新たな棚上げ論」によって現状を凍結し、海上事故防止協定の締結等、不測の事態を回避するための交渉を進める。そして、長期的には、紛争解決論の視点をふまえ、両国の合意によって何らかの方法で国境を画定し、安定した日中関係を構築するための公共政策の形成を目指すものである。

　なお、本書は、筆者が2014年1月に法政大学大学院公共政策研究科に提出した修士論文「領土政策に関する政府見解の変遷——尖閣諸島をめぐる国会答弁を中心に——」を加筆修正したものである。引用した国会会議録の答弁者の肩書は全て当時のものであり、引用文中の傍点ルビは筆者が付したものであること、漢数字は算用数字に改めた箇所があることを付記しておく。

先行研究とその問題点

　尖閣諸島の領有権問題については、多くの優れた先行研究が存在する。

奥原敏雄[9]を筆頭に、林司宣[10]、英修道[11]、太寿堂鼎[12]、勝沼智一[13]、緑間栄[14]、尾崎重義[15]、仲里譲[16]、松井芳郎[17]、芹田健太郎[18]らの日本の国際法学者、政治学者の浦野起央[19]、豊下楢彦[20]、歴史学者の伊藤隆[21]、百瀬孝[22]、海洋学者の山田吉彦[23]、元資源開発会社役員の猪間明俊[24]らは、「無主地先占」つまり「先占の法理」を根拠に、または中国が1971年に至るまでに日本の領有に対して一貫して抗議を行わなかったことから、日本政府の見解に基づいて尖閣諸島の日本領有論を展開している。

　一方、歴史学者の井上清[25]は、尖閣諸島は「ほんらい無主地であったのではなく、中国領である[26]」、「日本の領有は、日本が日清戦争に勝利して奪いとったものである[27]」として、中国領有論を展開し、その主張は中国側が領有権を示す根拠としてたびたび引用されている。また、元国際貿易促進協会常任理事の高橋庄五郎[28]も中国領有を主張した。中国現代史を専門とする村田忠禧[29]は「日本が尖閣列島と呼ぶ島々はほんらい中国に属していた[30]」と述べており、尖閣領有の経緯を明らかにした新著では、「戦勝に乗じてこっそりと領有したものであり」「国際法、国内法いずれに照らしても認められるものではない」「大切なことは事実を重視し、道理に基づき、かつ冷静な対話を実現すること」によって問題を解決すべきとしている[31]。さらに、孫崎享[32]や東郷和彦[33]、石井明[34]、矢吹晋[35]、丸川哲史[36]、纐纈厚[37]、名嘉憲夫[38]、中嶋久人[39]、羽場久美子[40]、羽根次郎[41]、毛利正道[42]、岡田充[43]らは、中立的な立場から先占の法理を根拠とする絶対的な日本領有論に疑問を呈し、領有権問題の存在を認めた上で「棚上げ」も含め、交渉による解決を提唱している。

　傾向としては、日本の国際法学者は日本領有を主張し、歴史学者や中国学者、外務省出身者、ジャーナリストの一部は、先占の法理を根拠とする領土編入には疑念を表している。日本の領有権を主張する国際法学者の中でも松井や芹田は、交渉による解決を目指し、中国側に妥協したともとれる形での解決を提唱している。さらに、エネルギー問題の専門家である猪間は、尖閣周辺のエネルギー開発の困難さを理由に、「多大な恩を売る形で尖閣諸島の領有権を中国に渡してしまうのも一つの解決法である[44]」としている。それらの見解と比較して、山田は、「棚上げ」や交渉による解決を否定し、「アメリカ軍に頼る前に自衛隊を堂々と配備し[45]」、実効支配をさらに強める必要があることを主張している。

　中国側については、1971年6月に領有権を主張しはじめた台湾では、歴史学者の楊仲揆[46]、張啓雄[47]、国際法学者の丘宏達[48]、程家瑞[49]、海洋法学者の

林田富[50]、台湾政治大学研究員の邵漢儀[51]らが台湾の領有を主張している。また、前台湾総統の馬英九はハーバード大学（Harvard University）で国際法を学び、博士論文「海底油田を擁する海域をめぐる争い——東シナ海における海床境界と海外投資の法的諸問題（"Trouble Over Oily Waters: Legal Problems of Seabed Boundaries and Foreign Investments in the East China Sea"）」の中で、尖閣諸島問題を取り上げている[52]。1971 年 12 月に領有権を主張しはじめた中国では、国際関係を専門とする劉江永[53]、中国社会科学院日本研究所の高洪[54]などが、釣魚島は古来、中国領土であったと主張している。中国と台湾の先行研究については、網羅的に検証することはかなわなかったが、日本の領有を主張するものを目にすることはなかった。

　ここで問題となるのは、日中それぞれ自国の領有権を主張する場合は、「自らの弱点には頬被りをし、もっぱら相手の弱点をあげつらうやり方で突っ張りあいを行ってきた[55]」ようにもみえる論争が、学術的にも政治的にも行われてきたことであると考える。

　例えば、日本の国際法学者は、1895 年 1 月 14 日の閣議決定によって尖閣諸島の久場島と魚釣島を沖縄県に編入し、標杭建設を認めたことは国際法上の「無主地先占」、すなわち「先占の法理」を根拠にしていると主張する。内務卿山縣有朋による「沖縄県と清国との間に散在せる無人島取調」と「国標建設」の内命を受けた沖縄県令西村捨三が、1885 年 9 月 22 日、久米赤島・久場島・魚釣島への国標建設についての懸念を上申した[56]。井上馨外務卿による反対もあり、国標建設すわなち尖閣領有の見送りは 1885 年 12 月の日本政府の正式な結論となった。それから 10 年たった 1895 年に至り、日清戦争の帰趨が明らかになる時期に閣議決定したことは、「10 年前は弱小国日本としてアジアの超大国中国に遠慮しなければならなかったのに反し、中国が弱体化したため遠慮の必要がなくなって、正しいと信じたことを実行できた[57]」といえよう。「日本が、日清戦争の最中の火事場泥棒の如く、下関条約という正式の両国外交交渉の場で尖閣諸島の領有権画定が問題になる前に、近代法の知恵を利用して『無主物先占』宣言をあえてした[58]」と中国側が認識することを、「100％間違いである」と断定するのには躊躇する。現実の歴史的過程や、"領土を奪われた"という中国側の感情を無視して、日本が「法理」を主張すれば、議論は平行線をたどるであろう。さらに、この閣議決定については、伊藤隆と百瀬孝が指摘するように、「これは官報に出たわけでなく、外国にも通告されておらず、領土編入について無主地先占の手続きをふんだとは到底いえないが、どこからも異議がなかったので当時は編入の経緯・法的根拠等を説明す

るということはしていない[59]」のにもかかわらず、「固有の領土であり、解決すべき領有権の問題は存在しない」と主張するのはいかがなものだろうか。

一方、中国側の主張の最大の弱点は、1971年になってから公式に領有権を主張しはじめたことである。1895年段階で抗議しなかったのは、日清戦争に負けたのだから、死活的な利益のかかわる台湾の割譲には反対しても、小さな無人島の尖閣諸島については言及する余裕もなかったと解釈できる余地もある。しかし、1945年にはアメリカ合衆国（以下、米国）やグレートブリテン及び北アイルランド連合王国（以下、英国）と並ぶ戦勝国であったにもかかわらず、尖閣諸島の返還を求めなかったのである[60]。お互いに自国に不利な事実は極力言及しないで、相手の弱点だけを攻撃するような論争は控えるべきであろうと考える。

筆者の見解は、先占の法理だけを根拠に日本の領有を主張するには無理があると考えるが、中国が1971年に至るまでに日本の領有に対して一貫して抗議を行わなかったという事実に鑑み、日本の主張に分があるというものである。したがって、尖閣諸島は日本の領土である。しかし、上述したような歴史的経緯を考慮すれば、中国側の主張をすべて退けるのではなく、短期的には「新たな棚上げ論」による現状凍結の明文化を、長期的には何らかの方法で国境を画定すべきであると提起したい。

2010年の漁船衝突事件、および2012年の尖閣「国有化」以前であれば、まだ不測の事態から紛争に発展するほどの危機的状況を招くことはなかったといえよう。しかるに、「国有化」以降の中国側も実効支配しつつある現状では、自国に不利な事実を隠したまま自国に有利な事実だけを根拠に主張をする方法では、不測の事態を未然に防ぐことはできないであろう。このような問題意識から、過去の政府見解の変遷と実際の外交上の実務対応、また歴史的な経緯を沖縄の視点もふまえて検証することとした。

日本政府の公式見解と実際の外交実務上の対応

さて、「尖閣諸島をめぐり解決すべき領有権の問題はそもそも存在しない[61]」との質問主意書への答弁書を閣議決定したのは、民主党の菅直人内閣が「はじめて」であるとよくいわれている[62]。しかし、実は政権交代前の2007年11月に、福田康夫首相が「中国との間で解決すべき領有権の問題はそもそも存在していない[63]」との答弁を閣議決定しているのである。また、菅内閣の発足から25年前まで遡ってみると、1985年4月には、「中国との間に尖閣諸島の領有権をめぐって解決すべき問題はそもそも存在しない[64]」

と、安倍晋太郎外相が答弁している。さらに、2010 年 10 月 21 日に前原外相が、「棚上げ論について中国と合意したという事実はございません[65]」と答弁したことも問題視されたが、「日本国と中華人民共和国との間の平和友好条約」（以下、日中平和友好条約）締結前の 1975 年 10 月に、「いわゆるたな上げというような形で日中の条約交渉が行われているという事実はございません[66]」と、宮澤喜一外相が答弁しているのである。このように、国会答弁をみる限り、1975 年から「棚上げ合意はない」、1985 年から「領有権問題は存在しない」というのが、日本政府の一貫した公式見解なのである。

では、2000 年以降の自民党政権下での外交実務上の対応は、どのようなものであったのかを少しみていこう。2004 年 3 月、中国人活動家 7 人が魚釣島に上陸した際に、逮捕後に起訴ではなく、強制送還した小泉純一郎政権の対応[67] などをみるに、実際には棚上げ方式に基づいて実務対応をしていたのではないかと考えられる。1972 年 9 月の日中国交正常化交渉に参加し、「日本国政府と中華人民共和国政府の共同声明」（以下、日中共同声明）草案を作成した当時の外務省条約課長であった栗山尚一[68] は、「尖閣問題は『棚上げ』するとの暗黙の了解が首脳レベルで成立したと理解している[69]」と述べている。また、外務省中国課長をつとめた浅井基文も、「私の実務経験（1983-85 年に中国課長を担当）に即して言いますと、日中間の棚上げ合意の存在は省内的に当時も共有されていたというのが私の理解です[70]」という発言をしている。

ところが、2010 年の漁船衝突事件時の菅内閣は、それまでの「暗黙の了解」である棚上げに基づいて行ってきた実務対応を、表面上の公式見解に合わせて実施してしまったのではないだろうかと筆者は考える。かつてより、自民党政権は公式見解と現実対応を使い分け、領土に関する決定的な対立を回避してきた。しかし、民主党政権はその"知恵"を踏襲せずに、公式見解に合わせた現実対応を行った。それにより、政府見解は変更していないにもかかわらず、中国側に「これまでの"黙契"（"暗黙の了解"という意味の中国語）を変更するのではないか」との疑心を抱かせ、強硬な対応を誘発し、解決を困難にしてしまったのではないかというのが仮説である。

現在、尖閣諸島の日本領有の根拠を示す外務省ホームページには、「中国は、1968 年に尖閣諸島周辺海域に石油資源が埋蔵されている可能性が指摘された後、初めて『領有権』を主張[71]」との記述があり、「尖閣諸島についての基本見解」の中でも同様の趣旨が述べられている[72]。「中国や台湾の領有主張は、石油が出てからの後出しジャンケン」であるとするこの主張は、日本領有の根拠として頻繁に用いられる表現であり、巷間に流布する「定説」

ともいえる。しかるに、国会会議録にある政府答弁の変遷をみれば、1970年9月までは、日本政府も尖閣諸島の帰属および領有権について明言していない。尖閣周辺における石油埋蔵の可能性が高まったことにより、日本政府は関係資料を収集し、領有権の根拠を論理だて、その整理がついた1970年の9月になって初めて日本の領有権を主張しはじめたということも、中国側の文献にもあたり論証する。その上で、明治政府が琉球を併合して沖縄県とした歴史的な経緯もふまえつつ、尖閣諸島をめぐる問題をどう解決すべきかを提起したい。

本書の構成

本書は、以下のように構成されている。

第1章では、国会答弁を中心とした尖閣諸島の領有権に関する政府見解の変遷を取り上げることとする。1970年9月までは、日本政府も尖閣諸島の領有権を明言してこなかったことを明らかにし、尖閣諸島の主権に関して、米国が「中立の立場」をとっている背景にも言及した。

第2章では、1970年になって日本政府が尖閣諸島の領有権を明言するに至った背景を論述する。「無主地先占」すなわち国際法上の「先占の法理」によって領土編入したと主張する経緯、「棚上げ」に関する政府見解の変遷についても取り上げていく。

第3章では、自民党政権と民主党政権における外交実務上の対応を論述し、政府見解と実務対応との相違、すなわちダブルスタンダードを指摘した。また、「固有の領土」といいながら、日清戦争以前には宮古島と八重山諸島が、1945年においては沖縄が日本政府にとって「捨て」うるものであった歴史的経緯などを振り返り、「固有の領土」論の問題性も論じることとする。

第4章では、結論として、短期的には「新たな棚上げ論」で現状凍結を明文化し、不測事態を回避するための海上事故防止協定の締結、資源の共同開発を提起する。長期的には、歴史問題への理解を基礎にして、さまざまな選択肢の中から国境を画定する必要性を述べる。

研究の方法としては、国会会議録、および外務省が発表した公文書等を調査し、これまでの日中双方の先行研究を検証した。また、民主党政権時の首相官邸の高官や外務省担当者、中国側では外交部および中国共産党中央対外連絡部（以下、中連部）の日本担当者、中国人民解放軍（以下、解放軍）の政策担当者、中国社会科学院日本研究所の研究員らに聞き取り調査を行い、見解を補強することとした。

序章　*19*

【凡例】——尖閣諸島について

　尖閣諸島は、魚釣島・久場島・大正島・北小島・南小島という大小5つ
の島と3つの岩礁[73]から成る、総面積で約6平方キロメートルの島々であ
る[74]。台湾および中国との領有権問題が顕在化した1970年頃は、尖閣列島
と呼ばれることが多く、尖閣群島などとも呼ばれてきたが、本書では、現在
一般的な呼称となっている尖閣諸島と呼ぶことにする。外務省ホームページ
「尖閣諸島データ[75]」および浦野起央の『増補版　尖閣諸島・琉球・中国（分
析・資料・文献）[76]』を参照に、2012年9月の日本政府による魚釣島・北小
島・南小島の購入を書き加えれば、それぞれの島、および岩礁に関するデー
タは以下の通りである。

魚釣島（魚釣台・和平山・和洋島・ホアビンス島、琉球名：ユクン・ヨコンジマ・
ユクンジマ、中国名：釣魚島・釣魚薹・TIAO-YU-TAI、DIAO-YU-DAO、別称：
Hoapinsu）
位置　北緯25度45〜46分、東経123度30〜32分。
地形　地質は水成岩。最高峰は奈良原岳363メートル、屏風岳321メートル。
規模　東西3.5キロメートル、面積3.81平方キロメートル。島の周囲1万1,128
メートル。
備考　明治時代以前に人が住み着き、開発した形跡はない。1900年代後半に
古賀村が生まれた。元所有者は古賀善次であり、埼玉県在住の私人の私有地
であったが、2012年9月11日に日本政府が購入した。1970年に台湾水産試
験所の海憲丸が接岸し、中華民国旗を掲揚した。1973年5月に日本人民族
派青年が上陸した。1978年に、同年4月における中国武装船によるこの海
域への侵入事件で、日本右翼「日本青年社」が船舶の安全航行を理由に灯台
を建設した。1982年8月、「日本青年社」の者が上陸し、1988年6月に第二
灯台を建てた。1996年10月、第二保釣運動で「全球華人保釣大連盟」突撃
分子が上陸を決行し、中華人民共和国と中華民国の国旗を掲揚した。海上保
安庁の手で程なく上陸者は排除された。

久場島（チャウス島、琉球名：クバシマ・こうびしょう、中国名：黄尾嶼・
HUANG-WEI-YU）
位置　北緯25度55分、東経123度40〜41分。
地形　地質は火山岩。最高峰海抜118メートル。
規模　面積0.91平方キロメートル。島の周囲3,491メートル。

備考 明治時代以前に人が住み着き、開発した形跡はない。1900年代後半に古賀村が生まれた。元所有者は古賀善次であり、現所有者は埼玉県在住の私人である。第二次世界大戦後は、1958年以降、米軍の演習場として活用された。2012年9月の「国有化」の際、政府はこの島のみ購入しなかった。1970年6月に不法入域者が退去させられた。

大正島（久米赤島・ラレー岩、琉球名：クミアカシマ・せきびしょう、中国名：赤尾嶼・CHIH-WEI-YU・CHI-WEI-YU・崇尾嶼）
位置 北緯25度53分、東経124度34〜35分。
地形 地質は水成岩。最高峰海抜84メートル。
規模 面積0.06平方キロメートル。島の周囲980メートル。
備考 これまで人が住み着き、開発した形跡はなく、2012年9月以前から日本の国有地となっており、米軍の射爆場として活用された。

北小島（琉球名：シマグワー・鳥島、中国名：PEI-HSIAO-TAO・BEI-XIAO-DAO）
位置 北緯25度44〜45分、東経123度35分。
地形 地質は水成岩。最高峰海抜129メートル。
規模 面積0.31平方キロメートル。島の周囲3,120メートル。
備考 明治時代以前に人が住み着き、開発した形跡はない。元所有者は古賀善次であり、2012年9月11日に埼玉県在住の私人より日本政府が購入した。1996年7月、「日本青年社」が簡易灯台を建設し、台風で倒壊したために9月再建した。

南小島（琉球名：シマグワー・鳥島、中国名：NAN-HSIAO-TAO・NAN-XIAO-DAO）
位置 北緯25度44分、東経123度35分。
地形 最高峰海抜148メートル。
規模 面積0.40平方キロメートル。島の周囲2,610メートル。
備考 明治時代以前に人が住み着き、開発した形跡はない。元所有者は古賀善次であり、2012年9月11日に埼玉県在住の私人より日本政府が購入した。1968年に不法上陸者があり、米民政府によって退去させられた。

沖ノ北岩（中国名：黄麻嶼・CHUNG-PEI-YEN・CHONG-BEI-YAN）

位置 北緯 25 度 48 分、東経 123 度 36 分。

地形 海抜 24 メートル。

規模 面積 0.03 平方キロメートル。島の周囲 810 メートル。

備考 危険で上陸できない。土地台帳に記載なし。官有地。

沖ノ南岩（別称：Pinnacle、中国名：CHUNG-NAN-YEN・CHONG-NAN-YAN）

位置 北緯 25 度 47 分、東経 123 度 37 分。

地形 海抜 5 メートル。

規模 面積 0.01 平方キロメートル。島の周囲 420 メートル。

備考 危険で上陸できない。土地台帳に記載なし。

飛瀬（とびせ、中国名：FEI-LAI）

位置 北緯 25 度 45 分、東経 123 度 33 分。

地形 海抜 3.4 メートル。

規模 面積 0.002 平方キロメートル。島の周囲 390 メートル。

備考 尖閣諸島の中で最も小さい岩礁であり、危険で上陸できない。土地台帳に記載なし。

第1章

尖閣諸島に関する政府見解の変遷

　1972年5月、「琉球諸島及び大東諸島に関する日本国とアメリカ合衆国との間の協定」（以下、沖縄返還協定）により、沖縄の施政権が米国から日本に返還された。また、同年9月には、田中角栄首相と大平正芳外相が北京において日中共同声明に署名し、中華人民共和国政府が中国の唯一の合法政府であることを日本政府が承認し、国交が正常化された。同時に、それまで日本が正統政府としてきた台湾（中華民国）の国民政府（以下、国府）との間に締結した「日本国と中華民国との間の平和条約」（以下、日華平和条約）については、「存続の意義を失い、終了したものと認められる[77]」と大平外相が会見で述べ、日本と台湾との国家間関係は断絶され、民間の非公式実務関係となった。つまり、中国に関する国家承認が台湾の国府から、それまで「中共」と呼んでいた北京政府に変更されたのである。沖縄返還による米国との関係ともあいまって、尖閣諸島問題を考える上で重要な転換点となる1972年までを一つの区切りとして、本章では日本政府の見解を検証することとする。

第1節　1970年までの国会答弁
1950年代の国会答弁　正式な島名を答えられない日本政府

　日本の国会における尖閣諸島に関係する最初の言及は、1954年2月の参議院水産委員会における水産庁の立川宗保漁政部長による発言である。これは、鹿児島県串木野の漁業協同組合長から水産委員長宛ての陳情——9日より実施されたヘルイ軍演習海域は当地遠洋漁業者にとつては唯一の漁場であり、当地漁民の生命線であるこの海域を演習地として奪われては生活を支えることができないから演習海域の変更を関係要路に折衝願いたいという内容[78]——に対する政府の以下の説明である。

　　○立川宗保漁政部長　ヘルイ演習場と申しますのは、私どもどこかはつきりわかりませんが、想像いたしますのに、漁釣島だろうと思います。魚釣島で

ありますならば、これは実はいわば琉球政府の所管と言いますか、琉球附近
の島嶼の演習場でありましてこれは私どもも鹿児島県の業界のほうから（中
略）極めて大変である、こういうお話を伺つております。（中略）日本の関係
各省とよく相談をいたしまして、そうして強力にアメリカ側にいろいろなルー
トで働きかけて、こういう事実が起らないように努力をいたしたい[79]。

　この答弁は、「ヘルイ演習場と申しますのは、私どもどこかはっきりわか
りませんが、想像いたしますのに、漁釣島[魚釣島が正しい]だろうと思い
ます[80]」と村田忠禧が著書で引用したため、その引用を散見する。ところが、
この答弁が記録されている「第19回国会　参議院水産委員会会議録第7号」
には、筆者が引用した通り、「想像いたしますのに、漁釣島だろうと思います。
魚釣島でありますならば」と「漁釣島」と「魚釣島」の二つの島名が記され
ている。国会における委員会の会議録は、速記録の段階で不明な点は事務方
が発言者に確認をするため、このような固有名詞の誤植は考えにくく、発言
者は何らかの意図があって使い分けた可能性も否定はできない。しかしなが
ら、「漁釣島」という島名は存在しないので、「魚釣島」を言い間違えてしまっ
たものではないかと推測される。
　では、答弁の中にある「ヘルイ」は、どの海域にあたるのであろうか。関
連する資料から判断するに、「ヘルイ」に該当する海域は、以下の理由から
尖閣諸島の大正島（赤尾嶼）、および久場島（黄尾嶼）近海であると考えられる。
鹿児島県の串木野港を母港とする漁船は、主にマグロ漁を行っており、当時、
尖閣諸島海域への同県のマグロ・カツオ漁の依存度は約6割に達していたと
いう。加えて、李承晩ライン内に出漁していた鹿児島県の漁船は、主にサバ・
アジ・カジキ漁を行っていたが、1952年のライン設定以降は、代替漁場と
して尖閣諸島海域に進出したと考えられる。尖閣諸島海域の久場島および大
正島は、1945年の米軍による占領以降、しばしば軍の演習区域（期間を指
定した一時的なもの、演習時以外は漁業可能）に指定されており、1951年
には久場島が恒久的な演習区域とされた。このような状況の中、大正島につ
いても恒久的な演習区域に指定される動きがあり、沖縄や鹿児島を含む本土
の漁業関係者が、米軍政部および日本政府に対して陳情・抗議を行っていた。
1956年には大正島も恒久的な演習区域とされ、現在に至っている[81]。
　なお、この久場島と大正島が「黄尾嶼射爆撃場」「赤尾嶼射爆撃場」とい
う中国名のまま、1972年の沖縄返還により施政権が米国から日本に返還さ
れて以降も、米軍が継続して使用することになった背景については、本章の

第3節で詳述することとする。

　上記の立川が行った答弁は、「魚釣島」を「漁釣島」と言い間違えただけでない。「魚釣島でありますならば、これは実はいわば琉球政府の所管と言いますか、琉球附近の島嶼の演習場」というのも誤りである。上述したように、米軍の演習場は尖閣諸島の久場島（黄尾嶼）と大正島（赤尾嶼）であり、「魚釣島」が演習場になった事実はないのである。これは、当時の日本政府の尖閣諸島に対する関心の低さを表す答弁であるといえよう。

　立川の答弁に次ぐ尖閣諸島に関する日本政府の答弁は、同年３月の参議院大蔵委員会における伊関佑二郎外務省国際協力局長の以下の答弁である。質問者の成瀬参議院議員は、安全保障諸費の1954年度繰越に関連して、尖閣諸島の魚釣島を例に挙げた。

　○成瀬幡治　そうしますと、魚釣島ですね、リイン島というのですか。日本の領海になるところですが、あの辺のところはどういうふうになっているのですか。
　○伊関佑二郎国際協力局長　あれは行政協定の問題になりますかどうか、ちよつとそういう話がございまして……沖縄の南でございますね。私のほうもあの点は詳しいことは存じません[82]。

　この答弁もまた、「沖縄の南でございますね。私のほうもあの点は詳しいことは存じません」と、当時の外務省の認識の程度がうかがえる答弁である。

　その翌年も、尖閣諸島魚釣島付近で発生した第三清徳丸事件をとりあげた1955年7月の衆議院外務委員会における以下の質疑応答がある。このときの中川融外務省アジア局長の答弁は、「琉球の一番南の方の台湾に近い島、非常に小さな島のようでありますが、その島の領海内で……[83]」というものである。このように、「尖閣」とも「魚釣島」とも答えず、やはり島名を認識していないことをうかがわせる。細迫衆議院議員が質問で触れている琉球政府立法院の決議の中に、「琉球列島魚釣島付近」という正式な島名が挙げられているにもかかわらずである。事件自体の重大性と当時の日本政府の認識を表すものとして、以下の答弁の内容は重要であると考えられる。

　○細迫兼光　沖縄の漁民が的確に台湾のジャンクと思われるものの乗員に二人殺されて四人拉致せられておるのでありますが、それは第三清徳丸の問題であります。（中略）琉球政府立法院が一九五五年三月五日に決議しておる決

議がありますから、ちょっと説明がわりにこの決議を読みます。（中略）「第
三清徳丸射殺事件の調査要望決議」「一九五五年三月五日琉球政府立法院」（中
略）「去る三月二日午後二時ごろ、琉球列島魚釣島付近東経百二十三度十三分
北緯二十五度四十八分の地点で、沖縄佐敷村馬天区四班当間政庸所有の漁船
第三清徳丸（十五トン）が、青天白日旗（中華民国政府国旗）を掲げたジャン
ク船二隻に襲われて、乗組員九人のうち二人が射殺され、四人が行方不明
になったという事件について、（中略）琉球政府立法院はこの事件の真相の正
確なる調査と、行方不明になった第三清徳丸乗組員の救助を決議をもって要
望いたします。」（中略）この事件について何らか政府に報告が入っておるか、
これに対して何らか処置をとられたか。
○中川融アジア局長　第三清徳丸の件につきましては、実は三月五日に琉球
の立法院が決議して、（中略）われわれの手に入りました。事件の内容は、た
だいまお読みになりましたように、琉球の一番南の方の台湾に近い島、非常
に小さな島のようでありますが、その島の領海内で青天白日旗を掲げた小さ
な軍艦のようでありますが、武裁した船によって（中略）二人が射殺され四
人が拉致されてしまった。（中略）琉球住民が日本国民であるというようなこ
とにかんがみまして、さっそく事件の概要を米国大使館に知らせまして、さ
らに調査善処方を要望いたしております。（中略）結果につきましてはまだ何
ら報告に接しておりません [84]。

　1972 年の沖縄返還前は、沖縄の施政権は米国にあり、たしかに事態は複
雑であっただろうと考えられる。しかしながら、「琉球住民が日本国民である」
と認識しているのだから、事件の発生した付近の正式な島名を外務省が答え
られなかったことは問題であったといっても過言ではないだろう。この第三
清徳丸の事件に関して、重光葵外務大臣が答弁したのが、同年 12 月の参議
院予算委員会である。尖閣諸島に関係する最初の大臣答弁として、これは重
要である。

○吉田法晴　今年の三月二日午後二時ごろだというのでありますが、魚釣島
付近で、（中略）漁船第三清徳丸が航行中、青天白日旗を掲げたジャンク船二
隻がやってきて（中略）拿捕された。魚釣島であります。これは島は沖縄、
あるいは領土主権は眠っておりましょうけれども、日本の国の一部でありま
す。そうして人は日本の国民でありますが、二人を射殺して四名を連行したか、
あるいは二人を含めて六名を連行したか、明らかでありませんけれども、そ

ういう事件が起ったというので、何べんも日本政府にも陳情がなされておる。
（中略）この結果に基いて質問を申し上げますが、どういうように処置をされ
たか、あるいは交渉をされたか、そうしてそれが向うからの回答がどうであっ
たか。

○重光葵外相　沖縄の漁船が台湾の国府の船らしいものに拿捕された事実が
ございます。これは沖縄の行政権を今預かっておる米国当局の直接の管轄に
なるかと思います。（中略）日本政府といたしましても米国側及び国府に十分
注意を喚起して、そうしてこの問題を十分解決してもらうように、こういう
措置をとりました。しかしこの問題が今日わが方の希望するように解決した
という報告をまだ受けておらぬことを遺憾といたします[85]。

　質問者の吉田法晴参議院議員は、「魚釣島であります。これは島は沖縄、
あるいは領土主権は眠っておりましょうけれども、日本の国の一部でありま
す」と明確に述べている。それにもかかわらず、重光外相は「遺憾」とは述
べたものの、「沖縄あるいは日本の一部」とは答えず、「潜在主権（または残
存主権）がある」とも言及していない。

1967 年、「尖閣群島」に台湾人が住みつくことが問題に

　それ以降は、沖縄返還が現実的な問題となる 1967 年まで、国会で尖閣諸
島に関する質問がされることはなかったようである。「尖閣群島」という名
称を使った国会での最初の言及は、1967 年 6 月 20 日、衆議院沖縄問題等に
関する特別委員会における公明党の渡部一郎衆議院議員と塚原俊郎総理府総
務長官との以下のやりとりである。渡部は、それまでの質問者とは異なり、「尖
閣群島に先ごろから台湾の人が住みついて」いることを問題視した質問をし
ている。しかし、沖縄問題の担当大臣である塚原は領有権の問題には触れず、
「何ら報告を受けておりません」と答弁をしている。

　○渡部一郎　先島地区の先のところに尖閣群島というのがあるのは御存じだろ
うと思います。（中略）沖縄の人々と台湾の人々が両方で魚をとっておる地域
であります。ところが、この尖閣群島に先ごろから台湾の人が住みついておっ
て、どうやら占領している気配もある。ある地域では追い返されたという情報
が現に流れております。こういう情報については御存じかどうか。それからま
た、そういうことがあったら、協議対象、あるいはどういう手を打たれるか、
その辺のことについてちょっと伺っておきたいと思うのであります。

○塚原俊郎総理府総務長官　新聞で見た程度でありまして、私は何ら報告を
受けておりません。
○渡部一郎　それについて情報を確かめたりすることはなさいますか。
○塚原総務長官　わきに特連局長[86]もおりますが、こういう記事があったので、
どういうことであるか、関係省とよく相談して私のところに教えてくれとい
うことは申しておりまするが、まだその詳報と申しますか、何も聞いており
ません[87]。

　渡部は、同年7月の衆議院外務委員会でも質問を行い、佐藤栄作首相は領
有権や主権の問題には触れず、以下のように「施政権者から話さすのが本筋
だ」と答えている。これは、尖閣諸島に関する最初の首相の答弁である。

○渡部一郎　沖縄の台湾寄りの島、尖閣列島に漁船が非常にやってきており
ます。これは従来からの既存権のようにもなっておるようなのでありますけ
れども、最近に至ってその尖閣列島に台湾のほうの人々がやってきて基地を
設けておるようであります。これではちょっとまずいのではないか。
○佐藤栄作首相　沖縄の問題、これはいわゆる施政権がこちらにございませ
んので、（中略）実情をよく話し合いました上で、私どもも台湾に対して場合
によったら直接話をしてもいいと思いますが、これはやはり施政権者から話
さすのが本筋だ、かように思います[88]。

　また渡部は、翌年の1968年8月にも尖閣問題について、以下の通り三度
目の質問をした。それに対し、東郷文彦外務省アメリカ局長は、「尖閣列島
その他における領海侵犯の問題」と述べ、尖閣諸島周辺の海域が領海だとの
認識は示し、領海侵犯等を「まことに遺憾なる事態」との答弁はしているが、
尖閣諸島の帰属については明言していない。

○渡部一郎　私はだいぶ前になりますが、予算委員会及び外務委員会等にお
きまして、沖縄の尖閣列島のことを問題にいたしました。（中略）その後最近
の新聞報道によりますと、私の憂慮したように、事態はますます大根拠地が
でき上がっておるようであります。ところが、（中略）いかなる手を打たれた
かも私は存じておりません。これについて御返事を賜わりたい。
○東郷アメリカ局長　尖閣列島その他における領海侵犯の問題については、
われわれも久しく非常に心配しまして、随時アメリカ大使館、米政府当局に

対しまして善処方を申し入れてきておるわけでございます。（中略）今日まで満足な結果はまだ得られておりません。なお、最近になりましても、単に漁業のための領海侵犯のみならず、台湾、尖閣列島に座礁しておる船を引き揚げるというような作業もやっておるというような話もございまして、まことに遺憾なる事態でございます。（中略）われわれもこの事態が一日も早く改善するように、今後とも引き続き米側の注意を喚起し、また、それで満足できない場合にはさらにどういう措置がとれるか、怠りなく研究を進めてまいります[89]。

1968年9月8日、創価学会第11回学生部総会が東京・日本大学講堂で行われた。参加した2万人の学生を前に、創価学会会長の池田大作は「輝ける生命の世紀の主体者たれ」と題する講演を行った。講演の主題は中国問題であり、「日中国交正常化提言」、あるいは「池田提言」と呼ばれるものである。池田は、日本の置かれている環境からみて、中国問題は遅かれ早かれ絶対に避けて通ることのできない問題であると考えていた。そこで、国際社会の北京に対する「不承認」、あるいは厳しい封じ込めといった敵対状態を変革すべきであると主張したのである。具体的には、中華人民共和国を正式に承認すること、国連における北京政府の正当な席を用意し、国際的な討議の場への登場を促すこと、経済的文化的な交流を推進することであった。そして、池田は講演の中で以下の3項目を提起した。第一に、ただちに日中首脳会談を行うこと。第二に、北京政府を国連に復帰させること。第三に、日中貿易を拡大することである[90]。

それ以降、公明党は日中国交正常化を目指し、1972年7月に訪中した竹入義勝委員長が周恩来国務総理と国交正常化の条件について会談を行った。この会談の内容が、「竹入メモ[91]」として田中首相、および大平外相の手に渡り、日中共同声明の草案作成に活かされることになる[92]。このように、公明党は日中関係を重視し、国交正常化の先頭に立ったのにもかかわらず、なぜ渡部は国交正常化の妨げになりかねない尖閣諸島問題を執拗に国会で取り上げたのだろうか。筆者は関係する文献を精査したが、その背景を知るまでには至らなかった。また、修論執筆後、元秘書を介して渡部一郎に書面で質問を試みたが、高齢であり、当時の資料を探すのが困難とのことで回答は得られず、渡部が尖閣を国会で取り上げた背景と意図は不明なままである。そこで、当時の状況を知りうる関係者からの聞き取り調査を、今後も実施する予定である。

「池田提言」が出されて以降も、1969 年 4 月、渡部は「台湾の漁民が出漁しておるだけでなく、最近におきましては漁業根拠地ができている[93]」と、四度目となる国会質問をしている。東郷アメリカ局長は、「島に標識を立てる、あるいは巡視船を補強するために琉球政府に予算を特に計上する等いろいろ手を尽くしまして、領海侵犯あるいは領土の侵犯のようなことはなくなるように、今日からも努力しております[94]」とは答弁しているが、やはり帰属や領有権には言及していない。

1970 年 4 月、尖閣諸島の帰属を答弁

しかしながら、1970 年の 4 月 15 日、参議院予算委員会の分科会[95]ではあるが、山中貞則総理府総務長官が以下のように「明らかに石垣島に属する島でございまする」と初めて答弁した。公明党の矢追参議院議員が沖縄の海洋開発に対して質問をし、尖閣諸島のことは聞いていないにもかかわらず、沖縄返還担当の大臣である山中が突然に「石垣島に属する島」と答えたのである。

○矢追秀彦　沖縄の海底にどれくらい石油があるかどうか（中略）、もし石油があるとして、石油の開発をもしアメリカのほうの石油会社がやりかけた場合、それによる非常な海水の汚濁も起こってきますし、もう一つは、大陸だなの問題が出てくる。（中略）いま沖縄は向こうのほうですから、自由に掘って出す。（中略）結局向こうの完全な既得権、所有権になってしまって、日本としては何も言えないのじゃないか。
○山中貞則総理府総務長官　石油資源の問題に関連をいたしましては、尖閣列島の海底資源の問題がございます。エカフェの調査に端を発しまして、（中略）尖閣列島の海底資源調査をいたしております。（中略）このままで日本政府の調査並びにそれが有望であれば、海底資源の開発ということに進んでいけるだろうと思います。大陸だなの問題は、中共と、中華民国との関係もありまして、議論を呼ぶかもしれませんけれども、しかしながら、私どもとしては、明らかに石垣島に属する島でございますし、それらの点については、資源について、二百メートル以上でありますといろいろと議論も出るかもしれませんけれども、大体において異論は出ないものという判断でもって進めておる次第でございます[96]。

同年 8 月 10 日には、参議院沖縄及び北方問題に関する特別委員会におい

て、愛知揆一外相が尖閣諸島の帰属について「尖閣列島については、これが
わがほうの南西諸島の一部であるというわがほうのかねがねの主張あるいは
姿勢というものは（中略）国民政府が承知をしておる[97]」と述べ、初めて「南
西諸島の一部である」旨を答弁した。しかし、以下の通り持って回った表現
ぶりであり、質問者の川村参議院議員から「どうも外務大臣の御答弁は歯切
れが悪いのでぴんとこない[98]」と責められている。

○川村清一　尖閣列島は明治時代に現在の石垣市に編入されており、戦前は
日本人も住んでいた（中略）。台湾の国民政府は、（中略）自国による領有権
を主張し、舞台裏で日本と争っていると伝えられております。今後尖閣列島
の領有問題をめぐって国民政府との間に紛争が顕在化した場合、わが国とし
てはどのような根拠に基づいて領有権の主張をし、どのような解決をはかる
おつもりであるか。
○愛知揆一外相　尖閣列島については、これがわがほうの南西諸島の一部で
あるというわがほうのかねがねの主張あるいは姿勢というものは、過去の経
緯からいいまして、国民政府が承知をしておる。そして、わが国のそうした
姿勢、立場に対して国民政府から公式に抗議とか異議とかを申してきた事実
はないんであります（中略）。尖閣列島周辺の海底の油田に対して国民政府側
としてこれに関心を持ち、あるいはすでにある種の計画を持ってその実行に
移ろうとしているということは、政府としても重大な関心を持っておるわけ
でございまして、中華民国側に対しまして、（中略）政府として公式に申し込
れをいたしております。
○川村清一　十分な関心を持って対処していきたいという観念的な外務大臣
の御意向は了解いたしましたが、しかし、問題は具体的に進んでおるのでご
ざいます。（中略）この問題に対してどう対処していかれるのか、この点を明
らかにしていただきたい。
○愛知外相　これは観念的な問題ではなくて、（中略）日本政府としては国民
政府に対しましても、（中略）申し入れをしておるということは政府としての
具体的な態度でありまして、（中略）日本政府としてとるべき措置については
やっておると申しましょうか、（中略）十分な工作といいますか、話し合いと
いいますか、これを展開中でございます。
○川村清一　どうも外務大臣の御答弁は歯切れが悪いのでぴんとこないので
すが、職掌柄慎重ならざるを得ないものだとまあ善意に解釈して、私もこれ
以上追及いたしませんけれども……[99]

同年 8 月 20 日には、公明党の近江巳記夫衆議院議員が商工委員会で、米国のガルフ石油社の日本法人であるパシフィック・ガルフ社に、台湾の国府が尖閣諸島周辺の石油鉱区権を与えたことを問題視する質問を行った。これに対して、外務省の金沢正雄アジア局外務参事官は、以下のように、民間企業といえども日本法人が台湾の領有権を認めて行なったともとれる行為に対して論評しなかった。そればかりでなく、4 月には山中総理府総務長官が「石垣島に属する島」と述べ、10 日前には愛知外相が「南西諸島の一部」と答弁しているにもかかわらず、尖閣諸島の帰属および領有権についても言及していない。

○近江巳記夫　国府がガルフ社の日本法人パシフィック・ガルフ社に対して石油鉱区権を与えたということは、このガルフ社は、尖閣列島付近は国府の領有権があると見ていたことになるのじゃないか。（中略）外務省としてはどのようにお考えでございますか。
○金沢正雄アジア局外務参事官　米国のガルフ社が中華民国政府に対して石油採掘権を申請したというふうにわれわれも承知をいたしておりますが、どういう理由で中華民国政府に対して申請をいたしまして日本政府に申請をしなかったかという点については、私どももはっきりした事情はまだつかんでいないわけでございます。これは外国の一つの民間企業の行為でございますので、これにつきまして政府としてあまり論評することは、適当ではないのではないかというふうに考えております[100]。

その一方で、厳密には日本政府の見解とはいえないが、1970 年 8 月 31 日には、琉球政府立法院が「決議第 12 号」と「決議第 13 号」を採択した。決議の内容は、以下の通りである。「元来、尖閣列島は、八重山石垣市字登野城の行政区域に属しており、（中略）同島の領土権について疑問の余地はない」とあり、尖閣諸島の帰属・領有権について日本側が最初に明言した見解であると沖縄大学名誉教授の新崎盛暉は指摘している[101]。

決議第 12 号
尖閣列島の領土権防衛に関する要請決議
　尖閣列島の石油資源が最近とみに世界の注目をあび、県民がその開発に大きな期待をよせているやさき、中華民国政府がアメリカ合衆国のガルフ社に対し、鉱業権を与え、さらに、尖閣列島の領有権までも主張しているとの報

道に県民はおどろいている。

　元来、尖閣列島は、八重山石垣市字登野城の行政区域に属しており、戦前、同市在住の古賀商店が伐木事業及び漁業を経営していた島であって、同島の領土権について疑問の余地はない。

　よって、琉球政府立法院は、中華民国の誤った主張に抗議し、その主張を止めさせる措置を早急にとってもらうよう院議をもって要請する。

　右決議する（引用者注：原文は縦書き）。

1970年8月31日

琉球政府立法院[102]

アメリカ合衆国大統領
アメリカ合衆国国務長官　あて
琉球列島高等弁務官

決議第13号

尖閣列島の領土権防衛に関する決議

　琉球政府立法院は、1970年8月31日別紙のとおり「尖閣列島の領土権防衛に関する要請決議」を採択した。

　本土政府は、右決議に表明された沖縄県民の要請が実現されるよう、アメリカ合衆国及び中華民国に対し強力に折衝を行なうよう強く要請する。

　右決議する。

1970年8月31日

琉球政府立法院[103]

内閣総理大臣
外務大臣　　　あて
総理府総務長官

第2節　1970年9月、外務大臣が尖閣の領有権を明言

　尖閣諸島の領有権に関する日本政府の最初の明確な国会答弁は、大臣による答弁ではなかった。1970年9月7日、衆議院科学技術振興対策特別委員会において、外務省条約局の山崎敏夫参事官が、以下のように「領有権に関しましてはまさに議論の余地のない」「明らかにわれわれの領土」との表現を用いて、初めて明示的に答弁している。

○石川次夫　尖閣列島には何か国府の国旗が、しかも政府機関が行って立てたというようなことになっておるわけでありますけれども、（中略）日本の領土であるということは歴史的にも明確になっておる。（中略）施政権返還のときにはこれを含めて返還するということになっておったとわれわれは確認しておるわけでありますが、その点の外務省の見解はいかがですか。

○山崎敏夫条約局参事官　尖閣列島は米民政府の布告二十七号によりまして琉球の一部と認めて、米国の施政権が現在及んでおるわけでありまして、これは沖縄返還とともに当然わが国に返ってくるものであります。（中略）したがいまして、わが国が歴史的に見ても、またそういういろいろな戦後の事実から見ましても、わが国の領土であるということについては一点の疑いもないとわれわれは承知いたしております。

○石川次夫　アメリカ人でさえ尖閣列島に関する海底資源というものについては日本が早く手をつけろということを言っておるときに、ガルフが台湾政府と適当に了解をつけてこれに着手をしようなんということは言語道断ではないかと思うのです。（中略）断じてこのような一方的なやり方は許さないというき然たる態度だけは堅持してもらわなければならぬ、こう思うのですが、その点についてどう思いますか。

○山崎参事官　尖閣諸島の領有権に関しましてはまさに議論の余地のないところである、明らかにわれわれの領土でありまして、この点については全く議論の余地がないと存じております[104]。

　尖閣諸島の帰属・領有権に関する最初の明確な大臣答弁「どこの国とも交渉するという筋合いのものではない[105]」は、この3日後の9月10日、1ヶ月前の8月10日には「歯切れが悪い」答弁をした愛知外相が、衆議院外務委員会における戸叶里子衆議院議員の質問に対して答えたものである。

○戸叶里子　尖閣列島の問題であります。あの尖閣列島は日本の領土である。沖縄に付属するものであるということを政府も考えていらっしゃるようでございますが、これに対してどういう態度を持っていられるかを念のためにまず伺いたいと思います。

○愛知揆一外相　尖閣諸島の領有権問題につきましては、いかなる政府とも交渉とか何とかを持つべき筋合いのものではない、領土権としては、これは明確に領土権を日本側が持っている、こういう立場をとっておる次第でございます。これは沖縄問題にも関連いたしますけれども、現在米国政府が沖縄

に施政権を持っておりますが、その施政権の根拠となっておりまする布告、布令等におきましても尖閣諸島は明確に施政権の範囲内にある。こういうことから見ましても一点の疑う余地もない。日本国の領有権のあるものである。したがって、この領有権の問題についてどこの国とも交渉するというべき筋合いのものではない、こういうように考えております[106]。

　9月12日にも、愛知外相は、「尖閣列島の主権の存在については、政府としては一点の疑いも入れない問題であり、したがって、またいかなる国との間にもこの件について折衝をするとか話し合いをするとかいう筋合いの問題ではない」と答弁している。

　○山田久就　例の尖閣島の問題でございます。（中略）中国がこれについて採鉱権あるいは採掘権を外国会社に与えたとか、あるいは国府外交部長がこの点についての領土権を主張したとか、いろいろなことがいわれております。（中略）政府のとられている措置、見解、今後の方針等について最後に承りたいと思います。
　○愛知揆一外相　尖閣諸島に対する主権の問題については、（中略）現在アメリカが施政権を行使しております琉球列島あるいは南西諸島の範囲内においてきわめて明白に尖閣諸島が入っておるわけでございますから、これは一九七二年には当然に日本に返還される対象である。こういうわけでございますから、尖閣列島の主権の存在については、政府としては一点の疑いも入れない問題であり、したがって、またいかなる国との間にもこの件について折衝をするとか話し合いをするとかいう筋合いの問題ではない、こういうふうに考えておるわけであります[107]。

　これらの国会答弁の変遷をみていくと、1955年7月の時点では島名も認識しておらず、1970年4月までは政府として尖閣諸島が日本に帰属することを表明していない。ところが、1972年5月の沖縄返還で施政権が日本に返還される以前の1970年9月からは、「領有権問題は存在しない」とまではいわないものの、「どこの国とも交渉するという筋合いのものではない[108]」との強い表現が、政府見解で用いられたのであった。

1970年9月17日の琉球政府声明
　他方で、9月10日、琉球政府は「尖閣列島の領有権および大陸ダナ資源

の開発主権に関する主張」を発表し、同政府に提出されている尖閣周辺の石油採掘の鉱業権申請に対して、「年内に認可する」と表明した。「主張」の中では「同列島が琉球に属し、1972 年の日本に返還に際しては返還区域内に含まれていることは何ら疑う余地のないほど明白なことである[109]」と述べ、尖閣列島の領有を宣言した。その根拠としては、① 1884 年に古賀辰四郎によって発見され、同氏によって羽毛や鳥ふんの採取、カツオ節製造工場の建設等がなされた実績がある② 1895 年 1 月 14 日の閣議決定を経て、翌 1896 年 4 月 1 日の勅令 13 号に基づき日本領土と決められ、沖縄県八重山郡石垣村に属することになった③対日平和条約発効後も米民政府布告第 27 号「琉球列島の地理的境界」の中に同列島が含まれているの 3 点を挙げている。

　また同年 9 月 17 日には、以下の「琉球政府声明」が発表された。日本政府の声明とはいえないが、日本が潜在主権を持ち、日本に復帰することが決定した沖縄の政府によるまとまった見解である。この声明は、尖閣列島を初めて「我が国固有の国土」とうたい、国際法上の「先占の法理」には言及していないが、領有の根拠として、「国際法上の無主地であった」尖閣諸島を1895 年 1 月 14 日の閣議決定によって編入し、1896 年 4 月の勅令 13 号によって「国内法上の領土編入措置がとられた」ことを最初に述べたものでもある。非常に重要なものであるので、長くはなるが紹介することとする。

尖閣列島の領土権について

琉球政府声明
昭和 45 年 9 月 17 日

　琉球政府立法院は、尖閣列島が我が国固有の国土であることから、他国のこれが侵犯を容認することは、日本国民である県民として忍びず、ここに「尖閣列島の領土権防衛に関する決議」を行ないました。

　最近、尖閣列島の海中油田が話題を呼び世界の石油業者が同島を注目するようになりましたことは御承知のとおりであります。

　報道によりますと台湾の国民政府がパーシフィックガルフ社に鉱業権を与え、大陸ダナ条約に基づき、尖閣列島は国民政府の領有であると主張しているとのことであります。このことは明らかに領土権の侵害を意図するものであり、看過できない由々しい問題であると思います。

　琉球列島の範囲に関しては、アメリカ合衆国の統治基本法たる琉球列島の管理に関する行政命令前文は、「合衆国は、対日平和条約の第三条によって領水を含む琉球列島（この命令において、「琉球列島」とは、平和条約の同

条による合衆国のすべての権利及び利益を日本国に譲渡した奄美群島を除く北緯二十九度以南の南西諸島を意味する。）」と規定してあります。即ち北緯二十八度東経百二十四度四十分の点を起点として北緯二十四度東経百二十二度北緯二十四度東経百三十三度北緯二十七度東経百三十一度五十分北緯二十七度東経百二十八度十八分北緯二十八度東経百二十八度十八分の点を経て起点に至る（米国民政府布告第二十七号）と規定し、琉球列島米国民政府及び琉球政府の管轄区域を前述の地理的境界内の諸島、小島、環礁及び岩礁並びに領水に指定すると規定されている。（中略）

　明治五年、琉球王国は琉球藩となり、明治七年内務省の直轄となりました。

　明治十二年県政が施行され、明治十四年に刊行、同十六年に改訂された内務省地理局編纂の大日本府県分割図には、尖閣列島が、島嶼の名称を付さないままあらわれ、尖閣列島は明治十年代の前半までは無人島であったが、十年代の後半十七年頃から古賀辰四郎氏が、魚釣島、久場島などを中心にアホウ鳥の羽毛、綿毛、ベッ甲、貝類などの採取業を始めるようになったのであります。こうした事態の推移に対応するため沖縄県知事は、明治十八年九月二十二日、はじめて内務卿に国標建設を上申するとともに、出雲丸による実地踏査を届け出ています。

　さらに、一八九三年（明治二十六年）十一月、沖縄県知事よりこれまでと同様の理由をもって同県の所轄と標杭の建設を内務及び外務大臣に上申してきたため、一八九四年（明治二十七年）十二月二十七日内務大臣より閣議提出方について外務大臣に協議したところ、外務大臣も異議がなかった。そこで一八九五年（明治二十八年）一月十四日閣議は正式に、八重山群島の北西にある魚釣島、久場島を同県の所属と認め、沖縄県知事の内申通り同島に所轄標杭を建設せしめることを決定し、その旨を同月二十一日県知事に指令しております。

　さらに、この閣議決定に基づいて、明治二十九年四月一日、勅令十三号を沖縄県に施行されるのを機会に、同列島に対する国内法上の編入措置が行なわれております。沖縄県知事は、勅令十三号の「八重山諸島」に同列島が含まれるものと解釈して、同列島を地方行政区分上、八重山郡に編入させる措置をとったのであります。沖縄県知事によってなされた同列島の八重山郡への編入措置は、たんなる行政区分上の編入にとどまらず、同時にこれによって国内法上の領土編入措置がとられたことになったのであります。

　次に編入された尖閣列島の範囲でありますが、明治二十八年一月の閣議決定は、魚釣島と久場島に言及しただけで、尖閣列島は、この島の外に南小島

及び北小島と、沖の北岩、沖の南岩ならびに飛瀬と称する岩礁、それに久米
赤島からなっておりますが、閣議決定はこれらの小諸島及び岩島について全
くふれていません。しかし、久米赤島を除く他の小諸島及び岩島は、国際法
上当然わが国の領有意思が及んでおります。

久米赤島の場合は、もっとも近い久場島からでも約五十マイル離れていま
すので、さきに述べた小諸島及び岩島とは別個に領有意思を表明する必要が
ありました。前述の閣議決定が、魚釣島、久場島にふれながら、なぜ久米赤
島に言及しなかったかは、明らかではありませんが明治十八年及び二十三年
の沖縄県知事の上申は、魚釣島及び久場島とともにつねに久米赤島にも触れ
ており、また、明治二十八年の閣議において原案のとおり決定をみた閣議提
出案には県知事の上申通りに沖縄県の所轄と認むるとして、久米赤島をとく
に除外する理由は何も述べていません。

魚釣島、久場島の編入経緯に関する公文書記録をまとめている日本外交文
書においても、久米赤島の編入は、当然に編入されたものとして扱われてお
ります。尖閣列島はこのような経緯を辿っております。（中略）

このように歴然たる事実を無視して国府が尖閣列島の領有を主張すること
は、沖縄の現在のような地位に乗じて日本の領土権を略取しようとたくらむ
ものであると断ぜざるを得ません。

残念ながら琉球政府には外交の権限がなくどうしても日本政府並びに米国
政府から中華民国と交渉をもってもらう外ありません。よって両政府あての
要請決議を行った次第であります。

わが国の国土を保全する立場から、何卒日本政府におかれても、アメリカ
合衆国政府及び中華民国政府と強力な折衝を行なうようお願いいたします。[110]

1884 年、古賀辰四郎の尖閣諸島への「探検」

この琉球政府声明の中に「尖閣列島は明治十年代の前半までは無人島で
あったが、十年代の後半十七年頃から古賀辰四郎氏が、魚釣島、久場島など
を中心にアホウ鳥の羽毛、綿毛、ベッ甲、貝類などの採取業を始めるように
なったのであります」とある。この古賀辰四郎の尖閣諸島への進出は、1909
年に殖産事業などにより藍綬褒章を下賜されたことから、とりわけその意義
が強調されてきた[111]。1970 年以降は領土問題が絡み、古賀を讃える顕彰碑
が魚釣島と石垣市に建立された。マスコミも古賀を取り上げ、いくつかの論
文でも彼に言及しているものがある。ところが、古賀の経歴は、褒章受章時
に古賀自身が沖縄県に提出し、賞勲局に内申された履歴書に依存しているの

であるが、行為論的アプローチから日本人の南洋進出を『アホウドリと『帝国』日本の拡大』にまとめた平岡昭利は、「その内容が矛盾だらけである[112]」と指摘する。

　例えば、声明の中では「アホウ鳥の羽毛、綿毛、ベッ甲、貝類などの採取業を始めるようになった」とされる明治17年、つまり1884年の3月に実施したとされる古賀辰四郎の「探検」についても、平岡は疑問を呈している[113]。この「探検」については、1909（明治42）年の藍綬褒章受章時の古賀の「履歴書」には「明治十七年尖閣列島ニ人ヲ派遣シ海産物採取ヲナサシメタリ…」と書かれてある。しかし、1895年に提出した「官有地拝借願」では1885（明治18）年とされていた「探検」が、「履歴書」では1884年と1年早くなり、「拝借願」では尖閣諸島に「上陸致候」と書かれていたのが、1909年提出の「履歴書」では「人ヲ派遣シ」となっていることを平岡は明らかにした[114]。仮に1884年に実施されたとしても、古賀が使用したという大阪商船の「永康丸」はこのときには存在しておらず、大阪商船という会社が誕生したのも1884年5月であることは「決定的[115]」で、探検が行われたと称する「同年3月には存在していない[116]」と述べているのである。また、声明でも触れている明治18年＝1885年の沖縄県の「出雲丸による実地踏査」の「前年に県は尖閣諸島に関する情報を収集しているが、古賀に関しては記録もない[117]」という。「仮に古賀の探検が1884年として、その後に人を派遣し続けたとすれば、1885年に実施した沖縄県の調査後に出された報告書の『島地素ヨリ人蹟無シ[118]』と矛盾する[119]」のである。

　古賀が尖閣諸島に進出し、官有地を拝借し、アホウドリの捕獲からカツオ漁業、鳥糞（グアノ）採取等、事業を拡大して古賀村を形成したことは事実である。しかし、1885年に上申されて、10年を経た1895年に閣議決定される尖閣諸島の編入の経過で重要となる古賀の最初の尖閣への進出となるべき「探検」の記録が事実と異なるとすれば問題である。その不確実な記録を、琉球政府が公式に発した声明の中で言及したことから、その後の政府見解にも取り入れられることになる。後述するが、1972年5月に外務省情報文化局が発行したパンフレット『尖閣諸島について』にも、「明治17年（1884年）頃からこれらの島々で漁業などに従事していた福岡県の古賀辰四郎氏から、国有地借用願が出され、明治政府は古賀氏に対してこれら4島（引用者注：魚釣島、久場島、南小島、北小島）を30年間無料で貸与しました[120]」との記述がある。

　現在の外務省ホームページにある「尖閣諸島についての基本見解」には、

それらの記述はないが、「尖閣諸島に関する Q&A」の Q3 への答である A3 に、「1884 年ごろから尖閣諸島で漁業等に従事していた沖縄県在住の民間人から国有地借用願が出され，1896 年に明治政府はこれを許可しました[121]」との記述がある。この「民間人」が古賀辰四郎を指すのだとすれば、本当に「1884年ごろから尖閣諸島で漁業等に従事していた」のか、事実を検証する必要があるだろう。

1895 年の閣議決定による領有権を答弁

　さて、琉球政府声明が発出された直後の 1970 年 10 月 7 日、参議院決算委員会で、山中総理府総務長官は、以下にあるように「明治二十八年の閣議決定、二十九年の勅令による石垣島の区画決定による日本の尖閣列島に対する明確なる領土権のもとにおいて」と答弁し、1895 年の閣議決定と翌年の勅令によって尖閣諸島を編入した旨を初めて明言した。

○和田静夫　例の尖閣列島の問題が話題になっていますが、問題の発生、経緯の詳細を総務長官からまず説明を願いたいと存じます。
○山中貞則総理府総務長官　中華民国としては日本のサンフランシスコにおける講和条約に際し、日本側の領土権について沖縄が米側の信託統治を前提とした統治にゆだねられるということについて何らの異存も表明しておりませんし、（中略）それに対する領土的な発言というものも一切行なわれていなかったわけであります。エカフェの調査に端を発しまして（中略）、国民政府が米系資本のガルフ社に対して試掘権を認可したということに問題が発展してまいったのが最近の実情でありますが、領土問題については中国側においては何らの意思表示もいたしておりませんし、（中略）、中華民国政府の領土であるとも言ってはおりません。（中略）現在の尖閣列島の場合は、大陸だなの論争からいきますと、明らかに中国大陸の大陸だなの最先端に突き出した無人島であるという事実は、これは否定することができませんし、琉球列島との間に二千メートルをこす海溝のあることも現実の問題であります。しかしながら明治二十八年の閣議決定、二十九年の勅令による石垣島の区画決定による日本の尖閣列島に対する明確なる領土権のもとにおいて、その周辺における資源探査並びに鉱区権の設定、試掘、採掘等の行為は国際法上から見て大陸だな論争にけりをつけなければならない問題であると同時に、日本側は一方的に日本の領土の周辺において大陸だなの論拠によって海底探査その他の行為が行なわれることを認めるということはでき得ないことであります[122]。

同年 11 月、最初の本会議における答弁として、山中総理府総務長官は、「尖閣列島の問題については（中略）、外務大臣として、尖閣列島に関する限り論争する必要がない、どの国とも論争する意思はないということを言っておられますし、私どもは尖閣列島の、主として海底の石油資源開発を目的とした予算上の調査を昨年、ことしと続行いたしておりますが、来年度予算においてもさらにこれを続行し、そして沖縄にもしそのような有望な海底資源が発見されましたならば、ひとり沖縄のみならず、日本全部のこの貴重な資源に大きな貢献をするものと期待をいたしておる次第でございます[123]」との発言をしている。

　同年 12 月 4 日には、後に沖縄県知事も務める沖縄選出の西銘順治衆議院議員が 1919 年 5 月 20 日付の長崎駐在の馮領事の感謝状について質問し、愛知外相がそれに対する答弁をした。この感謝状は、当時の中国が尖閣は日本の領土だと認識していた証拠として、よく取り上げられるものである[124]。

○西銘順治　尖閣列島の領有権につきましては、中華民国も戦前から同諸島が沖縄県に所属していたことを認めておったはずであります。たとえば一九一九年五月二十日付で中華民国在長崎馮領事の感謝状の事実があるのでございますけれども、政府はこれを知っておられるかどうか。（中略）これは私たちの郷里の大先輩でございます大浜信泉先生が発見された資料でございますが、（中略）その内容を概略申し上げますと、

　一九一九年（民国八年）福建省恵安県の漁民三十一名が悪天候で尖閣諸島にたどり着いたとき、日本帝国八重山郡石垣村職員の熱心な救護を受けたおかげで、無事全員帰国できたことを感謝する。

　中華民国駐長崎　馮領事

　こういう感謝状があるわけでございます。（中略）この感謝状からいたしましても、わが国の固有の領土であることには間違いはないと思っております。ただ尖閣列島の油田の開発の問題につきまして（中略）台湾政府とアメリカの商社の間で、この油田開発に対する取りきめがなされたと聞いておるのであります。これについての大臣の御見解をお伺いしたいのであります。

○愛知揆一外相　尖閣諸島がわが国の領土でありますことは、全く議論の余地のないところであると思いますので、政府としては、この領有問題について、いかなる他国の政府とも交渉する考えはないということは、すでに明らかにしておるところでございます。ただいま、一九十九年五月二十日付、当時の中華民国の長崎駐在馮領事から感謝状を出しているということは私も承知し

ておりましたが、この感謝状についてあらためて大浜さんが十月十二日に石垣市を訪問しましたときに、牧野清元石垣市助役からその写しを入手された。（中略）こういう次第で、尖閣諸島に対する領有権問題というものが歴史的にもきわめて明白であり、また国際的にもはっきりしているという事実が、ここにさらに明らかになりましたことは、まことに御同慶に存ずる次第でございます[125]。

　同年12月8日には、衆議院沖縄及び北方問題に関する特別委員会において、愛知外相が以下のように「固有の日本の領土」と固有の領土論を初めて展開した。

○愛知揆一外相　尖閣列島の領有権の問題、主権の問題につきましては、（中略）あらゆる角度から見て、これが本来固有の日本の領土であるということについては一点の疑いもございません。（中略）、いかなる点からいっても領有権には一点の疑いもない。それから平和条約第三条によって、施政権がアメリカの手で行なわれておりましたが、その施政権の対象となっている地域の中にも、きわめて明白に尖閣列島はその中に入っておりますから、沖縄の施政権返還の場合におきまして、これまた何らの疑いなしに当然本土に復帰するわけでございます[126]。

　同年12月16日には、川村参議院議員が、米国務省が「紛争の解決は日本と国民政府との当事者間同士が行なうべきものと見解を表明し」たことを取り上げたが、愛知外相は以下にみるように、それには答えていない。

○川村清一　九月十日の日に（中略）アメリカの国務省は、尖閣列島は米国施政権下にある琉球の一部として扱われているが紛争の解決は日本と国民政府との当事者間同士が行なうべきものと見解を表明しておる。（中略）アメリカもそのようなことを言っておるわけでありますが、日本政府が国民政府にはっきり抗議をしたということは、私、ちょっとわからないのですが、それは一体いつごろどういう内容の抗議をしたのか。
○愛知揆一外相　大切なことは、尖閣列島の領有権ということは、何ぴとが何と言っても、これはもう明らかに、いかなる根拠から申しましても、日本の固有の領土であります。いまはアメリカの施政権下にありますが、アメリカが返還しようとしているその中に明らかに入っていることでございますか

ら、この問題に対しまして日本政府としましては、たとえば例は非常に悪い
かもしれませんが、日本のある県をある外国が、「あの県はおれのもののはず
だ」と言うのと同じような実に不当なることでございますから、そういうこ
とに対しては、こちらのものであるという態度を厳然ととっておることが大
切なことであって、そういうことを言っていることがけしからぬと言って話
し合いに応ずるというふうな問題ではない、こういう私どもとしては態度を
とっているわけです[127]。

　1971 年 1 月 26 日には、佐藤首相が参議院本会議において、日本の首相と
して初めて「尖閣列島がわが国の領土であることは、全く議論の余地のない
事実で、現在、平和条約第三条に基づき、米国の施政のもとに置かれている
地域であります。政府としては、尖閣列島の帰属問題に関しては、当面いか
なる国の政府とも交渉することは考えておりません[128]」と答弁した。
　なお、答弁書が閣議決定され、内閣の統一見解となる点で国会答弁よりも
重みがある「質問主意書」[129] への答弁としては、楢崎弥之助衆議院議員が
提出した質問に対して、1971 年 11 月に佐藤首相が「尖閣列島が日本国の領
土であることの根拠[130]」として、以下の答弁書を閣議決定している。領有
の根拠として、1895 年の閣議決定に言及していないことが注目される。

　尖閣列島は、歴史的に一貫してわが国の領土たる南西諸島の一部を構成し、
　明治二十八年五月発効の下関条約第二条に基づきわが国が清国より割譲を受
　けた台湾及び澎湖諸島には含まれていない。したがつて、サンフランシスコ
　平和条約においても、尖閣列島は、同条約第二条に基づきわが国が放棄した
　領土のうちには含まれず、第三条に基づき南西諸島の一部としてアメリカ合
　衆国の施政下におかれ、本年六月十七日署名の琉球諸島及び大東諸島に関す
　る日本国とアメリカ合衆国との間の協定（沖縄返還協定）によりわが国に施
　政権が返還されることとなっている地域の中に含まれている。以上の事実は、
　わが国の領土としての尖閣列島の地位を何よりも明瞭に示すものである[131]。

第3節　米国の中立政策の背景
尖閣諸島の主権に関する米国の中立政策
　1971 年 12 月の参議院本会議では、米国上院外交委員会の沖縄返還協定公
聴会報告の内容——尖閣列島に対する主権に関するいかなる国の主張にも影
響を及ぼすものでない、米国が施政権は返還するが主権については特定の立

場をとらないとしていること——について、森元治郎参議院議員と福田赳夫外相との間で以下のやりとりが行われた。

○森元治郎　アメリカ上院の審議の過程において、この尖閣列島だけが特に問題として取り上げられたのを見て奇異の感じを免れません。アメリカの言い分によれば、尖閣列島の施政権は日本に返すことになるが、その領土主権の帰属については関与しない、もし領有権を主張する国がありとすれば、関係国の話し合いによってきめたらよかろうというもののようであります。一体、アメリカは、どこの国のものかわからないこれらの島々の施政権を押えていたというのでしょうか。（中略）何とも不愉快な話であります。その間の事情を外務大臣からお伺いいたしたいと思います。
○福田赳夫外相　確かにアメリカ上院の外交委員会はその報告書におきまして、この協定（引用者注：沖縄返還協定）は、尖閣列島を含む沖縄を移転するものであり、（中略）尖閣列島に対する主権に関するいかなる国の主張にも影響を及ぼすものでない。こういうふうに言っておるわけであります。（中略）私といえども不愉快なような感じもいたすわけでございます。おそらくこれは他の国からアメリカに対していろいろと話があった、それを反映しているんじゃないかというふうな私は受け取り方もいたしておるのでありますが、（中略）すでに平和条約第三条において、これは他の沖縄諸島同様にアメリカの信託統治地域、またそれまでの間の施政権領域というふうにきめられておりますので、それから見ましてもわが国の領土である。つまり、台湾や澎湖島と一線を画しておるそういう地域であるということはきわめて明瞭であり、一点の疑いがない、こういうふうに考えております[132]。

　沖縄返還が現実味を帯びてきた 1970 年 9 月 10 日、ロバート・J・マクロスキー（Robert J. McCloskey）米国務省報道官は、「もし、尖閣諸島に対する主権の所在をめぐる紛争が生じた場合米国はいかなる立場をとるのであるか[133]」との質問を受け、「主権の対立がある場合には、右は関係当事者間で解決さるべき事柄であると考える[134]」と答えた。
　これは、沖縄の早期返還と県民福祉の向上を目的として設立された「南方同胞援護会[135]」（以下、援護会）が発行する『季刊沖縄』第 56 号および第 63 号に資料として掲載されている[136]。援護会は、「尖閣列島の領土権の裏付けとなるべき資料[137]」を収集し、機関誌『季刊沖縄』上で日本の領有権主張の根拠として発表した[138]。それらの資料の一環として、マクロスキー米

国務省報道官の発言がある。しかし、上記のマクロスキー発言の内容から、米国は主権については中立の立場を表明しており、日本の領有に有利になる内容とは受けとめにくい。同日のマクロスキー発言の一部である「States Department spokesman Robert McCloskey stated on September 10,1970, that the United States would remain neutral. [139]」（国務省マクロスキー報道官は1970年9月10日に、国務省は中立を保つと言明しました）は、中国側の領有権を示す根拠として『米上院沖縄公聴会の記録[140]（Okinawa Reversion Treaty, Hearings before the Committee on Foreign Relations United States Senate)』に掲載されている。しかし、マクロスキーのこの発言の前にもやりとりがあり、以下の「答」が「尖閣列島」が「琉球列島の一部」であることを米国が認めたとも受けとれるために、『季刊沖縄』に掲載したものと考えられる。

尖閣列島領有に関する米国務省マクロスキー報道官の質疑応答

外務省仮訳（昭和45年9月10日）

問 琉球列島の一部として米国の施政権下にある尖閣諸島に、中華民国の国旗が立てられたという報道があるが、尖閣諸島の将来の処置に関し、米国はいかなる立場をとるのか。

答 対日平和条約第三条によれば、米国は「南西諸島」に対し施政権を有している。当該条約中のこの言葉は、第二次世界大戦終了時に日本の統治下にあって、かつ、同条約中ほかに特別の言及がなされていない、北緯29度以南のすべての島を指すものである。平和条約中におけるこの言葉は、尖閣列島を含むものであることが意図された。
当該条約によって、米国政府は琉球列島の一部として尖閣諸島に対し施政権を有しているが、琉球列島に対する潜在主権は日本にあるものとみなしている。1969年11月の佐藤総理大臣とニクソン大統領の間の合意により、琉球列島の施政権は、1972年中に日本に返還されることとされている[141]。

援護会がつくった尖閣列島研究会は、「尖閣列島の領土権の裏付けとなるべき資料[142]」を集め、『季刊沖縄』第56号で日本の領有権主張の根拠として発表した[143]「尖閣列島と日本の領有権[144]」の中で、上記引用の「答」を引用している。マクロスキーの「答」の中にある「潜在主権」を「潜在的主権」と記述し、「潜在的主権とは最終的な領土処分権のことであり、これが

わが国にみとめられていることは、琉球列島の一部である尖閣列島に対する領有権が、日本に帰属していることを意味している[145]」と解説している。

たしかに、マクロスキーは、「米国政府は琉球列島の一部として尖閣諸島に対し施政権を有しているが、琉球列島に対する潜在主権は日本にあるものとみなしている」と述べている。しかしながら、「潜在主権」ではなく、「主権」がどうなるかについては慎重になっており、言及を避けている。その上で、「主権の所在をめぐり紛争が生じた場合」を問われたマクロスキーは「関係当事者間で解決さるべき」と答えている。返還されるのは施政権であって、主権については中立を保つとも受け取れるだろう。このことは、1年9か月後の『季刊沖縄』第63号に掲載された「尖閣列島と日本の領有権」の中では、「戦後尖閣列島に対して施政権を行使してきたアメリカは、（中略）尖閣列島をめぐる領有権問題については中立・不介入の立場をとることを再三表明している（1970年9月10日、国務省報道官マクロスキー談話、および1971年6月17日ブレイ国務省報道官声明など）[146]」と述べられている。在米華人たちは、このマクロスキーの発言を1971年5月23日付の『ニューヨーク・タイムズ（The New York Times）』に、「ニクソン大統領および米国議会議員諸氏への公開状『保衛釣魚台』（"An open letter to President Nixon and members of the Congress"）」として掲載した。実質的には意見広告ともいえるその内容は、1970年10月の米上院外交委員会での沖縄返還協定公聴会にも討議用参考資料として提出され、後日、上述した『米上院沖縄公聴会の記録』にも記録されることになり[147]、森元治郎らが引用したように国会でも取り上げられ、問題にされた。

また、沖縄返還協定が調印された1971年6月17日、米国務省のチャールズ・W・ブレイ（Charles W. Bray Ⅲ）報道官は、記者会見で以下のような発言をした。

　米国政府は、尖閣列島の主権について中国政府（引用者注：中華民国＝台湾の国府のこと。中華人民共和国の北京政府ではない）と日本との間に対立があることを承知している。米国はこれらの島々の施政権を日本に返還することは、中国の根元的な主張をそこなうものではないと信ずる。米国はこの島の施政権移行によって、日本が従前から同島に対して持っていた法的権利に口をさしはさむことはできないし、また、中国の権利が減少するということもできない[148]。

米国は、その後も折に触れて、尖閣諸島の領有権については、最終的に判断する立場にはなく、領有権をめぐる対立が存在するならば、関係当事者間の平和的な解決を期待するとの中立的な立場を示してきており、現在のバラク・H・オバマ（Barack H. Obama, Jr.）政権の下でも、フィリップ・J・クローリー（Philip J. Crowley）国務省報道官は同様の見解を表明している[149]。その一方で、2013年8月に来日した共和党のジョン・S・マケイン（John S. McCain III）上院議員は、沖縄県・尖閣諸島は「日本の領土だ」と述べた。朝日新聞の加藤洋一編集委員は、「マケイン氏は『尖閣諸島に対する日本の主権は明確だ。この点は論議の対象とされるべきではない』と語り、日本の立場を全面的に支持する考えを示した[150]」と書き、米国の対尖閣諸島政策が変更したかのように報じた。ところが、このマケイン発言に対して、米国務省のジェニファー・R・サキ（Jennifer R. Psaki）報道官は、8月22日（現地時間）、「米国は（日本と中国の）どちらの側にも立たない。この立場は変わっていない」と述べた。日本の領有権を認めたマケイン発言を否定し、日本の施政権を前提としながらも領有権については特定の立場をとらないという従来の見解を示した形となった[151]。

サンフランシスコ平和条約第26条と北方領土問題

日本の領土問題については、北方領土でも、尖閣諸島でも、竹島問題でも、その当事者国の他に米国の影響が大きいのである。この米国の対応は、松本俊一が『日ソ国交回復秘録』で指摘した1955年の「ダレスの恫喝[152]」に通ずるものがあると筆者は考える。1955年4月1日、日本政府全権委員に任命された松本は、元駐日ソビエト連邦大使のヤコフ・A・マリク（Yakov A. Malik）全権と、国交回復をめぐる日ソ交渉を英国のロンドンで行った。同年8月、新たに首席全権となった重光葵外相は、北方4島のうちの歯舞・色丹の2島の引き渡しがソ連側の最終譲歩であるとする領土条項を設けた平和条約に署名しようとした。8月19日、重光外相は米国大使館にジョン・F・ダレス（John F. Dulles）国務長官を訪問して、日ソ交渉の経過を説明した。その際、領土問題に関するソ連案を示して説明を加えた。そのときのダレスの反応を、松本は『日ソ国交回復秘録』で述べている。

　　ダレス長官は、千島列島をソ連に帰属せしめるということは、サン・フランシスコ条約でも決まっていない。したがって日本側がソ連案を受諾する場合は、日本はソ連に対しサン・フランシスコ条約以上のことを認めること

なる次第である。かかる場合は同条約第26条が作用して、米国も沖縄の併合を主張しうる地位にたつわけである。ソ連のいい分は全く理不尽であると思考する。特にヤルタ協定を基礎とするソ連の立場は不可解であって、同協定についてはトルーマン前大統領がスターリンに対し明確に言明した通り、同協定に掲げられた事項はそれ自体なんらの決定を構成するものではない。領土に関する事項は、平和条約をまって初めて決定されるものである。ヤルタ協定を決定とみなし、これを基礎として論議すべき筋合いのものではない。必要とあればこの点に関し、さらに米国政府の見解を明示することとしてもさしつかえないという趣旨のことを述べた[153]。

　その日、ホテルに戻った重光外相は、「ダレスは全くひどいことをいう。もし日本が国後、択捉をソ連に帰属せしめたなら、沖縄をアメリカの領土にするということをいった[154]」と、ダレスの主張について松本に話したという。
　このことについては、元外務省主任分析官の佐藤優が『日ソ国交回復秘録』の解説で触れており、「本書には、未だ日本外務省が公開していない機密情報が多数含まれている。その中でもっとも重要なのは『ダレスの恫喝』だ[155]」と指摘している。「米国務省がワシントンの日本大使館にも、日本がソ連案を受諾するならば、米国は沖縄を併合することができる地位に立つと伝達してきたのだから、『ダレスの恫喝』は個人的発言ではなく、米国の国家意思であることが明白だ[156]」と佐藤は述べている。
　ちなみに、1951年9月8日にアメリカ合衆国のサンフランシスコ市で署名されたことから、「サンフランシスコ条約」、「サンフランシスコ平和条約」、または「サンフランシスコ講話条約」などと呼ばれる「日本国との平和条約」（1952年条約第5号）の第26条の条文の英語と日本語は、以下の通りである。

Treaty of Peace with Japan

Article 26

Japan will be prepared to conclude with any State which signed or adhered to the United Nations Declaration of 1 January 1942, and which is at war with Japan, or with any State which previously formed a part of the territory of a State named in Article 23, which is not a signatory of the present Treaty, a bilateral Treaty of Peace on the same or substantially the same terms as are provided for in the present Treaty, but this obligation on the part of Japan will expire three years after the first coming into force of the present Treaty. Should Japan make a peace settlement or war claims settlement with any State granting that State greater advantages than those provided by the present Treaty, those same advantages shall be extended to the parties to the present Treaty.

日本国との平和条約
第二十六条
日本国は、千九百四十二年一月一日の連合国宣言に署名し若しくは加入しており且つ日本国に対して戦争状態にある国又は以前に第二十三条に列記する国の領域の一部をなしていた国で、この条約の署名国でないものと、この条約に定めるところと同一の又は実質的に同一の条件で二国間の平和条約を締結する用意を有すべきものとする。但し、この日本国の義務は、この条約の最初の効力発生の後三年で満了する。日本国が、いずれかの国との間で、この条約で定めるところよりも大きな利益をその国に与える平和処理又は戦争請求権処理を行つたときは、これと同一の利益は、この条約の当事国にも及ぼさなければならない。

　日本語の条文は、このように非常にわかりにくい文章である。同条約の27条には、「DONE at the city of San Francisco this eighth day of September 1951, in the English, French, and Spanish languages, all being equally authentic, and in the Japanese language. 千九百五十一年九月八日にサン・フランシスコ市で、ひとしく正文である英語、フランス語及びスペイン語により、並びに日本語により作成した」とあり、これも日本語の文章では明示的ではないが、同条約の正文は英語、フランス語およびスペイン語であり、日本語は正文に準ずる扱いであっても正文ではない。
　同条約の日本文については、特に極東国際軍事裁判（東京裁判）の受諾について述べた第11条の解釈が議論となり、日本文が正文なのか訳文なのかが問題となった。これについては、1951年11月、参議院平和条約及び日米安全保障条約特別委員会において、曾祢益参議院議員が「日本文というものは條約上の正文ではないと思いまするが[157]」と問い、西村熊雄外務省条約局長は「第二十七條に規定してあります通りに條約の正文の一つでございます。いや、正文ではございません。日本語によつて作成したとありますから、何と申しましようか、正文というのは当りませんが、公文とでも申しましようか、公文であつて、訳文ではございません[158]」と答弁している。

北方領土交渉における「ダレスの恫喝」については、日本とソ連との間に解決できない問題を残すために米国が意図的に行ったという説も根強い。サンフランシスコ平和条約研究の専門家である原貴美恵は、「日ソ間で領土問題が妥結し和解が成立すれば、沖縄からの米軍撤退に圧力が掛ってくる。そこでダレスは対日平和条約中で曖昧にされていた沖縄の主権問題を、逆に『揺さ振り』のカードに使ったのである。1956 年 8 月、自身が万一に備えて挿入しておいた『歯止め条項』ともいえる 26 条を利用して、ダレスは日本に対し、もしソ連に北方領土問題で譲歩するなら沖縄の潜在主権も保障出来ないと脅しをかけた[159]」という。戸丸廣安は『知られざる北方領土秘史』の中で、「この陰（引用者注：戸丸のいう『ダレスの牽制』）には、『北方領土は反ソ感情の原点であり、早期返還は好ましくない』との米政府の考えがある。日本の公安関係者も、米ソ冷戦下で、北方領土が長くソ連支配下に置かれている限り、日本が反ソであり続けるとの読みが米国にある、と分析している。もし早期返還ともなれば日本が対ソ政策で"一人歩き"するきらいがあったからである[160]」としている。田中孝彦も、「このダレスの発言は、領土問題で日本がソ連に対して再び強硬な姿勢をとるものを希望したものであり、その背景には、日ソ交渉が日本の領土問題譲歩に基づいて平和条約の締結へと至ることを遷延するかまたは阻止しようというアメリカの意図が見え隠れしている。同時に、日本の南千島返還要求を支持することによって、鳩山の『アデナウアー方式』による国交回復方針も牽制しようとしたのであろう[161]」と指摘している。その他にも、外務省欧亜局長を務めた東郷和彦が、「冷戦のさなかに、アメリカは日ソ間の領土問題での妥協を好まなかったのである[162]」と述べている。

　しかしながら、下斗米伸夫は「サンフランシスコ平和条約の第 26 条によって導かれる条約上の法理であり、米国の陰謀とは言えない」と述べている[163]。下斗米は、「ダレスによれば、沖縄と千島とは同じ法的立場にあるのであって、サンフランシスコ条約第 26 条によれば、ソ連に千島の主権を認める二島の決着は、沖縄での日本の主権を放棄することになるということだった。条約は日本の『千島放棄』をうたっただけであって、その後の帰属は決めていないのである。他方沖縄は当時米軍の信託統治となっていた[164]」と『日本冷戦史』の中でも述べている。その根拠として、米国務省の外交官で日露関係の専門家として活躍したリチャード・D・ヴィラフランカ（Richard de Villafranca）の論文を挙げている。ヴィラフランカは、論文「日本と北方領土論争：過去・現在・未来（"Japan and the Northern Territories

Dispute: Past, Present, Future ")」の中で、以下のように述べている。

　　ダレスは、もし日本が千島列島におけるソビエトの主権を認めれば、琉球
　諸島についてもサンフランシスコ条約第 26 条に基づいて同様に主張するであ
　ろうと言った。もし、条約非署名国（例えばソビエト社会主義共和国連邦）が、
　日本国と署名国との間の待遇よりもさらに良い条件を得るならば、第 26 条に
　基づいて米国は同様の条件を要求することができるからである[165]。

米国の中立政策は陰謀なのか　中国名の米軍射爆場

　尖閣諸島をめぐる米国の「中立的な立場」についても、同じような議論が
ある。

　例えば、「尖閣諸島の領有権問題で『中立の立場』を採るという米国の『あ
いまい』戦略は、日中間に領土問題という絶えざる紛争の火種を残し、米軍
のプレゼンスを正当化するという意味において、いわゆる『オフショアー・
バランシング（offshore balancing)』戦略の一つの典型例と言える[166]」と、
豊下楢彦は指摘している。

　原貴美恵も米国が「中立の立場」を採った背景は、「日中間、とりわけ沖
縄近辺に領土係争が存在すれば、『日本の防衛』のための米軍駐留はより正
当化される」からであるとしている[167]。米国は、ベトナムからの撤退、中
国との国交正常化、台湾問題及び沖縄問題という一連の困難な外交課題につ
いて、それらの関係を認識し、巧みに自国の利益になるようにしながら、そ
の目的を次々に達成していったのだとする。尖閣問題は、時代の文脈に合わ
せて、ヘンリー・A・キッシンジャー（Henry A. Kissinger）の名言である「最
も好ましい結果を生じさせるためのインセンティブと懲罰の組み合わせをつ
くり出す[168]」のに使い得る、一つの現実にすぎなかったという。「1950 年代、
日本の『四島返還論』と共に北方領土問題という楔が日本とソ連の間に固定
されたのと同様に、沖縄が日本に返還された 1970 年代には、尖閣列島とい
うもう一つの楔が日本と中国の間に固定されたのである[169]」と、原はいう。

　新崎盛暉は、「アメリカは、沖縄返還以来、二つの中国への配慮や、日中
間に紛争の種を残したほうが沖縄の米軍基地維持に役立つ等の思惑から、尖
閣諸島は『日本国の施政の下にある領域』として安保条約の適用地域ではあ
るが、領有権問題については、中立との立場をとり続けている[170]」としている。

　防衛大学校長をつとめた五百旗頭真は、北方領土も含めた領土問題ととら
え、「領土問題は米国が埋め込んだ『氷塊』」であるとして、以下のように述

べている。「第二次大戦後の新世界秩序をにらんだ（引用者注：ルーズベルト）大統領は、（中略）千島をソ連に、沖縄を中国に与えようとした。蒋介石が辞退したのに対して、スターリンは千島を要求し、北方領土問題は戦後史において日ソ間の溶けない氷塊となった。（中略）領土問題の起源が米国の戦略であったとしても、今やどう対処していくかは日本の問題だ[171]」としているのである。

　また、元外務省国際情報局長の孫崎享は、「日本と周辺国の関係を見ても、ロシアとは北方領土、韓国とは竹島、中国とは尖閣諸島と、みごとなくらいどの国とも解決困難な問題がのこされていますが、これは偶然ではないのです。どんな国にも国境をめぐる対立や紛争はあります。しかし、日本ほど、その解決に向けて政府が動けない国はありません。それは米国に意図的にしくまれている面があるからです[172]」と述べている。

　しかし、米国上院外交委員会の沖縄返還協定公聴会の記録や国務省の文献集、『蒋介石日記』、『蒋経国総統文書』などから、米国が「主権（sovereignty）」と「施政権（administration）」とを区別して「中立の立場」を採った背景を調べた矢吹晋は、『尖閣衝突は沖縄返還に始まる』の中で、「尖閣諸島を含めて沖縄全体を日本に返還する」、「但し返還は施政権のみ。領有権ではない」という米国の立場を「対外的に公表する」ことを沖縄返還協定調印の10日前にリチャード・M・ニクソン（Richard M. Nixon）大統領が決断したと指摘している[173]。そして、それは「最初から意図した陰謀というよりは、苦し紛れの方便から生まれた窮余の一策にすぎないことは経過を見れば分かる[174]」と述べている。

　春名幹男も、「ニクソン＝キッシンジャー外交は、沖縄返還協定調印の直前、台湾側の要求を入れて、尖閣諸島を含めた『沖縄諸島の施政権を返還しても、中華民国（台湾）の領有権の主張を侵すことはない』との政策をまとめていた。しかも、この政策は、日本側にきちんと説明されないまま、現在に至っている[175]」としている。日本が米国と沖縄返還協定締結交渉を進めているこの時期、米国は、日本・韓国・台湾と繊維交渉を行っていた。1955年に関税を引き下げて以来、アジア諸国からの安価な繊維製品の輸入が激増し、米国内では輸入制限運動が高まりを見せるなどの貿易摩擦が起こっていた。また、ニクソンの再選がかかった翌1972年の大統領選挙で繊維業界からの支持を得てを有利に戦うために、台湾から譲歩を引き出す代わりに、尖閣諸島を取引の材料に使うことを検討した者がいた。繊維交渉担当で台湾を訪問したデヴィッド・M・ケネディ（David M. Kennedy）特使（前財務長

官）が、蔣介石総統と次期総統の蔣経国から「沖縄返還の際、尖閣諸島を返還せず、そのままアメリカの施政権下に置くなら、繊維交渉で妥協してもいい[176]」との極秘提案を受けたことから、1971年6月7日、ニクソンとキッシンジャー、ピーター・G・ピーターソン（Peter G. Peterson）大統領補佐官（国際経済担当）の三者会談が行われた。会談後、尖閣諸島の施政権は予定通り日本に返還されると伝えられた蔣経国は、米国政府は沖縄返還協定調印の際、「尖閣諸島の最終的地位は未確定であり、関係諸国によって決定される」と表明すべきだと要求した（1971年6月9日付ケネディ特使からピーターソン補佐官あて電報）という[177]。結果的に、沖縄返還協定が調印された同年6月17日、米国務省のブレイ報道官は記者会見で「米国政府は、尖閣列島の主権について中国政府（引用者注：台湾の国府のこと）と日本との間に対立があることを承知している。米国はこれらの島々の施政権を日本に返還することは、中国の根元的な主張をそこなうものではないと信ずる[178]」と発言した。「つまり、米国は事実上、蔣経国の要求を受け入れたのだ[179]」というのである。

　米国の「あいまい」戦略を、「オフショアー・バランシング」戦略の一つの典型例と分析する豊下は、それを裏づける公文書や文献等を示してはいない。それに対して、矢吹は著書の中で、米国の公文書や『蔣介石日記』を引用しながら、米国の「施政権と主権の分離論」が、「意図した陰謀」ではなく「窮余の一策」であったと論証している。その根拠として、中華民国の駐米大使周書楷が1971年4月12日にニクソンを訪ねて離任の挨拶を行い、尖閣問題について、もし米国が国民党政権の利益を守らないならば、知識人や華人華僑が大陸の共産党政権の側になびくという内容の脅迫ともとれる強い主張を述べ[180]、それを聞いて驚いたニクソンがキッシンジャーに対応策を指示したことにより[181]、米国は「中立の立場を保持する」方針に転じたと矢吹は述べている[182]。しかし、ニクソンは1971年4月に、周書楷からいわれるまで台湾側の主張を知らなかったとしても、筆者がマクロスキー発言を引用したように、米国務省内では1970年9月の段階で、主権については「関係当事者間で解決さるべき」という「中立」の立場をとる方向で一致していたと考えられる。

　1971年4月に、ニクソンが周書楷から「尖閣諸島が沖縄の一部だとする国務省の言明はすでに暴力的な反発を招いている。それは海外華僑の運動を招くであろう[183]」といわれたことから、同年6月7日に「施政権と主権の分離論」を「対外的に公表する」ことをニクソンが最終的に決断するまでを、

矢吹は詳細に論証している。しかし、1971年4月以前に、国務省当局が「中立」を決定した「その背景は必ずしも明らかではない[184]」としている。

それに比べて、春名は、2013年の論文では「台湾との繊維交渉進展のため、ひいてはアメリカ国内の繊維業者の支持をつなぎとめるため」の"経済問題"を指摘している[185]。しかし、春名は、2015年11月に刊行した『仮面の日米同盟』の中では、米国の公文書を精査し、当時の沖縄返還交渉を担った担当者へのヒアリングの結果からも、米国が「中立」を決めたのは繊維交渉とは無関係であると論証している[186]。また、ロバート・D・エルドリッヂ（Robert D.Eldridge）も、膨大な米国の公文書を分析した『尖閣問題の起源　沖縄返還とアメリカの中立政策』（2015年4月）の中で、同じ同盟国である台湾と日本の間で板挟みになることを避けるために米国が「中立」を決めたと結論づけている[187]。さらに、台北の中央研究院近代史研究所の林満紅研究員は、2014年3月の国際シンポジウムの報告で、「『施政権は日本に帰するが、主権帰属は当事者間で解決せよ』との米国による釣魚台（引用者注：尖閣諸島のこと）政策の背後にある正式な外交文書は、1971年5月26日の口上書（Note Verbale）であり、台湾と米国の繊維交渉が原因ではない[188]」旨を述べた。

これらの最新の研究結果を参照に、公文書にもあたり、米国が「中立政策」を決めた背景は繊維問題だけではなく、まさに当時の国際情勢の変化に米国が対応するためだったと筆者は認識するに至っている。

筆者が矢吹にインタビューをした際、矢吹は以下の趣旨を述べた。

　繊維交渉はもちろんだが、1971年10月25日に国連での代表権を中華人民共和国に奪われた台湾を安心させるために、アメリカによる台湾に対する何らかの配慮が必要だった。台湾は大陸からの攻撃を防ぐために米軍による尖閣諸島への駐留を継続してほしかった。それで、施政権が返還されたのちも、久場島と大正島は黄尾嶼射爆撃場及び赤尾嶼射爆撃場として米軍が使用し続けることを表明した。これは、アメリカによる台湾へのプレゼントとも言えたが、ニクソンとキッシンジャーの本当の狙いは、尖閣に対する中立政策を、国交正常化をしようとしていた北京の周恩来への手土産としたかったはずだ[189]。

矢吹が明らかにした沖縄返還に関するポイントを、共同通信客員論説委員の岡田充は以下の3点にまとめている。

（1）領有権と施政権の分離は、進行中の繊維交渉と中国代表権問題でジレンマに陥ったニクソン政権の「窮余の一策」だった。

（2）米軍射爆場は、台湾の要求をニクソン政権側が受け入れた。

（3）米軍管理によって日本への返還を骨抜きにすることと、中華民国政府の安全保障を守るという「米国の約束」の象徴の意味があった[190]。

　また、「分離論」は「窮余の一策」であったが、尖閣問題が日中間の火種になる中で、結果的に米国を「中立」「調停者」というベスト・ポジションに置く効果を発揮した。矢吹の述べる「重要な布石」に転化したのである。今から130年前、琉球処分をめぐり前米国大統領のユリシーズ・S・グラント（Ulysses S. Grant）将軍が日清両国の調停役を果たしたように、米国は「分離論」のおかげで今も調停者としてフリーハンドを握り続けると岡田は指摘している[191]。

　筆者も、米国の「施政権と主権の分離論」が「意図した陰謀」ではなく、「窮余の一策」に近いものであったと考えるに至っている。とはいえ、「尖閣は日米安保第5条の適用範囲」として中国を牽制しつつ、「主権については特定の立場を取らない」と主張して、結果的には、日中の間で米国がフリーハンドを握る結果となっていることは否定のしようがない。

　さらに、矢吹は『尖閣衝突は沖縄返還に始まる』の中で、台湾との約束を守り、北京への手土産の「象徴」ともなりえた二つの射爆撃場について、次のように述べている。

　　二つの射爆撃場が（中略）一説によると、返還以後一度たりとも実際には演習が行われた形跡がないという。（中略）中国大陸から最も近い位置にある久場島／黄尾嶼、大正島／赤尾嶼を射爆撃場として使用しないことは、対北京を睨んだ緩和論戦に役立つ。（中略）そこには二重の意味が込められていた。一つは、米軍が引き続き管理することによって日本への返還を骨抜きにすること。もう一つは中華民国政府の安全保障を守るという「米国の約束」の象徴として「射爆撃場を置き、米軍が引き続き管理する」という意味だ。それら二つの思惑を込めた「象徴としての米軍基地」だからこそ、そこに中国島名が残され、しかもその射爆撃場は実際には、その後用いられるには至らなかった。いかにも「象徴」にふさわしい基地ではないか[192]。

　矢吹が「象徴」とした二つの射爆撃場について、2010年10月に沖縄県選

出の照屋寛徳衆議院議員が提出した「尖閣諸島と日米地位協定に関する質問主意書[193]」に対して、菅直人首相が「答弁書[194]」を閣議決定している。久場島と大正島が「黄尾嶼射爆撃場」「赤尾嶼射爆撃場」という中国島名で米軍による使用が合意されたこと。1978年6月以降は使用通告はなされていないが、米側から返還の意向は示されておらず、政府としては、両射爆撃場は、引き続き米軍による使用に供することが必要だと認識していること。地方公共団体の職員等が黄尾嶼射爆撃場及び赤尾嶼射爆撃場への立入りを行おうとする場合には米軍の許可を得ることが必要であることなどが答弁されている重要な内容であるので、質問と答弁を並べて紹介する。

「質問」

二　尖閣諸島に属する久場島及び大正島は米軍提供施設・区域である。一九七二年五月十五日の日米合同委員会におけるいわゆる「五・一五メモ」によると、両島の島全体が米海軍の射爆撃場となっている。政府が両島を米軍専用の施設・区域として提供した年月日、同施設・区域の所有者及び地主数を示したうえで、現在でも米軍は両島を射爆撃場として使用しているのか明らかにされたい。

三　久場島及び大正島における射爆撃訓練は、一九七九年以降実施されていないようだが事実か。事実であれば、米軍は三十年以上にわたって提供施設区域を使用していないことになるにもかかわらず、政府が両島の返還を求めてこなかった理由を明らかにされたい。なお、一九七九年以降、両島で訓練が実施されたのであれば、その年月日を明らかにしたうえで、係る訓練に対する政府の見解を示されたい[195]。

「答弁」

二及び三について

　久場島及び大正島は、昭和四十七年（引用者注：1972年）五月十五日に開催された、日米地位協定第二十五条1の規定に基づき設置された合同委員会（以下「日米合同委員会」という。）において、日米地位協定第二条1（a）の規定に従い、それぞれ黄尾嶼射爆撃場及び赤尾嶼射爆撃場として、米軍による使用が許されることが合意された。

　久場島は民間人一名が、大正島は国が所有している。

　黄尾嶼射爆撃場及び赤尾嶼射爆撃場は、それぞれ陸上区域、水域及び空域で構成されており、日米合同委員会における合意において、米軍がその水域

を使用する場合は、原則として十五日前までに防衛省に通告することとなっているところ、昭和五十三年（引用者注：1978年）六月以降はその通告はなされていないが、米側から返還の意向は示されておらず、政府としては、両射爆撃場は、引き続き米軍による使用に供することが必要な施設及び区域であると認識している[196]。

「質問」

五　尖閣諸島は沖縄県石垣市の行政区に属している。行政区を預かる石垣市あるいは沖縄県が久場島及び大正島における実地調査を行う場合、施設・区域の管理者たる米軍の許可を得ることなく上陸は可能か政府の見解を示されたい[197]。

「答弁」

五について

地方公共団体の職員等が黄尾嶼射爆撃場及び赤尾嶼射爆撃場への立入りを行おうとする場合には、平成八年十二月二日の合衆国の施設及び区域への立入許可手続についての日米合同委員会における合意に定められている所要の手続に従って、米軍の許可を得ることが必要である[198]。

第2章

日本政府による領有権主張の根拠

第1節　領有権を根拠づける沖縄での資料収集

　1967年6月には、尖閣諸島に「台湾の人が住みついて」いる問題を指摘されているにもかかわらず、担当大臣は「何ら報告を受けておりません」と答弁した。同年7月には、沖縄返還交渉に執念をもっていた佐藤首相は「施政権者から話さすのが本筋だ」などと答弁し、沖縄の地位に関するサンフランシスコ平和条約第3条は「日本の主権が残存する」との意味だとされたにもかかわらず[199]、「潜在主権（または残存主権）がある」とは言及しなかった。また、翌1968年8月に東郷アメリカ局長は、領海侵犯等を「まことに遺憾なる事態」とは述べたものの、尖閣諸島の帰属について明言しなかった。そのような日本政府の態度が、1970年に変化することとなった。1970年4月には「明らかに石垣島に属する島でございます」との答弁となり、8月には愛知外相が「わがほうの南西諸島の一部である」と答弁し、9月には「領有権問題につきましては、いかなる政府とも交渉とか何とかを持つべき筋合いのものではない」との強い表現に変遷していったのである。では、この背景には一体何があったのだろうか。

　1968年10月から11月にかけて、国連アジア極東経済委員会（ECAFE：UN Economic Commission for Asia and the Far East ※現在の国連アジア太平洋経済社会委員会：ESCAP）とアジア海域沿岸鉱物資源共同探査調整委員会の提携のもとで米海軍海洋局、日本、韓国、台湾の地質学者たちが東シナ海で海底調査を実施した。それによって、堆積盆地が黄海に一つ、東シナ海に二つあり、これらに豊富な石油埋蔵の可能性があることが明らかになってきたのである[200]。

　高橋庄五郎は、『尖閣列島ノート』の「まえがき」で以下のように述べている。

　　尖閣列島についての日中間の主張の相違は、日本側が、尖閣列島は国際法でいうところの「無主地の先占」によってわが国領土にしたもので、台湾の

付属島嶼ではない、だからポツダム宣言を受諾しても中国に返還する必要は
ないと主張し、中国側が、釣魚島、黄尾嶼、赤尾嶼、南小島、北小島などは、
台湾の付属島嶼であって無主地ではないと主張しているところにある。

　日本側では、総理府の外郭団体である南方同胞援護会の「尖閣列島研究
会」が、一年がかりで日本の領有権主張の根拠となるべき資料を沖縄本島と
石垣島で収集し、その結論として、わが国は、国際法の「無主地の先占」に
よって尖閣列島を領有したのだと主張しはじめたのである。そして、それ以
後、わが国政府も「先占」による尖閣列島の領土編入を主張するようになっ
た。というよりも、わが国が尖閣列島の領有権を主張するためには、領土取
得の法的根拠（権原）として無主地の先占以外にないから、「先占」の根拠と
なるものをかき集めたといったほうがよい。それはまさに、かき集めたといっ
た感じである。このことは、南方同胞援護会機関誌『季刊沖縄』第56号に明
らかである。尖閣列島が石油で燃えあがったとき、外務省には、尖閣列島を
領土編入したいきさつはこうだったと、ただちに説明できるファイルはなかっ
た。尖閣列島の島々についての正確な地図もなかったし、尖閣列島の位置を
経緯度で示したものもなかった。政府の公示も沖縄県の告示もなかった。し
たがって一般国民は知らなかったのである[201]。

　高橋のいうように、ECAFEの調査結果によって、「尖閣列島が石油で燃
えあがったとき、外務省には、尖閣列島を領土編入したいきさつはこうだっ
たと、ただちに説明できるファイルはなかった」とすれば、1970年以前の
国会答弁で、政府が正確な島名を答えられなかったことも、領有権を明言し
なかったことも納得ができるものといえよう。

　高橋が「かき集めた」と指摘する「無主地の先占」の根拠に基づいた研究
の結論として、尖閣列島研究会（以下、研究会）は、「尖閣列島と日本の領
有権」を『季刊沖縄』第56号で発表した。『季刊沖縄』第56号は尖閣列島
問題を特集し、大浜信泉会長の「尖閣列島特集号の発行にそえて」という以
下の発刊の辞を巻頭に載せている。

　尖閣列島については、尖閣諸島と呼んでいる文献もあるが、ここでは一般
にしたしまれている尖閣列島の呼称を用いることにする。ともあれ、この列
島はいまや天下の視聴を集め、国内的にも国際的にも大きな問題を提起して
いる。地図のうえでは、その所在をつきとめるのに苦労するほどの粟粒にも
たとうべき小島の群にすぎないが、それが急に脚光をあびて国際舞台に登場

して来たのである。その理由は、一言にしてつくせば、海洋資源の調査開発の技術が飛躍的に進歩発達したお陰であるが、とにかくこの列島の海底には、良質かつ豊富な油田が埋蔵されているとの公算が大きくなったからである。（中略）

　明治年間に、これを日本の領土に編入する行政措置がとられるまで、これを自国の領土と宣言した国もなければ、実力的にこれを支配した国もなく、またわが国の領土に編入されてから、これに対して異議を唱えた国もかつてない。（中略）

　尖閣列島が日本の領土であり、その所有権の帰属も疑いをさしはさむ余地のないほど歴然としているが、この近海の油田の問題が浮びあがって来ると、寝た児が呼び覚まされたかのように台湾の中華民国政府は、非公式ながらも領土権を主張し、さらに日台両国の協力による開発計画が噂にのぼると、条件反射のように中共側からも横槍がさし出されている。

　尖閣列島は幸か不幸か、中国大陸に接続するいわゆる大陸棚の片隅に位置している。このことは、日本にとっては有力な足掛かりであるが、大陸棚理論との関連においては、いい掛かりをつけられる可能性を内包している。要するに尖閣列島近海の海底資源の問題は、一面においては領土権の問題と関連し、他面においては大陸棚理論とからみ、将来国際的論議を招く形勢にある。

　南方同胞援護会はこのことを憂慮し、日本の立場を有利にするためには、一日も早く調査を進め、実績を積みあげておく必要を痛感し、このことを政府に進言し、その結果三年来日本政府の事業として、巨額の資金を投じて科学的調査が継続的に実施されている。

　それと同時に援護会は、尖閣列島の領土権の裏付けとなるべき資料を可能な限り手びろく各方面から収集するとともに、大陸棚理論その他関連問題についても、あるいはそれぞれの専門家に研究を委託し、あるいは研究会を組織して討議の形式により問題の究明につとめて来た。

　本号は、これらの調査研究の成果の集大成ともいうべきものであるが、それが尖閣列島近海の開発事業の推進に寄与するとともに、他日これをめぐって国際的紛争が生じた場合には、もっとも有力な参考資料になるであろうことを信じて疑わない[202]。

　高橋は、国家領土問題については、日本政府自らが、領有権主張の根拠を直接的に示さなければならないのにもかかわらず、どうして南方同胞援護会は約一年もかけて、「尖閣列島の領土権の裏付けとなるべき資料」を集めな

ければならなかったのかと疑問を呈している[203]。援護会は、「集まった資料、文献の数は約二百点、予想以上の多数の資料と、思いもよらない貴重な公文書・古文書等が入手できた[204]」として、「埋づもれた資料の収集のため、沖縄本島および現地石垣島へ、奥原敏雄国士舘大学講師を派遣して、可成りの収穫をあげることができた[205]」と『季刊沖縄』第56号の編集後記に記している。

ここに出てくる奥原敏雄は、1932年旧関東州大連市生まれで、国士舘大学政経学部専任講師、助教授、教授を経て、現在は国士舘大学名誉教授である。そして「日本の国際法学者では初めて法的観点から尖閣列島を日本の領土であるとする論陣を張った[206]」と評されている。奥原は1970年に「尖閣列島の法的地位」を『季刊沖縄』第52号で発表し、1973年の「尖閣列島と井上清論文」では、井上清が『尖閣列島』で展開した中国帰属論に具体的な反論を行い、「『尖閣列島』日本領論者[207]」の第一人者ともいえる人物である。援護会は、その奥原を「沖縄本島および現地石垣島へ[208]」「派遣して可成りの収穫をあげることができた[209]」。奥原は、この頃のことを2012年6月に発行された『島嶼研究ジャーナル』創刊号上で高井晋との対談を行い、以下のように語っている。

奥原：アメリカが沖縄の返還を考え始めていた1968年2月頃、早稲田大学大学院時代に私の指導教授だった一又正雄博士をはじめとする先生方は、復帰に備えて問題点を整理するために、学際的な研究会を立ち上げました（中略）。
　　　研究会の活動を始めるにあたって、先ず現地の実態を知る必要があるので、沖縄を視察することになったのです。（中略）尖閣列島の問題に関しては、沖縄民政府の担当だと思っていたので、石垣島ではあまり話を出しませんでした。ところが、那覇の日本政府事務所で話をしてみても、魚釣島のみならず尖閣列島の島々の名前さえはっきりは知らなかったのです。明治の頃に魚釣島を開拓した古賀辰四郎氏は、金を持っていた一種のブローカーのような人だったので、鰹節工場の建設やグアノの輸出事業を行っていましたが、石垣島の島民は、近くの海で豊富に採れていたので漁業で充分生活ができていましたから、尖閣列島で別に事業を起こそうなどと考えてもいなかったようです。尖閣列島は地元民の関心の外だったとしても不思議ではないですね。（中略）
高井：当時の日本政府の対応はいかがだったでしょうか。

奥原：尖閣列島が日本に帰属すると書くよう政府に頼まれたことはなかったのですが、政府は、私が尖閣の問題を取り上げていたことに感謝していたと思います。他の国際法専攻の先生達は、尖閣列島の帰属問題については、国際法上まったく問題がなく、しかも実効支配をしているから心配する必要はないと言うだけだったのです。しかし私は中国生まれなので中国人の考え方、すなわち、ぐうの音も出せなくなるまで反論を突きつけなければ、中国人は引き下がらないということをよく知ってましたからね（中略）。

高井：中国人の気質ですね。ところで政府は奥原先生に何か支援してくれましたか。

奥原：南方同胞援護会と外務省は、尖閣列島の領有権について既に研究者がいたことを知らなかったので、私の存在にはびっくりしたようでした。南方同胞援護会は、研究会を立ち上げて、私の名前で論文を書かせるようにしてくれました。国際法の観点から尖閣列島が日本に帰属することについて、何処からも突つかれない論拠を示す必要があったからです。資料については、沖縄には当時何も見つからなかったけれど、欲しい資料の収集については、南方同胞援護会と外務省が大変協力的でした。

例えば、台湾総督府に貴重な資料があるはずだとして、前もって台湾の留学生に収集させ翻訳までしてくれました（中略）。中国側の資料をすぐに翻訳してくれる人がいたということも私の強みでした。中国語で雑誌に掲載された論文をすぐに読めたことは、中国に反論する上で大変よかった[210]。

　1968年頃には、外務省に領土編入を説明できる資料がなかっただけでなく、那覇の日本政府事務所の職員たちでさえ、「魚釣島のみならず尖閣列島の島々の名前さえはっきりは知らなかった」ということは、他の先行研究でも指摘されてこなかった事実である。奥原は、さらに「尖閣列島は地元民の関心の外だった」と述べている。

資料収集の成果として「先占の法理」論を展開

　研究会は、研究結果「尖閣列島と日本の領有権」を『季刊沖縄』第56号で発表した。高橋は、「これは奥原教授が書いたものである[211]」と断定し、また先に紹介した「1970年9月17日に琉球政府が声明した『尖閣列島の領

土権について』もおそらく奥原教授の手になるものであろう[212]」と推定している。「尖閣列島と日本の領有権」序説の要旨は次のようなものであり、「尖閣列島は、国際法上の先占にもとづいて日本領土に編入された[213]」と「先占の法理」による編入を主張した。

尖閣列島と日本の領有権

尖閣列島研究会

序説

　尖閣列島は、国際法上の先占にもとづいて日本領土に編入されたものであるが、明治28年（1895年）以来今日まで世界のいかなる国家からも抗議をうけたことはなく、平穏理に領有してきた。しかし、1970年9月以降、中華民国（国府）と中華人民共和国（中共）が領有権を公式に要求するようになった今日、この問題を国際法の観点から、あらためてあきらかにすることが必要である。

　本研究会は、尖閣列島に対するわが国の領有権原を立証するため、これまで一年間にわたって基礎資料の収集をおこなってきたが、その作業も完了したので研究会としての結論を発表することとした。[214]

　同論文の本文は7頁あるが、要旨は以下のようなものである。序説では主張している「先占の法理」について、本文では言及されていない。

一、領土編入

　領有意思　日本が尖閣列島に対して、領有意思をもち始めたのは、1879（明治12）年頃からである。同年に発行された英文の「大日本全図」には尖閣列島が日本の領土としてあらわれている。1885年、沖縄県知事は尖閣列島について事情を聴取し、出雲丸を派遣、実地調査をし、1892年には軍艦海門によって実地調査が行われた。

　編入措置　同諸島を沖縄県の所管とし、国標を建設したいとの上申は、1885（明治18）年と1890年に同知事によって政府に提出されたが、1893年に漁業上の取締を理由に同知事は再び上申した。1894年12月27日、内務大臣は沖縄県知事の上申を外務大臣と協議したところ、外務大臣も閣議提出に同意した。ついで翌年の1895（明治28）年1月14日、同知事の上申通り尖閣列島を同県の所管とし、標杭を建設することを閣議も承認、決定した。政府は1月21日、沖縄県知事にその実施方を指令した。

二、領有権原確定までの経緯

　沖縄県知事は、1896年4月、尖閣列島を八重山郡に編入し、国内法上の措置を完了、その後1902年12月、石垣島大浜間切登野城村に所属させた。政府は、尖閣列島中の魚釣島、久場島、南小島及び北小島の4島を、八重山郡に編入後、国有地に指定し国有地台帳に記載した。なお、久米赤島は面積が小さいこともあって国有地への指定が遅れ、1921（大正10）年7月25日に内務省所管とされ、島名も大正島と改称された。

　魚釣島など4島に対する国有地借用願は、古賀辰四郎氏によって、八重山群への編入直後、内務大臣宛申請されていた。政府は1896年9月、同氏に対して魚釣島、久場島、南小島及び北小島の4島を期間30年の無料貸与を許可した。古賀氏は、1897年以降、大規模な資本を投じて、魚釣島と久場島に家屋、貯水施設、船着場、桟橋などを構築するなど、尖閣列島を開拓し、さらにアホウ鳥の鳥毛採取、グアノの採掘等の事業を行った。この功績によって1909年に古賀氏は藍綬褒章を受章した。

　1918年、古賀辰四郎氏が死去し、息子の善次氏が開拓と事業を続けた。同氏は魚釣島と南小島でカツオブシや海鳥の剥製製造、森林伐採、フカひれ、貝類、べっ甲などの加工などを行い、事業の最盛期には漁夫80人、職人7〜80人が魚釣島と南小島に居住していた。

　1926（昭和元）年、国有地4島の使用期間が満了したため、政府は以後一年ごとの契約の有料賃貸に改めたが、古賀善次氏は有料払下げを申請し、1932（昭和7）年3月に政府は有料で払い下げた。売買価格は、魚釣島1825円、久場島247円、南小島47円、北小島31円50銭で、民有地に移管された4島は地租が徴収されることになった。

三、第二次大戦後の法的地位

　尖閣列島は、戦後サン・フランシスコ平和条約第3条にもとづいて、他の南西諸島とともに、アメリカ合衆国の施政権下におかれている。同条約第3条は、尖閣列島に明示的に言及してはいないが、1953（昭和28）年12月25日に効力を発したアメリカ民政府布告第27号第1条、及び布令第68号（琉球政府章典）改正5号第1条は、同列島がアメリカ合衆国の施政権の及ぶ管轄区域であることを明らかにしている。

四、アメリカ民政府及び琉球政府による施政権行使の状況

　サン・フランシスコ平和条約第3条の下におかれた尖閣列島に対しアメリ

カ合衆国は、アメリカ民政府及びその管理下にある琉球政府を通じて、施政権を行使してきた。同列島中唯一の国有地である大正島を 1956 年 4 月以降、また久場島を 1955 年 10 月以前から軍用演習地として使用してきた。ただし久場島については、米民政府は、琉球政府を代理人として、所有者である古賀善次氏と賃貸借契約を結び、使用料を支払った。

琉球政府立法院は、1955 年 3 月 5 日、第三清徳丸事件に関連して、アメリカ民政府、日本政府並びに国際連合などに対し決議を採択した。

1961 年 4 月 11 日、石垣市は固定資産税評価の実態調査のため担当官を尖閣列島に派遣し、1969 年 5 月、尖閣列島 5 島に石垣市の管轄を明示した行政標識を設立した。

米民政府は 1968 年以後、軍用機による哨戒を行うとともに、1970 年 7 月、同政府の資金で、不法入域者を処罰する警告版を、大正島を含む 5 島に設置した。

琉球政府も 1968 年以後、巡視艇チトセによるパトロールを実施し、沈船解体のための台湾人労働者による南小島と久場島への不法上陸を発見し、退去を命じた。米民政府は、退去命令後に正規の入域を申請してきた台湾人労働者に対し、入域を許可した。

五、結論

以上のことから明らかなごとく、日本の平穏かつ継続的な実効的支配は、わが国の領有権原を国際法上確定させるのに十分なものであると結論しうるのである。

1952 年の日華平和条約締結において、国府が同列島の返還を要求せず同列島がサン・フランシスコ平和条約第 3 条に含まれていることについて抗議しなかったのは当然である。また、これまで中国は、国府と中共も含めて尖閣列島に実効的支配を及ぼしたことはなかった。したがって、両国が日本の領有権原に異議を申し立てることは、国際法上認められるものでないと結論しうるのである[215]。

研究会は、尖閣列島は「先占（occupation）」によって、日本の領土に編入したものだとして、国際法における先占の要件を満たそうと苦心していることがわかると高橋は指摘する[216]。そして、「わが国政府は、研究会の成果にもとづいて、尖閣列島は先占によってわが国領土に編入したものだ、と公式に発言し始めたと思う。あるいは、先占の裏付けとなるべき資料を、研究

会がまとめたことによって、先占による領土編入を主張し始めたと思う[217]」
と述べている。筆者は、高橋がいうように、「研究会の成果にもとづいて」
日本政府が「先占による領土編入を主張し始めた」と断言するまでには至っ
ていない。しかし、1970年9月10日に愛知外相が答弁して以来、「尖閣列島は、
歴史的に一貫してわが国南西諸島の一部で、領有権問題については一点の疑
念もないほど明白だ」との趣旨の主張を、政府は繰り返し行ってきた。それ
が、何らかのきっかけで1972年3月の答弁から「先占による領土編入に変わっ
た[218]」ことは事実である。

　高橋は、以下の時系列の事実を根拠にして述べている。

①　研究会がその研究成果を発表し、尖閣列島は先占によってわが国領土に
編入したものだという主張をしたのは、1971年3月15日（引用者注：『季刊
沖縄』第56号）である。

②　楢崎弥之助衆議院議員の質問に答えて、佐藤栄作内閣総理大臣が、尖閣
列島は下関条約第二条にもとづいて中国から割譲を受けたものではない、と
いう答弁書を出したのは、1971年11月12日である。

③　外務省が記者会見をして、「尖閣列島の領有権について」という印刷物を
配り、尖閣列島は先占によってわが国の領土に編入したものだと発表したの
は、1972年3月8日である。

④　さらに、外務省情報文化局が、「尖閣列島について」という印刷物で、わ
が国は1895（明治28）年1月14日の閣議決定により、尖閣列島を沖縄県の
所轄として、標杭をたてることを決めた。これは国際法的には先占によって
取得したものだ、といったのは1972年5月である[219]。

　後述するが、「国際法上の先占の法理によって日本が合法的に取得した」
と日本政府が初めて答弁するのは、1972年3月21日の衆議院予算委員会第
二分科会である。それ以前の政府は、尖閣諸島の領土編入の根拠を「先占の
法理」だとは言及していない。したがって、1971年3月に発表された研究
会の研究成果に依拠して日本政府が「先占の法理によって日本が合法的に取
得した」と主張し始めたことは十分にあり得ることだと考える。そして、高
橋が指摘するように、「わが国が尖閣列島の領有権を主張するためには、領

土取得の法的根拠（権原）として無主地の先占以外にないから、『先占』の根拠となるものをかき集めた[220]」というのも、あながち的外れな意見ではないとも考えられる。

1970年になって日本政府が尖閣の領有権を明言した背景

　さらにいえば、先占の法理の根拠だけでなく、1970年9月までは日本政府が尖閣諸島の領有権について明言しなかったのは、「尖閣列島が石油で燃えあがったとき、外務省には、尖閣列島を領土編入したいきさつはこうだったと、ただちに説明できるファイルはなかった[221]」からではないだろうか。「日本の国際法学者では初めて法的観点から尖閣列島を日本の領土であるとする論陣を張った[222]」奥原も、1968年から1970年の間に沖縄を視察した際に、「那覇の日本政府事務所で話をしてみても、魚釣島のみならず尖閣列島の島々の名前さえはっきりは知らなかった[223]」と述べている。国会会議録によれば、日本政府も1955年までは正式な島名も答弁できておらず、1967年には佐藤首相が「潜在主権（または残存主権）がある」とも言及しないで、「施政権者から話さすのが本筋だ」などと述べている。

　2016年5月現在、外務省ホームページに掲載されている「尖閣諸島について」に「それまで何ら主張を行っていなかった中国・台湾は、1970年代になって初めて尖閣諸島の『領有権』を主張するようになった[224]」との記述があり、「尖閣諸島についての基本見解」の中でも同様の趣旨が述べられている[225]。1972年5月に外務省情報文化局が発行したパンフレット『尖閣列島について』にも、「尖閣諸島の領有権問題は、東シナ海大陸棚の海底資源問題と関連して急に注目をあびた問題であり、それ以前は、中国を含めてどの国も尖閣諸島がわが国の領土あることに異議をとなえたことはなかったのです[226]」とある。「台湾や中国が領有権を主張し始めたのは、尖閣周辺に石油資源が埋蔵されている可能性が指摘されてからの後出しジャンケン」との表現は、尖閣諸島の日本領有の根拠としてよく用いられる表現であり、巷間に流布している「定説」である。

　しかし、これまでに筆者が挙げた日本政府による国会答弁の変遷をみれば、1970年9月までは、日本政府も尖閣諸島の帰属および領有権について明言していないことがわかる。同年9月7日に、外務省条約局の山崎敏夫参事官が、「領有権に関しましてはまさに議論の余地のない」、「明らかにわれわれの領土」との表現で、初めて日本の領有を明示的に答弁した。大臣としては、同年9月10日に、愛知外相が「尖閣諸島の領有権問題につきましては、

いかなる政府とも交渉とか何とかを持つべき筋合いのものではない、領土権としては、これは明確に領土権を日本側が持っている」と答弁したのである。

けだし、尖閣周辺における石油埋蔵の可能性が出てきたからこそ、日本政府は南方同胞援護会や奥原の協力のもとで関係資料を収集し、領有権の根拠を論理だて、その整理がついた1970年の9月になって、初めて日本の領有権を明言したのであろう。

このことを書物で指摘した専門家は、高橋庄五郎の他には、管見の限り村田忠禧と新崎盛暉のみである。村田は、『尖閣列島・釣魚島問題をどう見るか』の中で、「1895年1月14日に現地に標杭を建設する旨の閣議決定を行なって正式にわが国の領土に編入[227]」したにもかかわらず、「実際にはこの時には標杭建設は行われなかった。のちにこの島をめぐる帰属問題が発生したため、あわてて1969年5月に石垣市が地籍表示のための標柱を建てたのである。周辺海域から石油が産出する可能性あり、といわれてから領有権を主張し出したのは中国政府だけでなく、日本政府自身もそうである[228]」と述べている。さらに、「日本も中国（台湾当局をも含む）も、前述した通り、この島々の周辺海底に石油が産出する可能性があるとの情報が流されてのち、領有権を主張するようになった[229]」としている。「日本も中国も1970年代まではこの島嶼の存在すら忘れていた。沖縄の本土復帰問題、日中国交回復問題がクローズアップされた時期に初めて日本も中国（台湾も含めて）も注目するようになり、あわててそれぞれ自国の地図にこの島嶼の存在を書き込み、あたかも自国の固有の領土であるかのようなポーズを取っている。ナショナリズムを煽ろうとする勢力は、日本でも中国でもこの問題を利用する[230]」とも、村田は指摘している。

新崎は、「沖縄は、東アジアにおける平和の『触媒』となりうるか」の中で、尖閣諸島に対する領有権問題が浮上してくるのは、1968年8月のECAFE調査の後であるとした上で、以下のように述べている。

　　中国や台湾で領有権の主張が表面化してくる中で、実は、最も早くこの島々が「八重山石垣市字登野城の行政区域に属しており、……同島の領土権について疑問の余地はない」と意思表示したのは、70年8月の琉球立法院による全会一致の決議（引用者注：第1章第1節で引用した「決議第12号　尖閣列島の領土権防衛に関する要請決議」）でした。ついで、71年6月、中華民国政府が、保釣運動を背景に、これらの島々の領有権を主張する声明を出し、71年12月、中華人民共和国政府外交部の声明がこれに続きます。これに対して

日本政府外務省は、先に紹介したような無主地先占という国際法の原則に基づいて取得した日本「固有の領土」という見解を発表します[231]。

日本政府が国会答弁で尖閣諸島の領有権を明言したのは、琉球政府立法院の決議第 12 号発出後の 1970 年 9 月であり、「先占の法理」を主張したのは 1972 年 5 月である。

ほかに弁護士の毛利正道は、「1982 年の国連海洋法条約で明確に認められた排他的経済水域（EEZ）、大陸棚主権についても、尖閣諸島の領有問題との絡みもあって、日中間において全体として未解決となっている。しかし、そもそも、日中双方において、自らが尖閣諸島を領有していると公然と主張され始めたのは、尖閣諸島を含む広大な排他的経済水域や大陸棚海域に大規模な原油が埋蔵されている可能性が高いとされた 1968 年以降である。にもかかわらず、この問題について未解決ということは、『領有権問題』についても未解決ということではないか[232]」と指摘している。さらに、中国や国際法の専門家ではないが、歴史学者の中嶋久人はホームページで、当時の尖閣諸島に関する国会答弁を、筆者と同じ観点から沖縄の視点もふまえて分析している[233]。

中国側の指摘——石油埋蔵の可能性から日本も領有権を主張

一方、中国側では、北京大学歴史学部教授の徐勇と上海国際問題研究院アジア太平洋研究センター副主任の廉徳瑰、英国ケンブリッジ大学訪問学者の罗欢欣（羅歓欣）らが、ECAFE 調査によって石油埋蔵の可能性があることが明らかになってから、日本政府が尖閣諸島の領有権を主張しはじめたと指摘している。

徐勇は、2005 年の論文で以下の通り述べている。

1968 年前後に国連極東経済委員会（ECAFE）が調査を行い、釣魚島の海域に豊富な石油資源が埋蔵されていることを発見し、その石油の埋蔵量は 737 億〜1574 億バーレルと推計され、ある人は、釣魚島は「第二の中東になりうる」と断定した。著名な日本の学者である高坂正堯が言ったように、石油資源の発見は日本を刺激し、「飢えた野獣」（引用者注：出典は示されず）の如く、これらの島嶼の主権を強硬に奪い取った。

日本は、1958 年国連海洋法会議で決められた大陸棚境界画定の国際法上の基本原則に違反して、「東シナ海海域中間線」を単独で提出し、釣魚島をいわ

ゆる「中間線」以東の「日本海域」の中に定めた。一方で、日本は実際の行動として、1969 年 5 月に沖縄県八重山の役場が人を派遣して島に上陸し、セメント製の標志を建設した。これらの方法によって、日本は釣魚列島を併呑しただけでなく、さらに 20 万平方キロメートルの中国海域（浙江省 2 つ分に相当する面積）とその豊富な海底石油資源を盗み取った[234]。

また、廉徳瑰は 2012 年の論文で、以下のように指摘している。

　日本は「バンコク報告[235]」が発表されたあとに、釣魚島の主権を有していることを声明で発表した。1969 年 5 月、つまり「バンコク報告」が発表された 1 か月後に日本の石垣市は釣魚島に標木を建てた。これは 1895 年 1 月 14 日に日本政府が釣魚島を「編入」して後、初めて境界を示す標木を建てたのである。74 年来、釣魚島は実効支配下にあったが、しかし日本は標木を建てなかった。1969 年 5 月のこの時になって、石垣市長は沖縄がまだ米国の実効支配下にあった背景の中、命令を発して標木を建てた。明らかなのは、これは石油の発見と密接な関係にあるということである。その後、6 月から 7 月にかけて、日本の総理府は、いわゆる「尖閣列島周辺海域地質状況学術調査」を行った。この調査の予算は 943 万 5000 円であり、調査団の団長は新野弘であった。この学術調査は実際のところは海底の石油探査であり、8 月 28 日、調査団は日本政府に対して調査報告を提出した。1970 年 5 月 9 日（引用者注、正しくは 1969 年 5 月 10 日と 11 日）石垣市当局は釣魚島等の島嶼に「行政管轄標識碑」を建てた。（引用者注、1970 年）7 月 8 日、琉球政府は釣魚諸島に領域表示板を建てた。特に、この年の 8 月 10 日、当時の愛知揆一外相が参議院沖縄及び北方問題に関する特別委員会において、日本が釣魚島の主権を持つことを発言し、釣魚島に対する主権を持つ主張を正式に提起した。これは明治政府が釣魚諸島を「編入」して以来、日本政府が初めて正式に釣魚島の領有権を表明したことであり、日本が秘密裏にこれらの島嶼を「編入」してから実に 75 年 7 か月がたってからである[236]。

加えて、罗欢欣は、2012 年の論文で「実は、日本は投降後、アジア極東経済委員会（ECAFE）が釣魚島海域の石油資源のニュースを発表する前には、釣魚島の主権を主張することはなかったのである。1945 年から 1969 年までの間に日本で出版された『九州地方図』、『南西諸島図』、『沖縄県図』、『宮古諸島図』などには釣魚島は描かれてはいない[237]」としている。

第2節 「先占の法理」と「棚上げ」

「先占の法理」による領土編入

　高橋は『尖閣列島ノート』で、「外務省が記者会見をして、『尖閣列島の領有権問題について』という印刷物を配り、尖閣列島は先占によってわが国の領土に編入したものだと発表したのは、1972年3月8日である[238]」と指摘している。だが、以下にあるように、外務省統一見解として発表された「尖閣列島の領有権問題について」の中では、「先占」という言葉は用いられておらず、「先占によってわが国の領土に編入した」とは明示されてはいない。

尖閣諸島の領有権問題について

外務省統一見解

昭和47年3月8日

　尖閣諸島は、明治18年以降政府が沖縄県当局を通ずる等の方法により再三にわたり現地調査を行ない、単にこれが無人島であるのみならず、清国の支配が及んでいる痕跡がないことを慎重確認の上明治28年1月14日に現地に標杭を建設する旨の閣議決定を行なって正式にわが国の領土に編入することとしたものである。

　同諸島は爾来歴史的に一貫してわが国の領土たる南西諸島の一部を構成しており、明治28年5月発効の下関条約第二条に基づきわが国が清国より割譲を受けた台湾及び澎湖諸島には含まれていない。

　従って、サン・フランシスコ平和条約においても、尖閣諸島は、同条約第二条に基づきわが国が放棄した領土のうちには含まれず、第三条に基づき南西諸島の一部としてアメリカ合衆国の施政下に置かれ、昨年六月十七日署名の琉球諸島及び大東諸島に関する日本国とアメリカとの間の協定（沖縄返還協定）によりわが国に施政権が返還されることとなっている地域に含まれている。以上の事実は、わが国の領土としての尖閣諸島の地位を何よりも明確に示すものである。

　なお、中国が尖閣諸島を台湾の一部と考えていなかったことは、サン・フランシスコ平和条約第三条に基づき米国の施政下に置かれた地域に同諸島が含まれている事実に対し従来何等異議を唱えなかったことからも明らかであり、中華民国政府の場合も中華人民共和国政府の場合も1970年後半東シナ海大陸棚の石油開発の動きが表面化するに及びはじめて尖閣諸島の領有権を問題とするに至ったものである。

また、従来中華民国政府及び中華人民共和国政府がいわゆる歴史的、地理的

ないし地質的根拠等として挙げている諸点はいずれも尖閣諸島に対する中国の領有権の主張を裏付けるに足る国際法上の有効な論拠といえない[239]。

　さらに、同年5月、外務省情報文化局が『尖閣列島について』というパンフレットを発行した。その中で、「明治28年（1895年）1月14日の閣議決定により、尖閣諸島を沖縄県の所轄として、標杭をたてることにきめました[240]」、「これは国際法的には、それまでどこの国にも所属していなかったそれらの諸島の領有権を、わが国が、いわゆる『先占』と呼ばれる行為によって取得したのだということになります[241]」と、初めて文書で先占の法理に言及した。パンフレット『尖閣列島について』の目次は以下の章立てになっており、尖閣列島の日本領有を説く本文は17頁であり、写真や図表の他にも、以下の資料を掲載し、36頁構成である。

　もくじ
　1．急に起こった問題
　2．わが国領土に編入されたいきさつ
　　　　　（1）　慎重な編入手続き
　　　　　（2）　戦前におけるわが国の支配
　　　　　（3）　戦後における支配
　3．わが国はこう考える
　　　　　（1）　先占による領土編入
　　　　　（2）　明確なサン・フランシスコ平和条約
　　　　　（3）　中国側の文書も認めている

【資料】
標杭建設ニ関スル件
官有地拝借御願
沖縄県の郡編成に関する勅令
尖閣諸島中四島の払下げについての国有地台帳
琉球列島の地理的境界（米国民政府布告第27号）
琉球政府章典（米国民政府布令第68号）
群島政府組織法（米合衆国軍政府布令第22号）
尖閣列島に対する警告板の設置に関する米琉往復書簡
尖閣列島における警告板設置について

沖縄返還協定
合意された議事録
中華民国政府外交部声明
中華人民共和国政府外交部声明
北京放送

　このパンフレット『尖閣列島について』の中で、新たに政府が主張した「先占による領土編入」については、以下のように説明されている。

２．わが国領土に編入されたいきさつ
（１）慎重な編入手続き
　明治12年（1879年）、明治政府は琉球藩を廃止し、沖縄県としましたが、明治18年（1885年）以来数回にわたって、沖縄県当局を通じ尖閣諸島を実地に調査した結果、尖閣諸島が清国に所属する証跡がないことを慎重に確認した後、明治28年（1895年）1月14日の閣議決定により、尖閣諸島を沖縄県の所轄として、標杭をたてることにきめました。
　このようにして尖閣諸島は、わが国の領土に編入されたのです。[242]
（中略）
３．わが国はこう考える
（１）先占による領土編入
　尖閣諸島がわが国の領土に編入されることになったいきさつは、すでに述べましたが、これは国際法的には、それまでどこの国にも所属していなかったそれらの諸島の領有権を、わが国が、いわゆる「先占」と呼ばれる行為によって取得したのだということになります。
　国際法上、ある国は、どの国にも属さない地域（無主地といいます）がある場合、一方的な措置をとることによって、これを自国の領土とすることが認められています。
　これが先占と呼ばれるもので、たとえばイギリス、フランスなどが太平洋の島々を領有するに至ったのも、大部分これによったと言われています。
　それでは、先占が有効であるためには、どのような要件が充たされなければならないかということになりますが、一般には、その地域が無主地であること、国家がその地域を自国の領土とする旨を明らかにすること、および、実際上もその地域に有効な支配を及ぼすこととされています。
　尖閣諸島については、すでに述べましたように、わが国は明治18年以降沖

縄県当局を通ずるなどの方法で再三現地調査を行ない、これらの島々が単に無人島であるだけでなく、清国を含むどの国の支配も及んでいる証跡がないことを慎重に確認した上、明治28年1月14日に現地に標杭を建設する旨の閣議決定を行なって正式にわが国の領土として沖縄県に編入しました。（それ以来、尖閣諸島は一貫して南西諸島の一部として取扱われてきました。）

　また、その後の支配についても、政府は、民間の人から尖閣諸島の土地を借用したいとの申請を正式に許可し、民間の人がこれに基づいて現地で事業を営んできた事実があります。これらの事実は、わが国による尖閣諸島の領土編入が、前述の要件を十分充たしていることを示しています。従って尖閣諸島が国際法上も有効にわが国に帰属していることは問題がありません[243]。

1972年3月21日、外務省の高島益郎条約局長は、衆議院予算委員会第二分科会での楢崎弥之助衆議院議員の質問に対して、以下にあるように、「先占の法理によって日本が合法的に取得した」と初めて答弁した。

○楢崎弥之助　次に、尖閣列島の問題に入りたいと思います。（中略）まず、（中略）日中正常化の話し合いの中で、やっぱりこの尖閣列島があるいは現実的な障壁になるという可能性について私は憂えるわけであります。だから、（中略）歴史的な事実というものを、十分資料をもって具体的に立証する必要があろうと思います。（中略）いままで私は質問主意書で、この領有権の問題についてお伺いをしました。それからまた、せんだって沖特委員会で、外務大臣の領有権の根拠についてのお話も承りました。で、私に対する回答書と、せんだっての外務大臣のあの御答弁を二つ並べてみて、私は非常に論拠が弱いと思います。（中略）まず、私に対する回答では、「歴史的に一貫してわが国の領土たる南西諸島の一部を構成し、」こう回答書にあります。この「歴史的に一貫して」ということは、いつからの歴史ですか。
○福田赳夫外相　明治十八（引用者注：1885）年よりであります。
○高島益郎条約局長　正確には明治二十八年以来でございます。
○楢崎弥之助　明治十八年というのは、例の明治十七年に古賀さんがいろいろ尖閣列島のことを知って、そしてそれに基づいて沖縄の県知事が、いわゆる国標を立てたいという上申書を提出された年であるわけです。それが十年間なぜやむやになっておるか。二十八年に閣議決定いただいたのでしょう。なぜうやむやになっておったか、その間の理由はどうでしょう。
○高島局長　私ども、この尖閣諸島が日本の領土であると主張します根拠は、

国際法に基づきまして日本がこれを実効的に支配してきたということを説明しようとしておるわけです。国際法に基づきましてというその根拠は、いわゆる国際法上の先占の法理によって日本が合法的に取得したということでございます。先占の条件といたしましては、まず第一番にいかなる国の領域にも属しない……。

○楢崎弥之助　私はそれを聞いておるのじゃないのです。（中略）なぜ十年間ほったらかしにしておったか、それを簡単に説明していただきたい。

○高島局長　そこで、いま私が申し上げようとしましたのは、先占の要件の一つでありますところの、いかなる国の領域にも属しない領域であったということを、日本政府が確認するために十年間も要したということでございます[244]。

　楢崎はこの質問で、下関条約に尖閣が含まれていない根拠を質し、尖閣の領有権の根拠について明確な資料に基づいて理論構成すべきだと述べた。また、明治28年、すなわち1895年の閣議決定で編入する前は尖閣が無主地であったことは認めつつも、最初の上申から10年も放置しておいて、日清戦争に勝利する直前に編入した実効支配の正当性を中国側は争点にしているのではないかとしている。のみならず、日中間でいまだに大きな問題になっている防空識別圏のこと、米国が施政権と主権を分けていること、さらに赤尾嶼と黄尾嶼にある米軍の射爆場は撤去を求めるべきだと、以下の通り踏み込んだ質問している。

　○楢崎弥之助　私は、この尖閣列島は、国際法のいわゆる無主島だと思うのですね。（中略）どこの国の領土であるということがはっきりした（引用者注：明治）二十八年以前ははっきりしていなかった。（中略）ただ、問題はその尖閣列島を日本の領土とするというその意思決定及びその後の実効的支配が正当なものであったかというのが、私は中国側との争点になるのではなかろうか。（中略）その実効的支配という点については私もそう思うのです。ただ、それが正当かどうかというところにおそらく争点があると思うのです。先ほどちょっと触れましたとおり、十年間もほったらかしておいて、日清戦争で大勝利というときに、その力をかってきめたという感じを非常にわれわれも持ちます。その辺が正当性との問題が出てくるのではなかろうか。（中略）それから最後に、（中略）防衛庁に伺いたいが、防空識別圏の中にこれをやはり入れますか。防空識別圏、できましたか。

○久保卓也防衛庁防衛局長　まだ ADIZ の防衛庁案というものはつくっておりませんけれども、現状では、御承知のように、防空識別圏というものが、沖縄本島防空のための識別の技術的あるいは事務的な、便宜的な自衛隊内部のラインであるというような点で、必ずしも私は政治的なそういった面をかみ合わせる必要はないのではないかという観点で、いまのところ従来の方針を踏襲したいと考えております。

○楢崎弥之助　中国側が尖閣列島の領有権を主張する、もしそこに日本の飛行機が ADIZ で飛んでいく、そうすると、中国側が自分の領土に飛んできたということで、スクランブルをかけないという確信があなた、ありますか。

○久保局長　共産圏の ADIZ がわからないのでありますが、極端な例を申しますれば、わがほうの ADIZ と共産圏側の ADIZ が交錯をしている、たとえば尖閣列島を互いに取り込んでおるということでも、格別それが不都合ということにはならないというふうに私は思います。また事実上の問題としましては、尖閣列島の上空を飛んでいる場合に、わがほうが間に合うというわけにはまいりません。

○楢崎弥之助　私は、現実にやはり非常にトラブルの起こる可能性があると思うのです（中略）。だからこれは慎重に配慮して、私は竹島と同じように防空識別圏から一応はずされたほうが――竹島がそうでしょう。争いがあるから竹島と同じような例にすべきだと私は思います。（中略）沖縄返還時、五月十五日の段階で、米国に対して尖閣列島の領有権についての何らかの意見表明を求めるつもりですか……。

○福田外相　わが国の領土権の問題に対して、最終的な裁判官じゃありませんから、それに裁判的な意見を求めるようなことは考えておりません。

○楢崎弥之助　すでに領有権の問題は、当事者で話し合うべきであるという意見をアメリカの国務省は出しておりますね。（中略）それをわざわざここで、沖縄返還時に尖閣列島の領有権について米側のコミットを求めるなんというみっともないまねは、ひとつ絶対おやめになるようにお願いをしたい。と同時に、（中略）ここの赤尾、黄尾に米軍の基地がある、射爆場があるということ、これも私はたいへん問題があると思うのです。少なくともこの領有権について争いのあるところに米軍の基地があるということは、これはよくないことです。（中略）基地を撤去するように話し合いをされるべきである、私はこのように思います。

○福田外相　尖閣列島の米軍基地を、撤去するということを要請するという考えはありません。私は、これはなぜアメリカに意見を求めないかというと、

あまりにも明瞭なことなんだ。だれの意見を求める必要もない、それくらいはっきりしている問題だ。（中略）わが国の領土であることに一点の疑いもない問題である。人の国の意見、第三者の意見を求めるまでもない、こういうことで意見を求めない、こういうことであります[245]。

　この質疑応答の中で、防衛庁の久保卓也防衛局長は、防空識別圏＝ADIZについて、「共産圏のADIZがわからないのでありますが、極端な例を申しますれば、わがほうのADIZと共産圏側のADIZが交錯をしている、たとえば尖閣列島を互いに取り込んでおるということでも、格別それが不都合ということにはならないというふうに私は思います」と注目すべき答弁をしている。この答弁については、岡田充・共同通信客員論説委員がホームページ「海峡両岸論 第44号」で筆者の修士論文を紹介し、「中国が尖閣諸島を彼らの防空識別圏（ADIZ）に含めても『格別、不都合ではない』と答えていたことも明らかにされている。中国が昨年（引用者注、2013年）11月23日発表したADIZに対し、安倍晋三首相は『尖閣領空が中国の領空であるかのごとき表示で受け入れられない』と、中国に撤回を求めているが、72年当時の防衛当局の認識は全く異なっていたことが分かる[246]」と解説した。さらに岡田は、「沖縄返還交渉が開始されると台湾が領有権を主張、台湾は当時国交のあった米国のニクソン政権に対しても、尖閣を沖縄返還と切り離して日本返還に反対するようになった新状況の下で、日本政府はあわてて領有の「物語」を完成させたと笘米地はみる。これは矢吹晋・横浜市大名誉教授が『尖閣衝突は沖縄返還に始まる』（花伝社　2013）で展開した論旨と平仄が合う[247]」としている。

　ここから明らかなように、日本政府が尖閣諸島領有の論拠を再構成し、歴史的経緯に関する日本政府の「物語」が完成したのは1972年3月である。それ以前には、現在の日本政府が主張する尖閣領有の国際法上の根拠となる「先占の法理」は言及されていなかった。

　その翌日の3月22日、参議院沖縄及び北方問題に関する特別委員会で、川村清一参議院議員が中立政策をとる米国の態度について「納得できない」として、以下のように質問した。福田外相は、前日の楢崎に対しては「第三者の意見を求めるまでもない、こういうことで意見を求めない」と答弁したが、川村には「アメリカ政府のそういう態度が非常に不満」と述べ、「アメリカ政府に対して抗議をするという態度をとろうと思っております」と答弁した。

○川村清一　私、何としても納得できないのはアメリカ政府の態度なんです。（中略）施政権を返還したその協定の中の返還区域の中には、はっきりと尖閣列島が入っておる。そういう事実があるにもかかわらず、尖閣列島の領有権というものが国際上の問題になってくるというと、アメリカ政府は施政権は返す、しかしながら、この尖閣列島の領有権についてはアメリカは発言の権限がないんだ、両当事国において話し合って解決してもらいたいと言って手を引いた。（中略）こんなえてかってな理不尽な行為は私はないと思います。（中略）どこの国の領土だかわからないものを施政権の中に入れて、しかも、今度は自分の軍事基地をそこに設けて、施政権が返ってくるにもかかわらず、A表（引用者注：沖縄返還の日から米軍が使用するために、日米合同委員会において合意する用意のある設備及び用地の88施設）の中にきちっと黄尾嶼、赤尾嶼として、その島に基地は存在させる。こういうことは一体認められるのかどうか。政府の見解を明確にしていただきたい。

○福田赳夫外相　尖閣列島の帰属についてのアメリカの態度、（中略）これにつきましては私も全くそのとおりに思います。私は、この問題はアメリカといたしましてはもう議論の余地はないというふうに腹の中では考えておる、こういうふうに見ておるんです。議論の余地のない問題、御指摘のように基地まで置いておる、返還協定ではA表の中にそれが入っておる、（中略）にもかかわらず、事が公の問題になりますと、最近になりまして、どうもあいまいな態度をとる、領土の帰属につきまして何かもの言いがつくならば、それは二国間で解決さるべき問題であるというような中立的な言い回しをしておる。私はアメリカ政府のそういう態度が非常に不満です。これはなにか逃げ腰な態度であると、こういうふうに思いますが、またその背景があるんだろうと思います。（中略）しかし、（中略）アメリカに頼んでこれはあれを確認してもらう、そういう性質のものじゃないと思うんです。そこで、そういうことはいたしませんけれども、これはなおアメリカでも（中略）、そういうかたまった考え方が出ますれば、厳重にアメリカ政府に対して抗議をするという態度をとろうと思っております[248]。

　その後、「政府の訓令をうけた牛場信彦駐米大使は同月24日、米国務省のグリーン次官補に対して尖閣諸島の帰属問題に関する日本の立場を説明し支持を求めたが、同次官補は米国の『中立の立場』を繰り返した[249]」と、豊下楢彦は述べている。豊下は、「これ以降、日本政府が米国の『中立の立場』について『厳重に抗議』した形跡は見られないのである[250]」として、米国の「立

場を"黙認"している[251]」日本政府を強く批判し、「国際社会から見れば、これほど"異様な光景"はないであろう。ところが、日本の政界やメディアの現状は、これが"異様"であると認識することさえできないレベルにまで『知的劣化』が進んでいるのである[252]」と指摘している。

1978年の園田外相答弁　平和友好条約交渉で尖閣は議題にせず

1978年3月10日の参議院予算委員会では、日華関係議員懇談会[253]の幹事である玉置和郎参議院議員が、日中平和友好条約の交渉で尖閣諸島について「今後一切文句は言いませんということの一札は取れますか取れないですか、どうですか[254]」と聞くのに対して、園田直外相は、「今度結ぶ条約は平和条約でなくて平和友好条約でありますから、領土の問題はこの条約の中に入らぬわけであります。しかし、この尖閣列島が、わが方が領有しておるが、中華人民共和国は自分のものであると言い張っておるわけでありますから（中略）、今度の友好条約の際にむしろこちらが自分のものだとちゃんとした明々白々たる事実を持ち出して、これに文句はありませんかと、こういうことは決して得策ではないと、私はこのように考えております[255]」と答弁した。それを受けて、「尖閣列島の帰属については日本のものですということについての向こうの言質をとるということは当然じゃないですか[256]」と質問を続ける玉置に対して、園田は「平和友好条約と尖閣列島の帰属の問題は別個の問題でありますから、平和友好条約の場所で私はこの問題を持ち出すつもりはございません。しかし、その問題は、場所を変え時を変えて適当な時期にこれをやるべきであることは御意見のとおりであります[257]」と答えている。それに対して、玉置は、日中平和友好条約は日本を第二次世界大戦に導いた当時の日独伊三国同盟のようなものだといわんばかりに、突然に「いま、三国軍事同盟のときのあの新聞の状態を見てみなさい。何でもかんでも三国軍事同盟。いまの新聞を見てみなさい。一緒じゃないですか[258]」との発言を行った。園田は「いまわれわれが進めようとしておる友好条約は、戦争に突入してはならぬという平和と繁栄を目的として進んでおることを御理解を願いたい[259]」と応じた。

その後、同年3月22日に、福田赳夫首相が「我が国固有の領土」との表現を用いて、以下の通り質問主意書に答弁している。

　　尖閣諸島は、我が国固有の領土であり、我が国は、現にこれを実効的に支配している。したがって、尖閣諸島の領有権についていずれかの国と話合い

を行うべき筋合いのものでなく、政府としても今そのような話合いをいずれ
かの国と行う必要があるとは考えていない[260]。

　その後、序章でも挙げた1985年4月22日に、「中国との間に尖閣諸島の
領有権をめぐって解決すべき問題はそもそも存在しない[261]」との見解が、
安倍晋太郎外相から発表された。1988年11月には、斎藤邦彦外務省条約局
長が、「尖閣列島というのは、我が国にとりまして領土問題でも何でもなく、
我が国が有効に支配している我が国の領土の一部[262]」と答弁した。1989年
3月には、都甲岳洋欧亜局長が、「尖閣諸島をめぐって解決すべき問題自体
存在しない[263]」と答えた。また、1991年4月には、柳井俊二条約局長が
「我が国の立場からいたしまして領土問題があるということではございませ
ん[264]」と答弁しているように、「解決すべき領有権の問題は存在しない」と
の趣旨の国会答弁を繰り返し行なってきた。
　そして、質問主意書への答弁でも、前述した2007年の福田康夫首相の答弁
書の後にも、「中曽根外務大臣より、（中略）尖閣諸島をめぐり中国との間で解
決すべき領有権の問題はそもそも存在していないとの我が国の立場に基づいて
発言したものであり、御指摘は当たらないと考える[265]」との答弁を、2009年3
月に麻生太郎首相が閣議決定している。これは、鈴木宗男衆議院議員が、「『外
相会談』において尖閣諸島について中曽根大臣より言及がなされたことは、あ
たかも日中間において尖閣諸島が係争化し、同島を巡る領土問題が存在する
かの様な誤解を国内外に与え、同島の領有権を狙う中国側をただ利するだけに
なったのではないか[266]」と問題視したことに対する答弁である。

「棚上げ」に関する政府見解
　これまで、国会答弁を中心に、尖閣諸島の領有権に関する政府見解の変遷
を紹介してきた。では、2010年10月に前原外相が答弁した「棚上げ合意の
否定」についてはどうなのか。序章で述べたように、日中平和友好条約締結
前の1975年10月22日に、「いわゆるたな上げというような形で日中の条約
交渉が行われているという事実はございません[267]」と宮澤外相が答弁して
以来、以下のように、一貫して「棚上げ」を否定しているのが政府見解である。
　1978年4月に、中江要介外務省アジア局長は、「日中共同声明の出されま
した例の正常化の際の両国の首脳会談において、尖閣諸島の問題は議題にさ
れたことはないということがまず第一点でございます。それから第二点は、
この首脳会談の中で、この問題についてたな上げにするというような合意な

り了解なり、そういうものがあったかというと、それもないということでございます[268]」と棚上げを否定した。さらに、「日中政府間で秘密協定的あるいは秘密的な話し合いはないと断言できますか[269]」と問う上原康介衆議院議員に対して、「ないと断言できます[270]」と明言した。

　後に在中華人民共和国特命全権大使となる中江は、1972年の国交正常化の際のアジア局外務参事官であり、椎名悦三郎自民党副総裁が9月17日に台湾を訪問して、田中角栄首相からの蒋介石総統への親書を渡した際に同行した経験をもつ[271]。日中国交正常化の際、田中・周恩来首脳会談に同席した橋本恕中国課長の上司であり、首脳会談の報告は受けていたと考えられる。結果からいえば、詳細は後述するが、国交正常化の際の田中・周首脳会談では尖閣諸島の問題は正式に議題にされたともいい難いが、田中が突如として提起をし、若干のやりとりがあったことは、後に外務省記録が公開されて明らかになっている。

　また、領有権に関する答弁のところでも述べたが、1988年11月、外務省の斎藤条約局長が、「棚上げするということについて日中間で合意があったということは全くございません[272]」と、1989年3月には都甲欧亜局長が、「棚上げ云々の問題が生じる余地はないことを明確にいたしました[273]」と、1989年12月には鈴木勝也外務大臣官房審議官が、「いわゆる棚上げというようなことは毛頭ございません[274]」と、それぞれ答弁した。1991年4月には、柳井俊二条約局長も、「領土問題があるということではございません。ましてや棚上げということではございません[275]」と答弁している。このように、「領有権と帰属の問題を棚上げした事実はない」との趣旨の答弁を繰り返しており、政府見解としては、1975年から一貫して「棚上げ合意」を否定している。

　したがって、2010年10月21日の前原外相による国会答弁「鄧小平氏が一方的に言った言葉であって、日本側が合意をしたということではございません。したがいまして、結論としては、棚上げ論について中国と合意したという事実はございません[276]」も、それまでの政府見解を変更したのではなく、1975年以来のものを踏襲しているのである。また、2010年10月26日の質問主意書に対する答弁書で、「『国交正常化のさい、双方が尖閣諸島問題に触れないと約束した』とされる約束」について、「お尋ねの約束は存在しない[277]」とした点も、「日中平和友好条約交渉において、この会見で明らかにされた『尖閣諸島問題にふれないことで一致した』事実」についても、「お尋ねの事実はない[278]」とした菅首相の答弁内容も同様に、それまでの政府見解と変わらないものである。

第3章

外交上の実務対応と沖縄をめぐる歴史的経緯

第1節　公式見解と実務対応の相違

政府見解と実務対応のダブルスタンダード

　以上のように、尖閣諸島をめぐっては、「解決すべき領有権の問題」も「棚上げ合意」も公式な見解としては一貫して日本政府は否定している。しかし、それでも、日中平和友好条約を締結した園田直外相は、1979年5月29日、沖縄開発庁が中心になって行われた尖閣列島の調査開発について中国側が抗議したことに関連して、当時の政府見解とは異なる視点となる以下の答弁をしている。

　　中国外交部筋で慎重に行動してほしいという言動があったやの情報は聞きますが、その気持ちは外務大臣としては十分に理解し得るものでありまして、尖閣列島の置かれた立場、現在有効支配をしておる、わが国の領土である、そういうものを中国がいまのままで黙って見ておるということは、中国側からすれば大変な、友情であるか何かわかりませんが、私はそういうものであると思います。したがいまして、これについて刺激的な、しかも宣伝的な行動は慎むべきであり、国内政治的に必要なもののみを慎重に冷静にやるべきだと考えております[279]。

　　尖閣列島の調査開発が有効支配というものを示すものであるとするならば、外務大臣としてはこれは反対であり、あくまで国内行政上純粋の漁民の保護、安全、こういうことからやられるものであると私は閣議でも主張し、そういうふうに解釈をしております。これはきわめて大事なところでありまして、この前の中国の船団の事件[280]がありましたが、あれは、中国側に言わせると、お互いに主張し合っておる、そこへおれのものだ、おれのものだと言われれば黙っておるわけにはいかぬじゃないかというのが本心でございますから、この点は、日本国の実益を得るという意味において、現在でも有効支配しておって、中国の漁船団は近寄ってないわけでありますから、この点は十分冷

静に実際の効果というものを考えて進めていくべきだということを一言申し
上げておきます[281]。

また、園田外相は、翌日の5月30日には次のように述べている。

　尖閣列島は御承知のとおりに中国とわが方は立場が違っております。わが
方は歴史的、伝統的に日本固有の領土である、こういうことで、これは係争
の事件ではない、こういう態度、中国の方は、いやそれは歴史的に見て中国
の領土である、日本と中国の間の係争中の問題であるという差があるわけで
あります。そこで北京の友好条約締結のときに、鄧小平副主席と私との間で、
私の方から話をしまして、尖閣列島に対するわが国の主張、立場を申し述べ、
この前の漁船のような事件があっては困る、こういうことを言ったところ、
向こうからは私の主張に反論なしに、この前のような事件は起こさない、何
十年でもいまのままの状態でよろしい、こういうことで終わったわけです。(中
略)
　したがって尖閣列島についてはわが国の領土ではあるけれども、こういう
いきさつがあるから刺激しないように、付近の漁民または住民の避難のため、
安全のためにやむを得ざるものをつくるならば構わぬけれども、やれ灯台を
つくるとか何をつくるとか、これ見よがしに、これは日本のものだ、これで
も中国は文句を言わぬか、これでも文句はないかというような態度は慎むべ
きであるということを終始一貫議論をしてきた経緯があるわけであります。
(中略)
　これは単に日本と中国との関係ということばかりでなく、日本の国益とい
うことを考えた場合に、じっとしていまの状態を続けていった方が国益なの
か、あるいはここに問題をいろいろ起こした方が国益なのか。私は、じっ
として、鄧小平副主席が言われた、この前の漁船団のような事件はしない、
二十年、三十年、いまのままでもいいじゃないかというような状態で通すこ
とが日本独自の利益からいってもありがたいことではないかと考えることだ
けで、あとの答弁はお許しを願いたいと存じます。(中略)
　この際原則的な理屈は言わない方が得であると考えておりますが、私は有
効支配は現在でも日本の国は十分やっておる、こういう解釈でありまして、
これ以上有効支配を誇示することは、実力で来いと言わぬばかりのことであ
りますから、そのようなことは日本の国益のためにもやるべきでない、こう
いう考え方でありまして……[282]。

「棚上げ」を主張した鄧小平発言を評価しながらも、政府見解として否定している「棚上げ」という言葉を使うわけにはいかず、「あとの答弁はお許しを願いたい」という言外から「棚上げこそ国益なのだ」という園田の"思い"がうかがえる名答弁である。

さらに園田は、必要以上に実効支配を誇示することは、中国側の実力行使を招き、国益にならないことを見通していた。炯眼をもつ政治家であった。

また、1985年4月に「領有権をめぐって解決すべき問題はそもそも存在しないというのが我が方の立場であります[283]」と、領有権問題の存在を否定する答弁を初めてした安倍晋太郎外相も、そのすぐあとに続けて以下の答弁をしている。

我が国国内及び中国要路筋に、東海大陸棚石油資源につきましてこれを共同で開発してはどうかという考えが存在することは政府としても承知をしているところでありますけれども、東海大陸棚の開発に関しましては、日中間の境界画定等の問題がございます。これらの問題につきまして中国側とも十分に意見交換を重ねる必要があると考えておるわけでございます。意見交換によらずしてこの問題を進めるということはなかなか困難ではないかと思っておるわけでございます。協議につきましてはまだ具体的な考え方は持っておらぬわけでございますが、今後中国側とも相談をしていく必要があるというふうに考えておるわけでございます[284]。

このように、安倍外相の国会答弁においても、「公式見解＝解決すべき問題は存在しない」と「実務的対応＝中国側とも相談をしていく」との齟齬がみられる。安倍がこの答弁で、「中国側とも相談をしていく」としているのは、「大陸棚の開発」、および「日中間の境界画定等の問題」であって、領有権の問題を「相談」するとは述べていない。1970年9月10日に、初めて日本の領有権を明言した愛知外相は、「領有権問題についてどこの国とも交渉をするというべき筋合いのものではない[285]」との見解を示しながらも、同時に大陸棚の問題については「本来全く異なる性質の問題である[286]」として、「必要ならば話し合いに入ってもよい[287]」と答弁していた。ここから明らかなように、日本政府は、領有権を主張し始めた1970年9月から、領有権問題と大陸棚の開発や境界画定の問題は区別して、使い分けていた。同年9月12日には、「魚釣島に中華民国の国旗を立てた」と報道され、国府側に「申

し入れ」をしたことについて、「これはいわゆる話し合いではございません」と、愛知外相は強弁している[288]。しかし、領有権や帰属の問題に触れずして、大陸棚の開発や、境界画定の話し合いに、相手側が応じることがあり得るのだろうか。領有権については"話し合うべき筋合いではない"としつつ、大陸棚については"話し合いに入ってもよい"という日本政府のダブルスタンダードは、1970年から始まっていたといえる。

　1972年7月に総理大臣となり、同年9月29日に中国との国交正常化を実現した田中角栄は、同年3月、尖閣沖の海洋開発について通商産業大臣として「中華人民共和国との調整もございますので、この大陸だな海洋開発というものに対しては、それらの事態を十分踏まえながら、最終的にはやはり日本と中国とが協議をするということが円満な解決方法だ、こういうことだといま政治的には考えております[289]」と答弁している。田中は、さらに同年5月には以下の答弁をしている。

　　東シナ海を中心にしてエカフェが長いこと調査を行なった結果、われわれが考えておったよりも膨大もない石油資源が存在をするということが確認をせられました。しかし、この沖縄、特に尖閣列島の問題などはこの問題から起こったわけであります。石油があるとか天然ガスがあるとかということが確認されないうちは、尖閣列島問題などたいしたことはなかったのですが、これは、相当膨大もない埋蔵量を有するということが公になってから、急遽いろいろな問題が起こってまいったわけでございます。しかも、ここは大陸だな問題としても、台湾との問題とか中国大陸との問題とか、日本に復帰する沖縄との境界線、非常にむずかしい問題が入り組んでいるところがございます。しかし、これは話し合いをしながら、円満に地下資源というものは開発をしていかなければならないということは事実でございます[290]。

　また安倍晋太郎外相は、1984年5月に、「尖閣諸島地域の開発につきましてはこれが専ら尖閣諸島に対する我が国の有効支配を誇示することを目的とするようなものととられかねないようなことについては慎重に対処する必要がある[291]」と答弁し、実効支配を強める調査には「反対」するという、1979年の園田外相と同趣旨の現実的な考えを示している。さらに、1979年5月には、外相だけでなく大平正芳首相が、実態調査について「国内行政上の必要だからといって、尖閣諸島の領有権を対外的に誇示する等、刺激的、宣伝的なものであってはならないと私どもも考えてお

ります[292]」と答弁している。日中国交正常化の際に中国課長として田中角栄と周恩来による首脳会談に同席し、尖閣諸島に関する両首脳のやりとりを直接目にしている橋本恕アジア局長も、1984年5月の安倍外相の答弁に続けて、下記のように答弁した。

　この尖閣列島が我が国の固有の領土であるということは明々白々でございます。したがいまして、この事実、それから（中略）日中間は現在かつて見ないほどの非常に友好な関係にございますので、この日中友好協力関係を阻害しないという一つの前提、それからこの尖閣諸島があくまでも我が国の固有の領土であるという大原則、前提をうまく組み合わせながら、この地域の資源開発につきましても、中国側とも協力すべきは協力し、また我が国の立場を主張すべきところは主張する、こういうことでまいりたいと思います[293]。

　1995年12月、参議院外務委員会において、それまでの領土問題の存在と話し合いを否定する政府見解と異なるニュアンスの以下の答弁を、河野洋平外相が行った。それは、中国船籍の海洋調査船が、尖閣諸島周辺海域で調査を行ったことを問題視した内容に対する答弁である。

○武見敬三　私は、こうした案件について、ただやみくもに国民を刺激するような情報の開示というもので世論を感情的にしてしまうことは決して得策だとは思いません。しかし、（中略）尖閣列島の領有権問題に絡むこうした案件について、いわばタブー視するような形で報道が行われないというようなことがもし事実であったとするならば、これは甚だ残念だと思うのでありますが、外務大臣、この点はどのように御了解されているでしょうか。
○河野洋平外相　日中関係の重要性にかんがみれば、こうした問題について両国は静かに理性的な話し合いを行う必要があると思います。他方、（中略）国民の皆様に対しては正しい情報の提供というものもまた必要であろうかと思います。（中略）感情的になるということがあってはならないと思います。理性的に判断なされるということに我々は大いに努力をする必要があるだろうと思っております[294]。

1972年、国交正常化交渉での尖閣に関するやりとり

　序章でも言及した『アジア時報』に寄稿された栗山の論文を要約すると、以下の通りになる。1972年の日中国交正常化の準備を実際に行った橋本中

国課長と栗山条約課長ら外務省事務方にとって、中国の真意を知る上で最も参考になったのが、同年7月に周恩来と会談した竹入義勝公明党委員長が残した会談記録と、中国側の共同声明案を書き写した「竹入メモ」である。その最大のポイントは、中国が日米安保体制を容認することが判ったことであるが、次に栗山が重視したのは、「尖閣列島の問題にも触れる必要はありません」という周恩来首相の発言だった[295]。尖閣の領有権問題が正常化交渉の対象になれば、日本側は譲歩できず、中国側も降りるわけにはいかず、交渉全体が暗礁に乗り上げるのではないかと栗山は危惧していた。しかし、中国側が本件を提起する必要がないならば、日本側からこれを持ち出す理由は全くない。この対処方針について、大平正芳外相に栗山が説明し、同大臣の了解を得た。したがって、日中首脳会談の席上で、田中角栄総理から「尖閣についてどう思うか」との発言がされたのは、栗山にとっては想定外だったが、これに対し、周首相が「尖閣問題については今回は話したくない、今これを話すのは良くない」と応じたことは、栗山の予想内の反応であった。「このような経緯を踏まえると、国交正常化に際し日中間において、尖閣問題は『棚上げ』するとの暗黙の了解が首脳レベルで成立した（中国側が『棚上げ』を主張し、日本側は敢えてこれに反対しなかった）と理解している。わが方は、『棚上げ』によって失うものは何もなかった[296]」と、栗山は述べている。

　1972年9月27日の日中国交正常化交渉第3回首脳会談での尖閣諸島に関するやりとりは、日本側の外務省の記録によると、以下の一問一答だけである。

　田中総理　「尖閣についてどう思うか？　私のところに、いろいろ言ってくる
　　　　　　　人がいる」
　周　総　理　「尖閣諸島問題については、今回は話したくない。今、これを話
　　　　　　　すのはよくない。石油が出るから、これが問題になった。石油
　　　　　　　が出なければ、台湾も米国も問題にしない。
　　　　　　　国交正常化後、何カ月で大使（館）を交換するか？」
　大平大臣　「できるだけ早く必要な措置を講じていくが……」[297]

　しかし、中国側から外交部顧問として国交正常化交渉に参加した張香山の回顧によれば、以下のような少し込み入ったやりとりであったという。

　　釣魚島（引用者注：尖閣諸島のこと）問題。この問題については第3回首

脳会談が間もなく終わる時に話が始まった。双方ただ姿勢を示しただけで、話し合うことはなかった。

田中首相　「私はまだ一言いいたい。中国側の寛大な態度に感謝する。この機会を借りてちょっと伺いたい。中国側の『尖閣列島』（釣魚島を指す）についての態度は如何に」

周　総　理　「この問題は今回は話したくない。今、話してもいいことがない」（这个问题我这次不想谈，现在谈没有好处。）

田中首相　「私は北京に来たからには、もしこの問題を提起もしないで帰れば厄介なことになる。私は今、提起はしたのだから、彼らに対して申し開きができる」

周　総　理　「そうだ！その海底から石油が出たから、台湾はこれを大げさに騒ぎ立て、また米国も騒ごうとして、この問題を非常に大きくしようとしている」（对！就因为那里海底发现了石油，台湾拿它大作文章，现在美国也要作这个文章，把这个问题搞得很大。）

田中首相　「よし！もう話す必要はない。また別の機会にしよう」（好！不需要再谈了，以后再说。）

周　総　理　「またにしよう。今回は我々は、解決できる基本問題を、両国の関係正常化問題のように先に解決しよう。これが最も切迫した問題だ。いくつかの問題は、時間の推移に合わせてまたあとで話そう」（以后再说，这次我们把能解决的基本问题，比如两国关系正常化问题先解决。这是最迫切的问题。有些问题要等到时间转移后来谈。）

田中首相　「一旦国交が正常化すれば、私はその他の問題も解決できると信じている」[298]

　この張香山の回想は中国語であり、筆者が日本語に訳したので、田中角栄が本当はどのような日本語で発言したのかは定かではない。日本国外務省による日本語の記録には、一問一答の後のやりとりはないからである。周恩来が「今回は話したくない」と答えた後に田中は何も発言せずに、いきなり大使交換の話になっているが、若干不自然ではないだろうか。2013年6月に訪中した野中広務元内閣官房長官は、1972年の国交正常化交渉において、尖閣諸島の領有権について日中双方が棚上げを確認したと、田中から直接聞いたことを明らかにし、波紋を広げた[299]。1972年9月に、田中角栄と周恩来は、尖閣諸島について本当は何を話したのか。中国側による正規の外交記

録の公開が待たれるところである。

　矢吹は、『尖閣問題の核心』の中で、「田中と周恩来のやりとりを外務省記録から削除した[300]」と指摘している。そして、第3回首脳会談に同席した橋本中国課長の以下の証言を、「28年後に真相を語った[301]」としている。

　　周恩来が「いよいよこれですべて終わりましたね」と言った。ところが、「イヤ、まだ残っている」と田中首相が持ち出したのが尖閣列島問題だった。周首相は「これを言い出したら、双方とも言うことがいっぱいあって、首脳会談はとてもじゃないが終わりませんよ。だから今回はこれは触れないでおきましょう」と言ったので、田中首相の方も「それはそうだ、じゃ、これは別の機会に」、ということで交渉はすべて終わったのです[302]。

　張香山の回想ほどではないが、周恩来が「今回はこれは触れないでおきましょう」と述べて終わるのではなく、田中も「それはそうだ、じゃ、これは別の機会に」と答えたのであるから、「触れない」ことに同意したとみるのが自然であろう。張香山は、栗山と同様に、国交正常化交渉の外相会談には同席していたが、首脳会談には同席していない[303]ので、直接自分で聞いたことを記録したわけではない。しかし、首脳会談の内容を伝え聞いてはいただろうし、外務省顧問として会談記録を確認できる立場にあったと思われる。一方、橋本はこの首脳会談に同席し、田中と周のやりとりを直接聞いた人物である。これら国交正常化交渉の記録をみれば、中国側の一部が主張する「棚上げの明確な合意」があるとはいえないが、中国側が棚上げを主張し、少なくとも日本側は異を唱えなかったとみるのが妥当であり、栗山のいう「暗黙の了解」（中国側のいう「黙契」）を否定するのには無理があると筆者は考える。だからこそ、「領有権問題はない」としながらも、開発については「慎重に対処[304]」、「協力すべきは協力し[305]」などという国会答弁になったのではないか。

　矢吹は、「これが田中・周恩来会談の隠された真実だ[306]」として、「この外務省の一問一答、中国側記録による三問三答を指して、中国側は『黙契』（暗黙の了解）『共識』（共通認識の意）と呼んでいる。『暗黙の了解や共通認識はなかった』とする日本政府の主張は、田中・周恩来会談の真相をゆがめるものだ[307]」と、日本政府の対応を批判している。

　「暗黙の了解」については、2012年9月の野田内閣による尖閣「国有化」の閣議決定の前に、外交および安全保障担当の総理補佐官をしていた長島昭

第 3 章 外交上の実務対応と沖縄をめぐる歴史的経緯　　*89*

久が、『「活米」という流儀』の中で、「平穏かつ安定的な維持管理のため、（引用者注：東京都が購入するよりも）国が責任を持って購入するほうが、両国関係にとって、はるかに好ましいではないか[308]」と中国側に説明してきたという。それに加えて、以下のようにも述べている。

　　私たちは懸命に政府による尖閣購入こそが現状の「変更」ではなく、「維持」につながる唯一現実的な方策であるとの説得に努めました。それが 1972（昭和 47）年の日中国交正常化交渉における田中角栄首相・周恩来首相会談以来、日中政府・政治家間でそこはかとなく共有されてきた「暗黙の了解」を維持する唯一の道だと中国の権力中枢に伝えようと必死だったのです[309]。（引用文中の傍点は原文ママ）

　漁船衝突事件当時の外務省中国担当の実務責任者は、「棚上げ合意も、暗黙の了解もない。ただし、われわれはずっと日中関係の大局にたって問題を処理してきた[310]」と述べている。政府見解としては、「暗黙の了解」があったことも否定してきたはずである。それにもかかわらず、当時、野田首相の意を受けて中国側との交渉を行う責任者であった総理補佐官が、「『暗黙の了解』を維持する唯一の道だと中国の権力中枢に伝えようと必死だった」と公言しているのである。しかも、長島は続けて以下のように、筆者が第 1 節でも引用した園田外相の答弁を用いて「暗黙の了解」を説明している。

　　ここでいう「暗黙の了解」とは、1979 年に園田直外相（当時）が国会答弁の中で明らかにしているように、日中双方がお互いに「刺激的な、しかも宣伝的な行動は慎むべき」（1979 年 5 月 29 日衆議院内閣委員会議録）というものです[311]。

　しかしながら、「暗黙の了解」は認めつつ、「棚上げ合意」はなかったと、長島は指摘する[312]。先述したように、「中国側の一部が主張する『棚上げの明確な合意』があるとはいえない」と筆者も判断している。当時の総理補佐官であった人物が、それまで「棚上げ」を否定してきた外務省の見解とは異なる前提にたち、筆者とほぼ同じ見解を述べていることに驚きを禁じえない。

1978 年、平和友好条約締結交渉での尖閣に関するやりとり

　栗山は、「72 年の国交正常化時の尖閣問題棚上げの暗黙の了解は、78 年の

平和友好条約締結に際して再確認されたと考えるべきであろう[313]」というが、園田直と鄧小平との会談では尖閣問題は、どう語られたのだろうか。

　1972年9月に日中両国は国交を正常化し、日中共同声明第8項で「日本国政府及び中華人民共和国政府は、両国間の平和友好関係を強固にし、発展させるため、平和友好条約の締結を目的として、交渉を行うことに合意した」とうたい、早期の平和友好条約締結を目指した。ところが、田中内閣、三木武夫内閣ともに平和友好条約を締結することはできず、1976年12月に発足した福田赳夫内閣になってから、事務当局間による具体的な条約交渉が進展した。

　1978年8月8日、園田外相は平和友好条約交渉をまとめるために訪中し、10日に北京で鄧小平中国共産党中央委員会副主席兼国務院常務副総理との会談を行った。矢吹によれば、尖閣についてのやりとりは、2003年1月に情報公開法に基づいて公開された「園田直外務大臣・鄧小平副主席兼副総理会談記録」（昭和53年8月11日発在中国大使より外務大臣宛て電報など）からは、一切削除されている。外務省の記録には、尖閣諸島の文字は一句もないとしている[314]。石井明は、会議記録中の尖閣諸島問題を含む日中関係に関する部分の記録の開示を請求した。これに対して、外務省は「該当する文章は確認できなかったため、不開示（不存在）とした」と決定し、さらに異議申立に対しても、原決定（不存在を理由に不開示の決定を行ったこと）を維持することが適当であると判断するとの「理由説明書」を受け取ったことを石井は『中国国境　熱戦の跡を歩く』で明らかにしている[315]。しかし、会談をした当事者の園田は、自著『世界 日本 愛』に収められた「付録・鄧小平副主席のタン壺」の中で、『週刊文春』編集部のインタビューに、以下のように答えている。

　翌（引用者注：1978年8月）10日、いよいよ鄧小平副主席との会談が実現したわけです。（中略）鄧副主席との会談で一番苦労したのは、尖閣列島の領有権を何時どういうタイミングでいい出すかという、その一点だけでした。尖閣列島問題については、こんどの話しあいの中では持ち出すべきではない、というのが私の基本的な考え方でした。（中略）何故かといえば、尖閣列島は昔から日本固有の領土で、すでに実効支配をやっている。それをあえて日本のものだといえば、中国も体面上領有権を主張せざるをえない。国益からして、こちらからいい出すべきことではないのです。しかし、あれほど私がキッパリ念を押してきたにもかかわらず、東京からは「ハッキリさせろ」と打電してきた。（中略）

　いつ言おうかなア、調印式が終わってから言おうかな、条約とは関係ない

んだし……いや、鄧小平氏に言おうかな……とほとほと神経を使い果たしました。ですから鄧副主席との会談がはじまったとき、私としてはこの問題で頭がいっぱいになってたのです。（中略）おやっと思ったのは、この人はメモのたぐいをいっさい見ないでしゃべるんです。（中略）速戦即決なのです。たんなる駆引きの人でもないし、権謀術数の人でもない。人間的にも実に立派な方です。（中略）その相手に尖閣列島でしょう。もう、身の毛もよだつ思いで、ままよとばかりに、

「実は…もうひとつ…日本の外務大臣として言わなければ帰れんことがあるのですが……」

そうしたら鄧小平さんは、「わかってる、わかってる。わかっているから、あんたの言うこと黙ってきいているんじゃないか」と言うんですね。そこで勇を鼓して、尖閣列島は古来わが国のもんで、この前のような"偶発事件"を起こしてもらっては困ると、こう言ったんだ。鄧小平さんはニコニコ笑って両手を広げてね、

「この前のは偶発事件だ。漁師というのは魚を追いかけていけば、目がみえなくなるものだよ。ああいうことはもう絶対やらん、絶対やらん」とね。

もう私そのときは天に祈るような気持ちで気が気じゃない。万が一にも鄧小平の口から、「日本のもんじゃない」とか「中国のもんだ」なんていう言葉が飛び出せばおしまいですからね。もう、こう身を固くしてね…そしたら、「いままでどおり、20年でも30年でも放っておけ」という。言葉を返せば日本が実効支配しているのだから、そのままにしておけといっているわけです。で、それを淡々と言うたから、もう堪りかねて、鄧さんの両肩をグッと押えて、

「閣下、もうそれ以上いわんで下さい」

彼は悠々としてましたが、私の方はもうフウッとこう体から力が抜けていきましたよ。人が見ていなければ鄧さんに「ありがとう」といいたいところでした[316]。

さらに、園田は『月刊自由民主』誌上で、竹村健一とのインタビューで以下のように答えている。

竹村：尖閣列島の問題で「ああいうことはもう二度と起こしません」という言葉をもらってきましたね。しかし、あれだけでは中国が自分の領土だと思っているのか、思ってないのか、ちょっとはっきりしないんです。

園田：正直に申しますと、あの言葉の中には、これは日本のものだ、中国の

ものではないということは一言もありません。私が出発するときに、(中略) 尖閣について私は解決してきますとは答えずに行ったんです。というのは、尖閣列島問題は言ってはならんと思って出かけたからです。（中略）

これはまだ紛争にはなっていないんです。それに対して日本が「そんなバカなことがあるか」と言ったところで、現在、尖閣列島は日本が支配しているし、中国の言ったことは横ヤリじゃないかという手ではねつけた格好なんです。正式の会談で「これは日本のものだ」と言えば、中国も「自分のものだ」と言うに決まってます。

竹村：そう言わざるを得ないわけですね、公式に声明を出しとるから。

園田：そうなると五分五分になる。雑談ならいいけど、正式会談で五分五分になったら放っとけませんからね。日本の領土という現状にあるものを、わざわざ五分五分だと両方が言い合って、紛争事態であることをわれわれが認めると、もう一つ国益が弱くなることになるので、今のままで年限をかせいで――というのが私の考えでした。

ところが、終わり頃になって、どうしてもこれを言わなきゃならんと言われるんで、いつ言おうか、うかつに言ってヤブヘビになり、向こうに「これは俺のものだ」と言わせたらもう日本に帰れない。本当に身体がきしむような、カミソリの刃の上を渡るような気持ちでした。そしたら、ちょうど雰囲気が出てきて、そういう話が出てきた。

竹村：どっちから出たんですか。

園田：話すうちに自然に……。そこで私は尖閣列島についての日本の立場を主張して、「この前の偶発事故を起こしてもらっては困る」と言ったわけです。そしたら鄧小平副主席がニコニコ笑いながら「この前のは偶発事故だ。あんたも知ってるように漁師というものは、魚を追っているうちに周りが見えなくなるもんです」と。実際は違うと思いますよ。しかし、それを追求しても国益にはならないから、私も笑って聞いていたら「今後は二度と起こさない」と。そしてこれは今のままでいいじゃないかと言うんですよ[317]。

　以上の引用から、園田と鄧小平との会談において尖閣問題が語られたことは明白で、栗山がいうように、「72年の国交正常化時の尖閣問題棚上げの暗黙の了解は、78年の平和友好条約締結に際して再確認されたと考える[318]」のが妥当だと考えられる。

第2節　自民党政権と民主党政権における実務対応の差異

「国有化」以後——中国も実効支配しつつある「現状」

　しかし、日本では公開された外務省記録には、このようなやりとりが一切ない。矢吹は、ここから二つの誤解が生まれたと指摘する[319]。一つは、「そもそも議論はなかった」と、やりとりや暗黙の了解を一切否定する「暴論[320]」である。その代表例として、2010年10月の前原外相の国会答弁を矢吹は挙げているが、この答弁に限らず、1975年の宮澤外相の国会答弁以来の日本政府の公式見解である。もう一つの誤解は、事実上の対話を認めた上での解釈の違いである。すなわち、鄧小平発言「いままでどおり」（現状維持）を、日本側は鄧小平が「日本の実効支配を認めた」ものと拡大解釈した。主要紙の社説は、その趣旨の解説を掲載したのである。しかしながら、中国側にとっては、これは「係争状態の現状維持」を意味した。ところが、これらの情報は日本国民には届いていない。このような同床異夢、玉虫色の解釈の余地を残しつつ、両国の首脳はこれを「パンドラの箱」に収め、蓋をしたと矢吹はいう[321]。この「パンドラの箱」が開きかけたのが、2010年9月7日の尖閣諸島漁船衝突事件であり、完全に開いてしまうことになった原因が、2012年9月11日の野田内閣による魚釣島・北小島・南小島の購入、いわゆる尖閣諸島の「国有化」であったといえる。

　筆者自身、「棚上げ」と呼ばれる「現状維持」は、中国側が日本の実効支配を黙認することであると理解してきた。だからこそ、2008年12月まで中国側は、尖閣諸島の12カイリ以内の領海には公船を侵入させることは控えてきた[322]と考えていた。しかし、「国有化」の閣議決定によって「パンドラの箱」が開かれ、それ以降、中国側は公然と公船を接続水域内に入域させ、領海内への侵入も躊躇しなくなった[323]。実効支配をしているのは日本だけでなく、中国も実効支配しつつあるのだという姿勢を示している。公船による領海や接続水域の頻繁な航行や、火器管制レーダーの照射などの「中国側による現状を力によって変更しようとする挑発行為[324]」をみれば、中国が力による一方的な実効支配を目指すのではないかとの不安を持つ日本人も多いだろう。

　それにもかかわらず、「尖閣諸島の取得・保有に関する関係閣僚会合[325]」で「国有化」を決定した2012年9月10日に発表された「日本の『釣魚島購入』宣言についての中国外交部の声明」によれば、中国側の主張は「中方強烈敦促日方立即停止一切損害中国領土主権的行為，不折不扣地回到双方达成的共识和谅解上来，回到谈判解决争议的轨道上来[326]」。（筆者訳：われわれは日本

側に対し、中国の領土主権を侵害する一切の行為をただちにやめ、双方が合意した共通認識と了解に正真正銘立ち戻り、交渉による争議の解決のレールに戻るよう強く求める。)」である。声明にある「双方が合意した共通認識と了解」とは、1972 年の中日国交正常化と 1978 年の平和友好条約締結の折衝において達した「釣魚島問題は棚上げし、今後の解決を待つこと」、すなわち「棚上げ」である。

また、2013 年 7 月 30 日、習近平中国共産党中央委員会総書記兼国家主席は中国共産党政治局の第 8 回集団学習会で、以下の趣旨を述べたと報道されている。

　　国家の海洋権益を守るためには、海洋権益の維持推進の統一的計画と各分野の考慮の両立型への転換に力を入れなければならない。われわれは平和を愛し、平和的発展の道を堅持するが、断じて正当な権益を放棄するわけにはいかないし、国家の核心的利益を犠牲にすることは更に不可能だ。安定維持と権益維持の二つの大局について統合的に取り組み、国家の主権、安全、発展利益と統一を堅持し、海洋権益の維持と総合的国力の向上を両立し続けなければならない。平和的方法および交渉による紛争解決を堅持し、平和と安定の維持に努力しなければならない。各種の複雑な局面に対する準備を整え、海洋権益維持能力を高め、わが国の海洋権益を断固として守らなければならない。「主権はわが国に属するが、争いは棚上げし、共同開発する」との方針を堅持し、相互友好協力を推進し、共通利益の一致点を探し求め、拡大しなければならない[327]（筆者訳）。

習近平は、「『主権はわが国に属するが、争いは棚上げし、共同開発する』との方針を堅持[328]」しなくてはならないと述べている。同時に、国家の核心的利益は犠牲にできないとも言及し、海洋権益を断固として守るよう指示したという。発言のポイントは、①主権は我々に属する、②領有権争いは棚上げする、③共同開発の 3 点である。尖閣と明示的に指しているわけではないが、尖閣や南沙諸島をめぐる領有権争いに対する中国の基本姿勢と考えられる[329]。つまり、力による一方的な実効支配を目指すのではなく、「棚上げ」と「共同開発」を、長引く問題解決の“落とし所”とすべく探っているものと考えられる。

しかしながら、今、中国側のいう「棚上げ」で「現状維持」するという「現状」は、「国有化」以前のように日本の実効支配を黙認するのではなく、中国公

船が領海に侵入することを常態化させ、中国も実効支配をしつつあるという「現状」である。さらにいえば、「日中が共に実効支配[330]」しているという「現状」である。「中国政府は『尖閣諸島で日本政府がある手段をとれば、少なくとも同等の手段をとる』という方向に切り替えた。『決して座視しない』という表現も使い始めた[331]」と、孫崎も指摘している。「国有化」の閣議決定によって、「パンドラの箱」は開かれたのである。それまで、日本側が都合よく「拡大解釈」してきた「現状維持」＝「日本の実効支配を認めた」ではなく、今まさに中国側が強く主張している「領有権問題の存在を認めろ」＝「係争状態の現状維持」という「玉虫色の解釈」ではない本音が明らかになったことで、この問題の解決はますます困難になっている。

　園田外相が苦心してまとめあげた日中平和友好条約の締結当時の社会全体の雰囲気を伝える文章として、1979年5月31日には『読売新聞』が、「尖閣問題を紛争のタネにするな」と題する社説で以下の主張を展開している。

　「尖閣諸島の領有権問題は、1972年の国交正常化の時も、昨年夏の日中平和友好条約の調印の際にも問題になったが、いわゆる『触れないでおこう』方式で処理されてきた。つまり日中双方とも領土主権を主張し、現実に論争が"存在"することを認めながら、この問題を留保し、将来の解決に待つことで日中政府間の了解がついた。それは共同声明や条約上の文書にはなっていないが、政府対政府のれっきとした"約束ごと"であることは間違いない。約束した以上は、これを順守するのが筋道である[332]」と述べ、「その意味では、今回の魚釣島調査は誤解を招きかねないやり方だった[333]」とし、「こんごとも、尖閣諸島問題に対しては慎重に対処し、決して紛争のタネにしてはならない[334]」と結んでいる。

　これはまさに、1979年の園田外相の答弁と同趣旨の見解であり、外務省を中心とする日本政府だけでなく、「触れないでおこう」方式＝棚上げの「暗黙の了解」を日本社会全体としても、受け入れる雰囲気があったことを示しているのではないだろうか。

2004年3月、厳しい日中関係下での小泉首相の対応

　2004年3月24日、中国人活動家7人が魚釣島に上陸した際の小泉政権は、上陸した活動家たちを逮捕はしたものの、送検は見送った上で強制送還するという「政治判断」を下した[335]。3月24日に逮捕した当初、小泉首相は「法律に従って対処した」と述べ、尖閣諸島が日本の法律がおよぶ国土であることを示す意味合いがあるようだと、当時の『読売新聞』は伝えて

いる[336]。しかし、26 日になって、小泉首相は「日中関係に悪影響を与えないように大局的に判断しなければならないとして関係部署に指示した」と述べ、身柄を検察に送検せずに強制送還した[337]。逮捕された 7 人のうち 1 人は、靖国神社での落書き事件で有罪判決を受けて執行猶予中であり、どう考えても「法律に従って」、猶予は取り消されなければならないはずであったと、小島朋之は指摘する[338]。領有権の問題がなくて、「暗黙の了解」もないのなら、1 人の執行猶予は当然に取り消すべきであり、他の 6 人も正式に起訴をして、司法に委ねるほうが本来は問題にならないはずである。しかし、公式見解と実務対応を使い分けて、「弱腰」と批判されながらも、決定的な対立を回避する政治判断を小泉首相が下したのではないかと考えられる。

　2001 年 4 月に首相に就任した小泉首相は、中国や韓国の強い反発にもかかわらず、5 年連続で靖国神社への参拝を強行した。ゆえに、日中間の政治関係は冷え込み、中国国内では反日デモも起きた。それでも通商経済交流は進展したため、その現象は「政冷経熱」と揶揄されたが、日中間は非常に厳しい政治関係の中にあった。しかるに、尖閣諸島をめぐる問題については小泉首相も「大局的に判断」したのである。

2010 年 9 月、漁船衝突事件時の菅内閣の対応

　では、民主党政権は、どのような対応をしたのであろうか。2010 年 9 月 7 日午前 10 時過ぎ、尖閣諸島沖で、海上保安庁第 11 管区海上保安本部所属の巡視船と中国の漁船が接触するという事件が発生した。7 日午後 10 時 30 分、海上保安本部は那覇地方裁判所に中国人船長の逮捕状を請求、翌 8 日午前 2 時過ぎに、この船長を公務執行妨害の容疑で逮捕した。尖閣諸島の久場島北西の領海内で、停船命令を出しながら追跡していた巡視船「よなくに」と「みずき」に対して、この中国人船長は自ら操舵する漁船を衝突させた。同庁の海上保安官らは、これを「職務の執行妨害」とみなし、「現場の判断で逮捕に踏み切った」と、春原剛は『暗闘　尖閣国有化』で指摘している[339]。

　春原が仙谷由人官房長官から聞いたところでは、民主党に政権が移る以前の 2009 年 2 月、麻生太郎政権は尖閣周辺に特化した「逮捕マニュアル」を海上保安庁に作成させている。漁船衝突事件発生当時、海上保安庁を管轄する国土交通大臣だった前原は、「そもそも、そのマニュアルは自民党政権時代に作成したもので、我々の対応はそれに沿ったものである」と述べ、後に民主党政権の対応を批判した自民党を語気を強めて批判し、「小泉政権の時

は『上陸』であり、（公務執行妨害を適用した漁船衝突事件とは）性格が全く違う」と、民主党政権の判断・対応に誤りはなかったと主張したという。そして、仙谷によれば、この「逮捕マニュアル」には、逮捕後に続く一連の対応策、つまり「送検マニュアルとか、身柄をどうするとか、裁判にかけてどうするというマニュアルが全然ない」状態であったという。この問題に取り組んだ仙谷官房長官と福山哲郎官房副長官が頭を痛めたのは、公務執行妨害という罪状で逮捕した中国人船長の身柄を「この後、どのようにとり扱うべきなのか」ということだった。しかし、2004年の中国人活動家による上陸時と異なり、入管難民法違反ではなく、公務執行妨害で逮捕した状況では、必然的に刑事手続きに入ることは避けられなくなってしまう。結果的に、逮捕した船長を強制送還にはせず、事件発生から10日以上経過した9月19日に、那覇地方検察庁石垣支部は拘留期限延長を請求し、石垣簡易裁判所は同日、29日まで10日間の拘留延長を認めた[340]。

　毎日新聞論説委員の岸本正人は、『日本の外交力——普天間、尖閣と抑止力』の中で、海上保安庁を管轄する前原国交大臣が「毅然とした態度を貫いた方がよい」と仙谷官房長官に伝え、鈴木久泰海上保安庁長官にも船長逮捕を「指示」したと指摘している。また、9月14日の内閣改造で外相を退き、民主党幹事長に就任していた岡田克也も、2004年の小泉首相の政治判断について、「そういった先例にならうべきではないという判断をしました」、「法を犯した可能性があるのなら、きちんと取り調べをし、必要があれば起訴まで持っていく」と、自らのブログで原則論の重要性を指摘している。そのことから、「逮捕方針を主導したのは、前原国交相、岡田外相である」と、岸本は述べている[341]。

　民主党の菅政権は、逮捕した船長を起訴する構えをみせたのである。それに対して、「中国側が最も恐れたのは、日本の国内法に従って起訴されることで、とにかく起訴を阻止するためにあらゆる手段を使った[342]」と、中国の内部事情に詳しい朱建榮は述べている。

　2013年9月の尖閣「国有化」措置以降の日中関係は、小泉政権時の「政冷経熱」よりも厳しい状況を示す「政凍経冷」の表現の通り、政治関係はもとより、経済・文化・学術・スポーツ等のあらゆる交流に影響を与え、1972年の国交正常化以来、最大ともいえる対立局面となった。

第3節　「固有の領土」と沖縄をめぐる歴史的経緯

「固有の領土」論の問題性

　現在、外務省ホームページに掲載されている日本政府の「尖閣諸島につい

ての基本見解」は、以下の通りである。

　尖閣諸島が日本固有の領土であることは，歴史的にも国際法上も疑いのないところであり，現にわが国はこれを有効に支配しています。したがって，尖閣諸島をめぐり解決すべき領有権の問題はそもそも存在していません。

　第二次世界大戦後，日本の領土を法的に確定した1952年4月発効のサンフランシスコ平和条約において，尖閣諸島は，同条約第2条に基づきわが国が放棄した領土のうちには含まれず，第3条に基づき南西諸島の一部としてアメリカ合衆国の施政下に置かれ，1972年5月発効の琉球諸島及び大東諸島に関する日本国とアメリカ合衆国との間の協定（沖縄返還協定）によりわが国に施政権が返還された地域の中に含まれています。以上の事実は，わが国の領土としての尖閣諸島の地位を何よりも明瞭に示すものです。

　尖閣諸島は，歴史的にも一貫してわが国の領土たる南西諸島の一部を構成しています。元々尖閣諸島は1885年以降政府が沖縄県当局を通ずる等の方法により再三にわたり現地調査を行ない，単にこれが無人島であるのみならず，清国の支配が及んでいる痕跡がないことを慎重に確認の上，1895年1月14日に現地に標杭を建設する旨の閣議決定を行なって正式にわが国の領土に編入することとしたものです。

　また，尖閣諸島は，1895年5月発効の下関条約第2条に基づきわが国が清国より割譲を受けた台湾及び澎湖諸島には含まれていません。中国が尖閣諸島を台湾の一部と考えていなかったことは，サンフランシスコ平和条約第3条に基づき米国の施政下に置かれた地域に同諸島が含まれている事実に対し，従来なんら異議を唱えなかったことからも明らかであり，中華民国（台湾）は1952年8月発効の日華平和条約でサンフランシスコ平和条約を追認しています。

　中国政府及び台湾当局が尖閣諸島に関する独自の主張を始めたのは，1968年秋に行われた国連機関による調査の結果，東シナ海に石油埋蔵の可能性があるとの指摘を受けて尖閣諸島に注目が集まった1970年代以降からです。従来中華人民共和国政府及び台湾当局がいわゆる歴史的，地理的ないし地質的根拠等として挙げている諸点は，いずれも尖閣諸島に対する中国の領有権の主張を裏付けるに足る国際法上有効な論拠とはいえません[343]。

　しかし、EUと東アジアの地域統合の問題を比較研究している羽場久美子

は、「欧州の歴史的解釈」では、「『固有の領土』というのは、先史や古代史において先住民との関係で使われる言葉である。19世紀や20世紀に国家が押さえた領土を、『固有の領土』(native territory, native land) ということは、まずありえない[344]」としている。また、「アメリカで『固有の領土』というと、先住民の権利となる。それゆえ、アメリカでは（歴史的な）『固有の領土』という用語は通常使用しない[345]」という。「移民の国」は、「固有の領土」を侵して、現在、もともとは先住民がいた地域に居座っていることになる。近代以降における「固有の領土」論は、国際政治史ではタブーとされている。現在の国際政治の安定は、「固有の領土」の上に立っているのではなく、「現状凍結」の上に立っている。そうでないと、あらゆる地域に潜在的抗争が存在し、各地で紛争が始まるからである[346]。

　紛争解決論の視点からの政治社会学や国際関係論を専門とする名嘉憲夫は、「尖閣（釣魚）諸島、竹島（独島）、北方四島（南クリル諸島）」の「"領有権をめぐる問題" を『紛争解決』(Conflict Resolution) の視点から検討」した著書『領土問題から「国境画定問題」へ』の中で、「『固有の領土』という言葉は、"政治的言葉" であると同時に、（中略）ほとんど "無意味な" 言葉である。歴史認識としても問題のある言葉と言えよう[347]」と指摘している。名嘉は、「固有の領土」という言葉は、「人々の思考を停止させ、問題の分析にも理解にもあまり役に立たない言葉[348]」ではないかとし、それは、明治時代の「主権線」「利益線」、昭和初期の「生命線」といった言葉のように、「ほとんど内容はないが絶対的な響きを持って議論を不可能にする言葉であり、自分とは違う考えのものを攻撃し排除するような政治的な言葉の一種である[349]」と述べている。

　「固有の領土」という言葉を英語に訳すと、どのような表現になるのか。日本語に通じたアメリカ人英語教授、オーストラリア出身でハーバード大学卒の歴史学者、イギリス人の大学英語講師、元国際ジャーナリストで国際経済を教える日本人の大学教授などに、名嘉が聞いてみたところ、いくつかの候補としては、the Japan proper, the mainland Japan, the inherent territory of Japan, the integral part of Japanese territory, the historically-owned Japanese territory などが挙げられたという[350]。最初の二つの訳語は、通常「日本本土」という意味で使われ、最後のものは不自然な訳で使われない。三つ目の「inherent」という訳も問題で、アメリカ人の英語教授によると「inherent という意味は、permanent and essential（恒常的で本質的）という意味を含むが、ほとんどの国の領土は "恒常的" でも "本質的" でも

ないから、不適切である」という。これよりは「the historical territory of Japan」の方がいいが、「歴史的な領土」というのも時代を特定しなければ意味がない[351]。「固有の領土」に最も近い英語の訳は、四番目の「the integral part of Japanese territory」ではなかろうかとするが、しかし、これは単に「現在の日本の領土の不可分な部分」という意味にすぎず、日本政府のいう「固有の領土」とは意味が異なるのではないかということであったと名嘉はいう[352]。

　岡田充は、「固有」の意味を「『広辞苑』によると、『もとより』、『自然に』という意味だが、せいぜい 117 年前（1895 年）のことにすぎない[353]」とし、「さらに、土地とそこを生活圏にする住民が、帝国主義国的な領土拡張策と大国間の利益配分の犠牲になってきた歴史こそが重要なのであって、『固有』という無内容な単語にほとんど意味はない。『固有の領土で領有権問題は存在しない』という建前からは、相手の主張に耳を傾ける姿勢はうまれない[354]」と指摘している。また、岡田は「領土ナショナリズムの魔力は、われわれの思考を国家主権という『絶対的価値』に囲い込む。『われわれ』と『かれら』の利益は常に相反し、われわれの利益こそが『国益』であり、かれらの利益に与すれば『利敵行為』や『国賊』と非難される。単純化された『二択論』に第三の答えはない[355]」とも述べている。

　和田春樹は、「固有の領土」という言葉が登場してくるのは、1955 年の日ソ国交交渉の途中で、重光葵外相が「日本が四島返還ということを言い出して、その根拠が国会で厳しく問いただされとき」だとして[356]、日本の外務省は米国政府の文章の中の "Japan proper" を「固有の日本領土」と訳したが、その逆はできなかったとし、つまり「固有の領土」という日本語を "Japan proper" という英語にすると「日本本土」という意味になってしまうことを指摘している。さらに、和田は「そもそも『固有の領土』という概念自体が他の国ではなりたたないことの結果[357]」だとして、「歴史の中で国境がさまざまに書きかえられてきたヨーロッパでは『固有の領土』を語ることができません。また先住民がいる土地に不断に膨張する国家であったロシアとアメリカは、『固有の領土』を言い立てると国家の自己否定になりかねません[358]」と述べている。また、中国は世界帝国であり、その版図は膨張と収縮を繰り返してきたとして、「中国人の考えからすれば、固有であるのは文化であって、領土ではありません。また中華帝国の周辺には冊封を受ける国々が多くありました。やはりこの世界でも『固有の領土』という言い方はふさわしくない[359]」としている。その上で、「『固有の領土』は交渉の言

葉ではなく、喧嘩の言葉です[360]」と述べ、「『固有の領土』論は、領土問題を外交交渉上の問題とすることができない、最後通牒的な要求、つきつめれば軍事行動を招きかねない主張[361]」であるから、「領土問題を解決しようと思えば、『固有の領土』論をすてなければなりません[362]」として、「中国にも、釣魚諸島は『固有の領土』だというようなことを言わないで、話し合いをしようとよびかけるべき[363]」であると結論づけている。

「固有本土」は守り、「固有の領土」は「捨て」うる

　さらに、筆者は近衛文麿の「和平交渉の要綱」を読み、日本と沖縄の歴史から考えても「固有の領土」という言葉が、いかに不適切であるかを実感した。1945年7月10日、日本政府は、中立条約の遵守と米英との和平の斡旋を求めるために、最後の特使として近衛元首相をソ連に送ることに決めた[364]。近衛は、終戦の仲介を頼むために訪ソするに際して、「和平交渉の要綱」を作成した。「7月12日天皇より直接ソ連特使の依頼を受けた近衛は、密かに彼の側近者の一人である酒井鎬次中将を煩わして『和平交渉に関する要綱』を作用していた。（中略）酒井は6時間位で作成し、それを両者で検討、修正した。さて交渉案は『要項』と『解説』の二つに分けられ[365]」ていたのである。

　「要綱」では、「二　條件」の「（一）国體及び國土」の「（ロ）」として、「國土に就いては、なるべく他日の再起に便なることに努るも、止むを得ざれば固有本土を以って満足す[366]」と定め、「要綱解説」では「三　條件に就いて」で「（一）の（ロ）、固有本土の解釋については、最下限沖縄、小笠原島、樺太を捨て、千島は南半分を保有する程度とすること[367]」とした。つまり、和平の条件として、沖縄は「捨て」ることに決めていたのである。歴史的に琉球（沖縄）と一体である尖閣諸島も、当然のことながら、沖縄と一緒に「捨て」うるものとされた。「国體」を守るために必要なのは「固有本土」であり、今の政府がいう「固有の領土」である尖閣諸島を含む沖縄も、また小笠原も、1945年当時の日本政府にとっては「捨て」うるものと考えられていたのである。和田は、沖縄が「固有本土」に入らないとしたのは、「すでにアメリカ軍に占領されてしまったから[368]」であり、「アメリカは占領した土地を自分の領土にするだろう。沖縄を日本の領土として維持することはもはやできない。沖縄に住む日本帝国臣民のことは切り捨てることになっても仕方がない[369]」という考えだと指摘している。また、「固有本土」という言葉の定義があって、ここまでは日本の領土として残すためにがんばろうということで、

「固有本土」という概念を持ちだしたものと思われるとしている[370]。さらに、和田は、この要綱の中の「固有本土」という用語が、現在の「固有の領土」という言葉の「最初の用例[371]」であろうと述べている。

　結局、近衛の訪ソが実現することはなかった。ゆえに、「和平交渉の要綱」に基づいて交渉が行われることはなく、この「要綱」自体が歴史の表に出ることはなかったのである。しかし、「『要項』は陛下と直々にお話して御璽を頂くことにし、『解説』の方は、木戸[372]の諒解を得て、木戸の印を貰うことにした[373]」というもので、近衛手記によれば、もし近衛の訪ソが実現していたならば、「かつてルーズヴェルトとの會談の時に考えた様に、現地から直接電話で御裁可を仰ぎ、決定調印するという非常手段を用いることに決心して、特に天皇のお許しを得たということであるし、酒井によれば、萬一交渉が纏まらなかったら、直ちに無電で米英との交渉に入る全權を、陛下から頂くことにお願いしていたということである[374]」。つまり、「天皇の承認を得た[375]」要綱だったのである。大日本帝国憲法下においては、国家の法律や予算、一部の閣議決定についても、統治権の総攬者たる天皇の裁可が成立要件であった[376]。天皇は、「公共ノ安全ヲ保持シ又ハ其ノ災厄ヲ避クル爲緊急ノ必要ニ由リ[377]」法律に代わる勅令を発することができ、また「公共ノ安寧秩序ヲ保持シ及臣民ノ幸福ヲ増進スル爲ニ必要ナル[378]」命令を発することができた。したがって、天皇の承認を得た要綱は、法律と同様の効力のある文書であったともいえるのである。

　さらに、沖縄と尖閣そして日本政府との関係についていえば、「明治政府のもとで沖縄が日本国家の中に強行的に組み込まれる一連の政治過程[379]」である「琉球処分」にまでさかのぼって考える必要がある。

　15世紀末から16世紀初め頃の尚真王代に、独自に古代的国家を形成するまでに至った琉球王国は、その内部での古代的社会が十分に展開・成熟をみない段階で、1609年、薩摩島津氏の侵攻を受け、近世的体制が島津氏の手によって持ち込まれた。琉球政略後、島津氏が琉球を直接支配することなく、王国として存続させた最大の原因は、琉球王国の旧来の対中国貿易を維持し、それを利用して利益を収めようとするねらいがあったからである、というのが伊波普猷[380]以来の通説である[381]と金城正篤はいう。そして、沖縄が島津氏・薩摩＝幕府・日本の従属国でありながら、中国にも500年間にわたり朝貢していた背景を以下のように述べている。

　　島津氏の攻略を受けて以後の琉球王国は、政治・経済面で、実質的には島

津氏の「附庸国」＝従属国としての地位に指定されたが、他方、中国にたいしても明・清両朝を通じて朝貢し、国王代替りの際は中国の冊封を請い、また、中国皇帝の即位の際には慶賀使節を派遣するなどした。このような、琉球・中国間の朝貢・冊封・遣使関係は、儀礼的・形式的なものではあったが、琉球王府にとってこうした対中国関係は、国王を頂点とする王府支配階級内部の階層秩序維持のための前提となっていたばかりでなく、進んだ制度・技術・文物等を輸入し、独占することによって、民衆支配のための、政治的・イデオロギー的な意義をも有していた。1372年に中山王察度がはじめて中国（明）に入貢してから、1875年（明治8年）の最後の入貢（清）まで、琉球・中国の関係は500年間にわたる長い伝統を維持していたのである[382]。

　つまり、1609年の島津氏の侵攻以来、琉球王国は幕府・薩摩と中国の両方に対して「朝貢」を行う「二重朝貢」、いわゆる「両属」の関係を維持していたのである[383]。とはいえ、村田忠禧は『日中領土問題の起源』の中で、「琉球王国の歴史を知れば知るほど、（中略）いわゆる『両属』関係にあった、とする見方が不十分であることが判ってくる[384]」として、高良倉吉の以下の指摘を紹介している。

　　実質的に近世日本の国家体制のもとにくみこまれたこの従属的な存在、その一方では中国の冊封体制下にもある王国──、一見曖昧な存在にみえる近世のこの王国をさして、これまで「日支両属」と形容する歴史家が多かった。あながちまちがいとはいえないが、しかし、日本への属し方が支配──被支配関係を軸とする直接的なものであったのに対し、中国への属し方は外交・貿易を媒介とする間接的なものであったから、両者を「両属」という同一レベルで表現するのは正確とは思えない。それに、日本の封建国家に従属し、中国皇帝の冊封をうけたとはいっても、琉球の土地・人民を直接的に統治したのは琉球王国であり、その統治機構たる首里王府であった。そこで、このような多義的な事情をカウントにいれたうえで、最近の歴史家は近世琉球の基本的性格を「幕藩体制のなかの異国」と表現するようになっている[385]。

　而して、近世の270年間で、琉球王国が完全には日本の「国内」的存在に編入されてこなかったことを、高良は以下のように述べている。

　　日本における廃藩置県（1871年）は、それまで大名が支配してきた各藩の

土地・人民を天皇にお返しする「版籍奉還」（1869年）を前提に実施されたが、琉球王国の場合は天皇から土地・人民の支配権を授けられたことはなかったので、「版籍」を天皇に「奉還」する必要はなかった。したがって、沖縄県設置について琉球側が頑強に反対し、また琉球に対する宗主権を楯に中国側が強く抗議する状況のなかで、明治国家としては軍隊・警察を本土から動員し、力づくで首里城のあけわたしを迫る行動に出るしかなかった。もし、近世の270年間を通じて王国が完全に日本の「国内」的存在に編入されていたのであれば、このような紛糾した事態は起こらなかったであろう[386]。

1872（明治5）年の第一次琉球処分で、琉球王国（国家）が琉球藩（外藩）となり、1879（明治12）年の第二次琉球処分で、琉球藩から沖縄県になることを強要された[387]。

狭義の「琉球処分」は、1879年の「廃藩置県」を指すのが一般的である。しかしながら、1871（明治4）年の本土における廃藩置県が、どちらかといえば平穏に行われたのに比べ、沖縄においては、内にあっては琉球藩当局者の反対と阻止行動が執拗に続けられ、外にあっては琉球を「属国」とみなす中国（清朝）の抗議介入も加わって紛糾した。こうした内外の反対や抗議を押して、明治政府は沖縄の廃藩置県、すなわち「琉球処分」を断行したのである。沖縄の廃藩置県は、「琉球王国」の独自的な歴史のゆえに、それ自体清国との外交問題に発展する契機をはらみ、したがってそれは、内政問題であると同時に、それがそのまま外交問題と不可分に結びついた、両者の結節点に位置することであった[388]。

当時の沖縄は、中国と日本との微妙な関係を維持していたが、「琉球処分」によって日本に組み入れられた。それは、1874（明治7）年の台湾出兵との関係もからみ、沖縄をめぐる日中間の対立は、1894（明治27）年から1895（明治28）年までの日清戦争中の尖閣諸島の日本への領土編入にもつながる。つまり、尖閣諸島の帰属問題は、尖閣と沖縄との関係、沖縄と日本の関係、尖閣と台湾の関係、台湾と中国の関係、そして尖閣と沖縄と台湾と中国と日本との関係を全てつなげて考え、歴史的な経緯を検証する必要があると考える。

琉球処分と沖縄「分割案」

琉球処分は1874年の台湾出兵と密接なつながりがあり、さらなる背景に、1871年9月13日に調印された大日本国大清国修好条規（以下、日清修好条規）

第3章 外交上の実務対応と沖縄をめぐる歴史的経緯　　*105*

による日清関係の対等化の問題があった。明治国家は、同条規によって、当時「華夷秩序」と呼ばれる朝貢システムに編入されていた琉球王国を「琉球藩」として日本に帰属させようとした。そのことを内外に明確化するために強行されたのが台湾出兵であったのではないかと纐纈厚はいう[389]。それらの点を考慮するならば、「琉球処分」という明治政府の対沖縄措置は、1879年の「廃藩置県」の時点に限定するのではなく、明治政府部内で「琉球問題」が政治日程にのぼり、その具体的な措置として「琉球藩」が設置される1872年を始期とし、1879年の「廃藩置県」を経て、翌1880年の「分島問題」の発生とその挫折を終期とする前後ほぼ10年間を「琉球処分」の時期と考えるべきだと金城正篤はいう[390]。

　1871年の年末に琉球の漁民66名が台湾に漂着し、そのうちの54名が牡丹社の住民に殺害された「宮古島島民台湾遭難事件」が政治問題化した。1873年4月、表向きは日清修好条規の批准書交換のため天津を訪れていた外務卿の副島種臣特命全権大使は、その後、北京に入り、柳原前光を総理衙門に遣わし、清朝側の反応を打診させた。清朝側は、生蕃[391]については「化外（けがい）[392]」であり、清国の統治のおよばぬ領域での事件である旨を回答して責任を回避した。その言質を得た明治政府は、華夷秩序の外域に位置した台湾であればこそ、翌1874年4月に西郷従道による台湾出兵（征台の役）を強行したのである[393]。金城は、「明治政府の誕生を共に日程にのぼった征韓論と、74（明治7）年に決行された征台の役とは、同じ幹から出た二つの枝であった[394]」という。台湾出兵の日清両国間の交渉では、最終的に清国側が台湾出兵を「義挙」と認め、日本は50万両を得て台湾から撤退した。清国が日清両国間互換条約において、日本の討蕃を「保民義挙」と認めたことは、「日本の意図した琉球＝日本の属国という確拠に、清国が承認を与えた形になったのである（明治政府はそういうふうに一方的に解釈した）[395]」と金城は指摘するが、張啓雄はその解釈は誤りであると主張している[396]。琉球王国（日本との関係では琉球藩）は、その後も清との関係を維持していた。1879年3月、処分官に任命された内務大書記官の松田道之率いる160余名の警官と、熊本鎮台分遣隊半大隊400名は、首里城を占拠して「琉球藩を廃して沖縄県を置くこと」を宣告し[397]、4月4日には全国に公布された[398]。これが、いわゆる第二次琉球処分である。

　しかし、その前にも後にも琉球王府の抵抗と、清国の激しい抗議は続いていた。1878（明治11）年9月には、清国公使の何如璋は、三度日本外務省に足を運び、琉球の進貢差止めの理由をただし、清国にも「附属」してきた

琉球を、一方的に日本の「属地」としたことに抗議し、さらに外務卿寺島宗則宛ての書翰の中で、「堂々タル大国[399]」日本が、「隣交ニ背キ、弱国ヲ欺キ、此ノ不信・不義・無情無理ノ事[400]」を為すことは、日清修好条規にも背くものだと断じた。明治政府は、「琉球処分」の問題は日本の「内政」上の問題であるとし、従って清国からの抗議も近代国際法を知らぬ謬論だとして退けた。しかるに、同じ政府は、以下に述べるような、琉球所属問題で「最も非歴史的・妥協的方針[401]」に転ずるのであると金城は述べている。

　琉球の「所属」をめぐる日清両国間の東京交渉が、事実上の決裂状態に陥っていた 1879 年 7 月、前米国大統領のグラント将軍が、世界漫遊の途次、清国を経て来日し、日清間の調停に乗り出した[402]。グラントは清国滞在中に、恭親王や李鴻章から琉球問題の調停を「依頼」されてきたのである。グラントは二ヶ月にわたって日本に滞在し、その間、伊藤博文内務卿、西郷従道陸軍卿らと琉球問題を密談した。もともと秘密のうちに開かれた会談であったから、議論された具体的内容は秘せられたままであったが、日本のいわゆる「分島・改約」案はこのときの密談に胚胎している。同年 8 月 10 日には、グラントと明治天皇の会談も行われた。そして、日本はグラントの忠告に従い、琉球の「所属」をめぐる日清間の外交交渉が再開される運びとなった[403]。

　琉球分割説について、清国の何公使は、米国公使ビンガムが言うには、彼は以下の解決方法をグラントと協議したとして、1879 年 8 月 11 日附で李鴻章に宛て密報している。即ち、琉球諸島を三部に分かち、中部を琉球王の所領として、南部の台湾に近いところを清国に割与し、北部の薩摩に近いところを日本に割与し、日本はその新設する沖縄県を北部に移すというが、この割島分属の説の背景と真偽は一切判らないが御参考に供するとしている[404]。これが、いわゆる「琉球三分論（琉球三分割案）」である。

　1880 年 3 月、天津駐在領事で漢学者の竹添進一郎は李鴻章と会談し、いわゆる分島改約案を提議した[405]。同案は、追加条約の形式で最恵国待遇を得られるならば（改約）、琉球列島の南の二島すなわち宮古島と八重山島を清国に譲渡する（分島）というものである[406]。李は竹添の提案に対し、先に何公使から密報を受けていた琉球三分論を持ち出したが、竹添が強硬に反対し、三分論は葬られた[407]。その後、宍戸璣公使は全権を委任され、総理衙門の清国全権と二カ月間交渉した。同年 10 月には、内地通商権等を獲得する日清修好条規の条約改正（改約）と引き換えに宮古島と八重山島を清国領とする「分島」を抱き合わせた「分島改約」交渉は順調に進み、「球案条約[408]」正式調印を待つだけとなっていた[409]。結果的に、清朝側が最終調印

を拒否し、宮古島と八重山諸島が清国領になることはなかったが、尖閣諸島を含む沖縄は、日本国家からみれば「捨て」ることが可能な対象であり、これは「固有本土」ではないことの証左であるといえる。「固有の領土」については、新崎盛暉も論文の中で次のように述べている。

　沖縄では、ほぼ100パーセントの人たちが、この島々（引用者注：尖閣諸島のこと）は、沖縄と一体のものであると考えています。ただそれは、日中両国家がいうような「固有の領土」というよりは（中略）、むしろ自分たちの生き死にに直接かかわる「生活圏」だと思っています。生活圏という言葉には、単に経済的意味だけではなく、歴史的文化的意味も含まれています。
　（中略）琉球立法院の70年8月の決議（引用者注：第1章第1節で引用した決議第12号と同第13号）も、観念的なナショナリズムに立脚するというよりも、自らの生活圏の確保を願う意思の表明でした。米軍政下で、基地依存の歪んだ経済構造を強いられてきた沖縄が、軍事基地のない平和の社会を目指すとき、石油資源存在の可能性は、経済自立への手掛かりだったのです。
　沖縄の生活圏であるこれらの島々は、現在、沖縄が日本という国家に所属しているので、日本の領土の一部になっていますが、もともと、国家「固有の領土」などというものが存在するのでしょうか。「領土」とか「国家」といった概念は、近代国家形成過程において登場してきたものにすぎません。それは、琉球処分前後の琉球・沖縄の歴史を振り返っただけで明らかです。私たちは、そろそろ欧米近代が東アジアに持ち込んだ閉鎖的排他的国境・領土概念から抜け出してもいいのではないでしょうか。
　強調しておかなければならないのは、「国家固有の領土」と違って、「地域住民の生活圏」は、必ずしも排他性を持つものではない、ということです。たとえば、沖縄漁民の生活圏は、台湾漁民の生活圏と重なり合うことを排除するものではありません。
　（中略）21世紀に入った現在から将来を展望しようとする場合、欧米近代が持ち込んだ領土概念を抜け出し、地域住民の生活圏に視点を移して、紛争を平和的に解決する方途を、模索することはできないでしょうか。とりあえず現状を変えることなく、抽象的観念的「固有の領土論」を棚上げし、これら地域を歴史的文化的経済的生活圏としてきた人々の話し合いの場を通して、問題の歴史的背景や将来の在り方を検討し、共存圏の模索に努力することはできないでしょうか。その話し合いの場には、国家の立場を代表する者ばかりでなく、たとえば尖閣諸島については、日中両国と共に、地域としての沖

縄と台湾の歴史家や漁業関係者の参加が不可欠だと思います。（中略）国家間
関係の中に国境地域住民の視点も取り入れることによって初めて、一貫した
歴史認識と将来的共生の展望が獲得できるのではないでしょうか。それこそ
が沖縄の「反戦平和」を求める闘いが目指してきたものでもある、と私は考
えています[410]。

　羽場久美子が指摘する国際政治的視点からも、上述したような日本と琉球
の歴史から考えても、「尖閣諸島が日本固有の領土であることは，歴史的に
も国際法上も疑いのない」という表現の主張は適当ではないと考える。少な
くとも、2012 年 9 月の尖閣「国有化」以降の状況は、「解決すべき領有権の
問題は存在しない」と主張し続け、「1 ミリも譲ってはならない[411]」という
態度では、解決の端緒にもつけないことを認めるべきである。

第4章

結論

第1節　「新たな棚上げ論」で現状凍結の明文化を
中国による領海法制定　「棚上げ」＝現状維持への挑戦

　元外務省中国課長の浅井基文は、中国社会科学院日本研究所の高洪副所長が論文で1996年以降に日本外務省が「棚上げ」を否定し[412]、無視するような行動に出るようになったと述べていることを紹介している[413]。

　栗山は、「暗黙の了解」が崩れていった原因の一つに、1992年に中国が領海法（中華人民共和国領海および接続水域法。中国語の正式名は「中華人民共和国領海及毗連区法」）を制定し、尖閣周辺の水域を中国の領海と規定したことを挙げている[414]。1992年といえば、1978年に棚上げを強調した最高実力者・鄧小平が南巡講話[415]を行い、改革開放政策を一気に加速させた時期でもある。

　1978年の日中平和友好条約交渉の園田直・鄧小平会談に同席した杉本信行元在上海日本国総領事も、遺作となった著書『大地の咆哮』で以下のように述べている。

　92年、中国側は全人代で領海法を批准し、その中で尖閣諸島について自国領海であることを謳うという挙に出た。明らかに園田・鄧小平会談での合意を変更してきたのだ。中国としては、それまで日本側が実効支配をさらに強化するような措置を取らないならば、中国側も触らないという暗黙の了解をしたはずであった。その立場を変えて一歩踏み出してきたのである。もちろん日本側は、『認められないこと』を申し入れたが、言葉だけで、それ以上のアクションは起こさなかった。私は、あのとき日本は自らの実効支配を逆に確保するような措置をとるべきだったと悔やまれてならない[416]。

　このように、杉本も「暗黙の了解」を認めている。2006年から2010年まで在中華人民共和国日本国特命全権大使を務めた宮本雄二も、『朝日新聞』の紙上での対談で「暗黙の了解」を認め、次のように述べている。

90 年代に中国課長をしていましたが、尖閣は日本領土だという明確な立場の一方で、我々の基本的な姿勢は現状維持。日中双方が行動をとらなくてもいいようにという暗黙の了解のうちに、双方の外交当局は協力し合っていました。ところが 90 年代後半から現状維持への挑戦が双方から起きてきた。日本には中国の行動が実効支配への挑戦だと映り、中国側には日本の行動が強硬になってきたと映ってエスカレートした[417]。

　さらに、2012 年 9 月の野田内閣による尖閣「国有化」の閣議決定の前に、総理補佐官をしていた長島昭久が「政府による尖閣購入こそが現状の『変更』ではなく、『維持』につながる唯一現実的な方策であるとの説得に努めました。それが 1972（昭和 47）年の日中国交正常化交渉における田中角栄首相・周恩来首相会談以来、日中政府・政治家間でそこはかとなく共有されてきた『暗黙の了解』を維持する唯一の道だと中国の権力中枢に伝えようと必死だったのです[418]」と述べていることは第 3 章第 1 節で既に述べた。

　在上海日本国総領事を務めた吉田重信も、『不惑の日中関係へ　元外交官の考察と提言』の中で、次のように述べている。

　1998 年（森喜朗自民党政権当時）、台湾の遊漁船一隻が、尖閣諸島付近の海域に侵入した際、海上保安庁の巡視船二隻は、台湾船をはさみうちにして衝突し沈没させた。そのとき、海上保安庁は、台湾当局のきびしい抗議を受けて、その非を認め、台湾側に謝罪し、賠償金を支払ったのである。

　また、2004 年、香港に拠点を置く尖閣諸島の中国領有を主張する団体員数名が尖閣諸島の一部に上陸した際には、自民党政権（小泉純一郎首相）は、彼らを二日間拘留しただけで釈放している。

　その後も、中国漁船は、過去数年にわたり、ほぼ日常的に尖閣諸島付近に赴き、漁労活動をくり返したが、海上保安庁の巡視船によって捕獲されることはなかった。事実、2010 年 9 月のこの事件（引用者注：漁船衝突事件）発生の前には、尖閣諸島付近の海域では相当数の（一説によれば、多いときには 80 隻もの）中国漁船が操業していたといわれている。つまり、自民党政権も、尖閣諸島問題を事実上「棚上げ」していたのである[419]。

　漁船衝突事件時の外務省の実務責任者は、「棚上げ合意も暗黙の了解もないが、われわれも日中関係の大局に立って問題を処理してきた[420]」と語っ

ていた。2004年3月に、尖閣に上陸した中国人を逮捕はしたが送検せずに強制送還した際、小泉首相が会見で述べた言葉も「日中関係に悪影響を与えないように大局的な判断をしなければならない[421]」というものであった。しかし、日本政府の公式見解では、1975年から一貫して「棚上げ」を否定し、「暗黙の了解」の存在も否定してきたのだから、1992年に中国が領海法で尖閣を自国領土と規定したことを責めることは、論理矛盾であったと考えられる。

　また、領海法が制定された1992年当時は、中国がGDPで日本を追い抜いて、米国と並ぶ大国になると予想した日本人は数少なかった。筆者は、1990年から2年間、中国広東省広州市にある中山大学に留学した経験をもつ。香港とマカオに国境を接している深圳と珠海という二つの経済特区を域内に持つ広東省の省会（省都）である広州市は、当時の北京や上海以上に経済が発展していた。自由に香港に行けない多くの中国人が、香港のかわりに、中国国内で最も発展している広州に遊びにいく時代であった。それでも、1992年の広州市内の道路では、自動車よりも自転車の数の方が多かった。1990年の3月に高校を卒業した筆者が中国の大学への進学を決めたとき、「中国なんかに留学して、どうするのか」とよく尋ねられた。当時は、20年後の中国が日本を抜いて、世界第二位の経済大国になると予想する声を耳にした記憶はない。

　1992年、中国が領海法を制定し、尖閣諸島を領土としたことを、「中国は社会主義の建前で土地の私有が認められていないため、この措置は『国有化』に等しい行為だったが、日本側からの問い合わせに対して中国側は『国内的措置』だと主張したという。日中間の暗黙の了解には反しないという主張である。関係筋によると、日本側は今回この事実を挙げて、日本の措置に問題がないことを主張しなかったとみられている[422]」と春名幹男はいう。

米国は安保条約で尖閣を守るのか

　栗山は、「『棚上げ』復活へ両国の共同努力[423]」を行うべきであるという。2012年9月の尖閣「国有化」以前までは、2008年12月の例外を除いて、中国の公船は尖閣諸島から12カイリの領海には侵入せず、日本が実効支配しているのが尖閣諸島の「現状」であった。ところが、「国有化」後の現在、その「現状」は変化をみせている。現在の中国側のいう「棚上げ」で「現状維持」するという「現状」は、「国有化」以前のように日本の実効支配を黙認するのではなく、中国公船が領海に侵入することを躊躇せず、中国も実効

支配をしつつあるという「現状」である。さらにいえば、「日中が共に実効支配[424]」しつつある「現状」である。それでもまだ、中国が一方的に実効支配している訳ではなく、日本の実効支配の度合いの方が強い「現状」である。しかし、10年後か20年後に、中国が経済的にも軍事的にも日本以上の強国になったとき、「領有権の問題は存在しない」という虚構に基づく対応で、果たして日本は尖閣諸島の実効支配を続けることができるのであろうか。

米国のオバマ政権は、2010年の漁船衝突事件以降、尖閣諸島が「日本国とアメリカ合衆国との間の相互協力及び安全保障条約」（以下、安保条約）第5条の対象であることを、以前よりも明確に表明しはじめた。しかし、尖閣漁船「衝突事件の3週間前の2010年8月16日、共同通信は米国の尖閣諸島政策が変更された事実をスクープしていた[425]」と、米国の微妙な政策変更があったことを春名は指摘している。ジョージ・W・ブッシュ（George W. Bush）政権時代の2004年3月、当時の国務省副報道官は、記者会見で尖閣諸島政策を改めて明確に示した。その内容は以下の通りである。

①尖閣諸島は1972年の沖縄の施政権返還以来、日本の施政権下にある。
②日米安保条約第5条は、条約が日本の施政権下にある領域に適用されると明記している。
③したがって、安保条約は尖閣諸島に適用される。

ウィリアム・J・クリントン（William J. Clinton）大統領の時代に、ウォルター・F・モンデール（Walter F. Mondale）駐日米国大使が、「尖閣諸島は安保の対象でない」かのような失言をしたこともあり、ブッシュ政権は改めて公式に米国政府の立場を示したのである。

ところが、2009年1月に発足したオバマ政権が、この三段論法の政策を微妙に変更していたのである[426]。「オバマ政権は、①と②は明言するが、③についてはあえて米政府からは公言せず、質問されたら、『そうだ』と答えることにしたというのだ[427]」。なぜ、オバマ政権は政策変更に踏み切ったのか、その理由を米政府は現段階で明らかにしていない。だが、金融危機で中国の協力を取り付けたいため、「中国を刺激しないよう配慮した」と関係筋は指摘している。つまり、対中融和政策だというのである[428]。

だが、2010年10月27日、ハワイで、当時の前原外相と会談したヒラリー・R・クリントン（Hillary R. Clinton）米国務長官は、その後の記者会見で、明確にオバマ政権の尖閣諸島政策を再び変更した。政策を変更したとはあえて発

表していないが、前期の三段論法①②③のうち③についてはっきりと言明し、「最初に明確に言うが、尖閣諸島は 1960 年の日米安保条約第 5 条適用範囲に入る」と述べたのである。それだけでなく、クリントン国務長官は、10 月のベトナムの副首相兼外相との会談後の合同記者会見で、「米国は日中両国、両外相とともに、広範な問題を議論する三カ国会談を主催したい」と述べた。つまり、尖閣諸島問題の領有権問題は関係国同士で話し合って平和的に解決してほしいという従来の米国の政策より、一歩踏み出した発言であった[429]。

しかし、それでも、尖閣は日本の領土だとの趣旨を述べた 2013 年 8 月のマケイン発言に対して、米国務省のサキ報道官が「米国は（日本と中国の）どちらの側にも立たない。この立場は変わっていない」と述べたように、尖閣諸島の主権について、特定の立場をとらないという米国の主張は、一貫して変わっていないのである[430]。

さらには、2014 年 4 月、オバマ大統領が来日した際の首脳会談後の日米共同記者会見においても、尖閣が安保条約第 5 条の対象であることと同時に、米国は尖閣諸島の領有権に関する最終的な決定については特定の立場を取っていないことが確認された[431]。

安保条約第 5 条は、日本の施政の下にある領域への武力攻撃に対して、自国の憲法上の規定、および手続にしたがって共通の危機に対処するように行動することを宣言するという内容である。したがって、現在、大韓民国（以下、韓国）が占領・実効支配している竹島（韓国名：独島）は対象外である。

2030 年には、中国の GDP は米国を抜いて、世界最大の経済大国になると米国の国家情報会議は予測している[432]。当然、経済的にも軍事的にも、日本をはるかにしのぐ大国になると思われる。そのときに、万が一、中国側が武力を行使して尖閣諸島のどこかの島を一時的に制圧した場合、一時的ではあるが施政権は中国に移ることになる。その場合でも、安保条約第 5 条を適用して、米軍が反撃をするかは非常に疑問であるといえよう。

2010 年 9 月の漁船衝突事件の際に、「毅然とした態度を貫いた方がよい」と仙谷官房長官に伝えて「逮捕方針を主導した[433]」前原も、『政権交代の試練』の中で、以下のように述べている。

中国の GDP が日本の倍になって、相対的に米国と近くなってきた時には、他のことで中国とディール（取引）しなければならない状況が生まれてくる可能性が高い。そんな中で果たして米国が日本の肩を持つかどうかというと、それは相当微妙な問題になってくると思います。

ましてや、約 20 年先の 2030 年代には中国の GDP は日本の五倍になるといわれています。さらに、その後、中国は米国の GDP をも抜き去り、2050 年には日本の十倍以上にもなるという予測さえあるのです[434]。

　中国の軍事力分析に明るい平松茂雄も、「尖閣列島は、中国、日本、台湾の三カ国が関わっています。（中略）ところが、日本は台湾とは国交がないわけですから、非常に難しい、厄介な問題となります。アメリカとしては関与しようがない。ですから私は、尖閣列島の問題にはアメリカは関与しないという前提で考えなければダメだろうと思います[435]」と述べている。
　一方、米国の側でも、ジョセフ・S・ナイ Jr.（Joseph S. Nye, Jr.）と並んで「知日派二大巨頭[436]」と称されるリチャード・L・アーミテージ（Richard L. Armitage）元国務副長官も、「尖閣諸島を想定した日米合同軍事演習」を否定した菅首相を批判して、「彼（菅首相）は自分で何を言っているのか理解できていないのでしょうね。つまり、日米安保条約第 5 条に基づく、米国の責任を彼は理解しているとは思えないのです。いいですか、日本が自ら尖閣を守らなければ、（日本の施政下でなくなり）我々も尖閣を守ることはできなくなるのですよ[437]」と発言している。このように、「日米同盟の守護神と見られている[438]」アーミテージにして、尖閣が一時的にでも日本の施政下でなくなった場合は、安保条約第 5 条の対象外であるとの認識を示しているのである。
　孫崎は、2005 年 10 月に米国側の国務長官と国防長官、日本側の外務大臣と防衛庁長官の間で署名された「日米同盟：未来のための変革と再編」では、互いの役割・任務が規定され、日本の役割として「島嶼部への侵攻への対応」があるとしている[439]。孫崎が指摘する「日米同盟：未来のための変革と再編」中の該当文章の日本語仮訳と英文は、以下の通りである。

　日本は、弾道ミサイル攻撃やゲリラ、特殊部隊による攻撃、島嶼部への侵略といった、新たな脅威や多様な事態への対処を含めて、自らを防衛し、周辺事態に対応する。これらの目的のために、日本の防衛態勢は、2004 年の防衛計画の大綱に従って強化される[440]。

　Japan will defend itself and respond to situations in areas surrounding Japan, including addressing new threats and diverse contingencies such as ballistic missile attacks, attacks by guerilla and special forces, and invasion of remote islands. For these purposes, Japan's defense posture will be strengthened in accordance with the 2004 National Defense Program Guidelines.[441]

　「つまり、尖閣諸島へ中国が攻めてきた時は日本の自衛隊が対処する。ここで自衛隊が守れば問題ない。しかし守りきれなければ、管轄地は中国に渡る。その時にはもう安保条約の対象でなくなる。つまり米軍には尖閣諸島で戦う条約上の義務はない[442]」と、孫崎は警告している。そもそも、1951年の旧日米安保条約作成の米側責任者のダレスは、1952年の『フォーリン・アフェアーズ（Foreign Affairs)』に掲載されている論文において、「The United States forces in Japan are authorized—but not required— "at the express request of the Japanese Government" to assist to meet such indirect aggression.[443]」（「日本国内の駐留米軍は、『日本政府による明示的な要請』が行われた場合、こうした間接的な侵略に対抗するため援助を行う権利をもっているが、それは必ずしも義務的なものではない[444]」）と述べている。

　さらに、米国の公文書を調査した春名幹男は、「在日米軍は日本本土を防衛するために日本に駐留しているわけではなく（それは日本自身の責任である）韓国、台湾、および東南アジアの戦略的防衛のために駐留している」という知られざる事実を明らかにしている[445]。

　一部の人々が主張する強硬な意見として、「領土に関して、原則は1ミリも譲ってはならない[446]」とか、「『棚上げ論』の呪縛から目を覚ませ[447]」、「同盟強化のためのもっとも効果的かつ現実的な政策は、集団的自衛権行使に関する憲法解釈の是正である[448]」、「アメリカ軍に頼る前に自衛隊を堂々と配備し、自分たちの力で守らなければなりません[449]」などが挙げられよう。しかしながら、今でさえ主権については「中立の立場」をとる米国が、一時的にでも施政権が中国に移った状況で、日本を守るために中国に反撃するとは考えにくいのではないか。

「棚上げ」と資源の共同開発

　国際法学者の松井芳郎は、以下のように、「棚上げ」を否定する日本政府の主張を厳しく批判している。

　　日本にとっては、紛争の不存在をいう従来の立場からすれば、存在しないはずの領有権問題を「棚上げ」する合意はあり得ないことになる。しかしこ

のような日本の立場は、国際法的に破綻しているだけでなく国際社会で一切
支持を得ておらず、早晩軌道修正を余儀なくされることは目に見えている。
しかもこのような「棚上げ」合意は、上にも見たように実効支配を行なって
いる日本にとっては、決して不利ではないのである[450]。

　栗山のいう「暗黙の了解」は、相手が約束を破っても「暗黙」であるがゆ
えに、それを根拠に相手を非難することができない。今、必要とされること
は、「暗黙の了解」を再確認し、明確な約束に変更することだと筆者は考え
る。中国政府が「中日双方が合意した共通認識と了解（引用者注：中日双方
达成的共识和谅解、すなわち暗黙の了解）に立ち戻れ[451]」というのは、「現
状」を「棚上げ」するということであると考えられる。中国側のいう「棚上げ」
する「現状」は、「国有化」以前のように日本が一方的に実効支配している「現
状」ではなく、中国も実効支配しつつある「現状」である。しかし、それで
も現段階においては、日本の実効支配の度合いが強い「現状」であるといえ
る。それをふまえると、中国側が力で一方的に「現状」を変更し実効支配を
強めることのないよう、その「現状」を凍結することが、日本に有利な条件
であり、国益にかなうと考える。
　2013 年 7 月に、習近平国家主席は、「『主権はわが国に属するが、争いは
棚上げし、共同開発する』との方針を堅持し、相互友好協力を推進し、共通
利益の一致点を探し求め、拡大しなければならない[452]」と述べている。
　日中双方は領有権を主張し続け、互いの主張に隔たりがあることを認めつ
つ、争いは「棚上げ」する。そして、尖閣諸島は係争地として現状を凍結す
ることを「暗黙」ではなく、共同声明のような拘束力のある形で明文化すべ
きである。両国の首脳が共同声明で合意した事項を反故にして、武力を用い
て一方的に実効支配を強化することは容易なことではないだろう。松井は、
「こうした『棚上げ』合意が実現するとして、それは（引用者注：国交正常
化時の）1972 年と（引用者注：平和友好条約締結時の）1978 年にあったと
されるような、両国首脳間の口頭の合意にとどまるのでは不十分である。口
頭の合意の場合には、両度の合意がそうであったように後にその存否自体が
争われることがあり、また、その内容を解釈上確定することにも困難を伴
う。従って、このような合意は法的拘束力を有する文書であることが望まし
い[453]」と述べている。松井は、参考になるものとして、東南アジア諸国連
合（ASEAN）と中国政府が 2002 年 11 月 4 日に採択した「南シナ海におけ
る当事国の行動に関する宣言」を例に挙げている。その上で、この宣言自体

は法的拘束力を有さず、拘束力を持つ行動規範（cord of conduct）とすることが目指されているが、その後の交渉は難航しているようだと述べている。それでも、この宣言は、紛争を悪化させてはならない義務を具体化し、紛争解決に至るまでの過程で当事国間に可能な協力の分野を例示するなど、尖閣紛争の処理に対しても示唆する点が多いと評価している[454]。

さて、尖閣問題の解決のためには、まず現状の凍結を明文化し、さらに調査開発等については進め方を協議すべきだと筆者は考える。馬英九台湾総統が、「東海和平倡議（東シナ海平和イニシアチブ）[455]」で提起しているように、国家の領土と主権は分割できないが、天然資源を分かち合うことは可能であると考えられる。習近平の発言から、中国側も「共同開発」を落とし所と定めていると考えられるからである。

尖閣周辺の資源開発に関しては、石油資源開発株式会社取締役および顧問を務めた猪間明俊が2011年に「資源開発の立場から見た尖閣諸島問題」と題する論文を発表している。猪間は同論文の中で、石油・天然ガス開発が大変なリスク産業であり、世界中で共同開発が常態化している現状をふまえ、尖閣問題解決のための選択肢を示している。尖閣諸島周辺海域のエネルギー資源開発について、猪間の見解を要約して以下に紹介したい。

2005年に日本が排他的経済水域の日中境界線と考えている付近の海域で、中国がガス田開発を行いつつあることが大きな問題となった時に、猪間は「石油開発業界OBという個人の立場で、日本政府の言い分が世界の常識に反することを指摘するとともに、対立の解決には両国による共同開発しかない、という論をいろいろな機会に主張した[456]」。「この問題について業界関係者の中で何らかの発言を公に行なった者は筆者を除いてはいなかった[457]」ことを、「筆者の主張が業界の常識であってそれに付け加えるべきものはない、という判断によるものであったと思う」と猪間はいう。

尖閣諸島周辺海域についての今後の取り組みをどうすべきか論じるにあたって、「日本国民一般に石油天然ガス開発についての基本的知識が不足していて、この問題について正しい判断が出来るとは思えない」と、猪間は考えている。「領土問題は存在しない」という日本政府の立場を固持すると、この海域の資源開発については話し合う必要がない、妥協する余地はないということになってしまい、開発作業に入ることができないという結果しかみえてこない。仮に、この海域に資源が眠っていたとしても、戦争を覚悟しない限り決して手に入れることはできないということになりかねないのである。

この海域の石油・天然ガス賦存の可能性を明らかにしたのは、ECAFE が1968 年に行なった海洋物理探査の結果報告書であるが、問題は本当にこの海域に膨大な量の石油・天然ガスが存在するか否かである。当時の石油・天然ガス鉱床成因論のレベルは、現在に比べて格段に低く、スタティックな見方が支配的であった。時間空間的に極めて複雑な自然現象の絶妙なマッチングの結果として油ガス田は成立するのだから、試掘成功率は 15％程度、油田発見率は 5％程度と低いのである。ガスはガス体の形でパイプラインを通じて、あるいは液化して LNG の形で輸送される。LNG にするには、巨大な埋蔵量を持ったガス田が必要になるが、その可能性は低いものである。パイプラインで日本に送るにしても、水深 2000 メートルを越す沖縄トラフを越えて、鹿児島まで 900 キロメートルにもおよぶ海底パイプラインを引かねばならない。その他の選択肢としては、パイプライン長 250 キロメートル程度の台湾か、400 〜 600 キロメートルはあるものの、水深 100 メートルを越えない中国沿岸がある。大陸側の先に大量消費地が存在する中国沿岸に持って行く方法が、現時点では一番現実的な選択肢であるといえよう。

　それほどにガスの供給は困難だが、ガスではなく石油ならば洋上積出が可能で、それ程の規模ではなくとも採算性はある。しかし、厄介なことに、新しく試掘をしようとする構造（プロスペクトと呼ぶ）にガスがあるか、石油があるか、はたまた空っぽであるかは井戸を掘ってみなければわからない。「一本の井戸を掘るだけで何億円、何十億円もの金がかかる事業なのに失敗する確率の方が高いというのが石油天然ガス開発なのだ、という認識を持たない人間は尖閣諸島を保持すべきか否かを論ずる資格はない[458]」と石油開発の専門家である猪間の指摘は厳しい。

　これらのリスクを回避するために、最近では世界中で一つのプロジェクトを複数の開発会社が共同で行うことが常態化している。成功したときの利益の大きさを取らずに、失敗した時の損失を少なくするとともに、プロジェクト数を増やして発見のチャンスを多くする方を選択するのだという。企業同士の提携には様々な形があるが、一括して「共同開発」という名で呼ばれている。各企業は競合関係にありながら、世界各地で網の目のように入り組んだ共同開発体制をとっていて、業界全体が運命共同体のような姿になっているのが石油・天然ガス開発産業だと猪間はいう。中国は社会主義という国家体制ゆえに、コスト割れでもエネルギー資源の開発を行えるだけに、東シナ海の資源権益はいくらでも欲しいはずである。

　以上述べてきたことをベースにして、尖閣諸島の領有権をどうするか、ま

たその周辺の資源開発をどうしたら良いか、猪間は解決策の選択肢を5つ挙げている。

1 日本国民の総意として、同海域の資源を外国に渡したくないと言うなら、あくまでも諸島の領有権を主張するほかない。その代わり、戦争になることを覚悟しない限り、日本がその資源を手に入れることは出来ない。中国との関係が現状よりも良くなることは余り期待出来ない。

2 この海域の資源をどうしても手に入れたければ、領有権の問題は棚上げして何らかの形で共同開発するほかはないだろう。場合によっては台湾との三者共同ということもあり得る。この具体策として、諸島は永久に共有地とし、例えば諸島から50海里以内で沖縄トラフ以北の資源権益は漁業資源も含め全て折半とすることにし、相手国の合意無しには一切の資源開発や施設建造は出来ないことにする、といった手が考えられる。この策は友好関係改善に寄与する。

3 共同開発の結果、油が見つかれば、合意された権益割合に従って分配することになろうが、ガスだった場合は日本側の取り分は台湾または中国に持って行くことにならざるを得ないので、日本にとっては友好関係改善という果実以外にはほとんどメリットがないことを覚悟する必要がある。

4 ガスの可能性が高いだけに、日本側はそれほどこの資源に執着する必要がない、つまり急いで開発をする必要はないと考えるなら、中国側から日本にとってメリットある条件で共同開発を申し入れて来るまで現状で放置しておけばよい。但し、それまでは中国との関係がギクシャクすることを覚悟しなければならない。

5 ガスの可能性が高いし、油田や大ガス田はないだろうと割り切って、多大な恩を売る形で尖閣諸島の領有権を中国に渡してしまうのも一つの解決法である。それは中国との友好関係改善に役立つはずで、日本人の居住地から遠く離れた資源価値の低い島嶼を死守するためにかかる防衛費が不要になるという以上のメリットを生むかもしれない。

いずれにせよ、尖閣問題はどうすることが最も国益にかなうかを多面的に考えて処理されるべきであり、偏狭なナショナリズムだけでは解決できないことと心得るべきであると、猪間は結論を述べている[459]。
　さらに、猪間は日中間の共同開発についても自身の経験から下記のように具体的に述べている。

　私が在籍していた会社では、1968年にこの海域に石油・ガスのポテンシャルがあるというエカフェの調査結果が出たすぐ後にこの海域に鉱区出願を行い、70〜80年代に右のような考え方に基づいて中国との共同開発を当時の通産省や外務省に打診したのだが、両省が『日本の資源を他国に分けることは出来ない』と反対したために実現しなかった。日本が有利な条件で共同作業が出来たと思われる当時に比べ、中国の海洋油田開発の経験が日本を凌ぐほどになった今になって試掘権を付与しようというのは遅すぎるというものであり、共同開発の条件も不利を免れないかも知れず、残念でならない。
　経産省は今頃になって民間会社に試掘権を与えようとしているようだが、試掘権というのは期限が2年、延長が2回認められているが、トータル6年で失効する。そして、試掘権を付与されると60日以内に作業に着手する義務がある上に、鉱区税の納入の義務も生ずる。中国との合意が出来ぬとも井戸も掘れない状況で、鉱区税だけは支払わねばならないのだから、試掘権の付与など会社にとっては有難迷惑というものだろう。(中略)
　共同開発はお互いの信頼があって初めて成り立つものである。日本の石油会社は25年も前から渤海や南シナ海や東シナ海での開発権を中国から得て仕事を続け、南シナ海には生産中の油田すらある。これらの仕事を通じて日中の石油関係者の間に作られた良好な関係に水を差すようなことをするのではなく、真摯な態度と誠意をもって共同開発の話を早急に進めてもらいたいものである[460]。

本書の第2章でもとりあげた「『尖閣列島』日本領論者[461]」の第一人者ともいうべき奥原敏雄も、尖閣周辺海域の資源開発の困難さを、高井晋との対談の中で以下のように語っている。

奥原：仮に尖閣列島の近くで石油が出たとしても、石油は水深200m以下の海底の地下部分にあり、そこからどのように石油を掘削し、地上へ輸送するかは難問でしょう。タンカーが積む石油量はほんの僅かですから、

海底パイプラインを敷設しなければならないわけですが、中国側と異なり日本側は深いところに敷設するので、パイプライン敷設ひとつとってもいろいろ問題があります。たとえばノルウェーは、北海大陸棚の地形の関係で、海底石油をパイプラインで自国に運ぶことができません。そのため石油をパイプラインでスコットランドに輸送せざるを得ず、スコットランドで販売した石油の代金でリビアから石油を輸入すると聞いています。石油のパイプライン輸送には難しい問題がいろいろとあるわけです。(中略) 尖閣列島周辺海域は、潮流が激しく、また台風の多発する地域でもあるので、原油流出事故が発生した場合、海洋環境を汚染する懸念のある海域です。とにかく周辺海域は、環境条件が悪いところなので、パイプラインの破損やタンカーの事故などがあれば、惨憺たる被害が予想されます。海洋環境を汚染した場合、これを除去する費用は、石油開発から得られる費用よりも高くつくことが予想されるところです。

高井：石油は本当に出るのでしょうか。

奥原：石油が出るかでないかは直接海底を掘削してみなければ分かりません。1968 年に実施された尖閣海域の海底を含む ECAFE の東シナ海調査は音波調査だけであって、この海域の海底を掘削して油性の含有の有無を直接確かめることを目的としたものではありませんでした。このときの調査はあくまでも地球物理学的な見地からのもので、したがって、その調査の結果を東シナ海の海底石油資源問題に直接結びつけて論ずること自体、あまり意味があるとも思われません[462]。

1972 年 9 月 27 日の日中国交正常化交渉第 3 回首脳会談に内閣官房長官として同席した二階堂進は、「田中さんが会談の最後に、『尖閣列島の共同開発をやりましょう』と言ったところ、周さんが『田中さん、その話はあとにしましょう』とハッキリ言い、田中さんがそれ以上突っ込まなかったということである[463]」と知られざる真実を明かした。同首脳会談に同席していた他の関係者からはこのような話は出ていない。けれども、「この大陸だな海洋開発というものに対しては (中略)、やはり日本と中国とが協議をするということが円満な解決方法だ[464]」と同年 3 月に通産大臣として答弁している田中角栄であれば、そのような考えをもっていたとしても不思議はないと思われる。

1979 年 7 月 10 日、園田直外務大臣は閣議で「領有権は別として、中国と

の共同開発を進めたい」と釣魚島周辺海域における海底原油の日中共同開発に積極的に取り組む意向を示した。これは、森山欽司運輸大臣の「尖閣諸島の領有権は、わが国にあると思うが、石油不安に対処するため、中国と共同開発を進めてはどうか」との発言を受けたもので、園田外相は閣議後、直ちに外務省事務当局に対し、中国側と正式に交渉に入るよう指示した[465]。

1980年4月の衆議院商工委員会で、尖閣の問題について華国鋒主席来日時に下話でもすることの用意があるかを問われた大平正芳首相は、「日中間で石油あるいは石炭等で共同開発の問題は大きな共通の課題になっている（中略）。したがって、この問題を今度の華国鋒主席の訪日において触れないというようなことはあり得ないと思うのでございまして、いずれにせよ早晩この問題についての討議を私どもは進めなければならぬと考えております。（中略）この問題を回避することはできないと思っております[466]」と答弁した。大平は1972年9月、外相として第3回首脳会談に同席していた。田中角栄と共に日中国交正常化を成し遂げた大平も共同開発に積極的だったのである。尖閣周辺海域の共同開発について結果は出せなかったが、当時は両国政府が進めようとしていたことは事実である。

国家の命運を握るエネルギーを共同開発するほど、信頼関係が醸成された国同士ならば、争いがあっても武力衝突に至るまでには、何らかの妥協を図ることができるであろう。

不測事態の回避　海上事故防止協定の締結を

しかしながら、現在の尖閣諸島をめぐる日中両国の緊張関係は、いつ不測の事態が起きてもおかしくないほど危険な状態であるといえよう。侵華日軍南京大屠殺遇難同胞紀念館（いわゆる南京大虐殺記念館）等で日本人の戦争体験を語る漫画絵展活動「私の八月十五日展」を行っている評論家の石川好は、「日本と中国。いまこの二つの国は、銃火の音は聞こえていないにもかかわらず、心理状況から見れば交戦状態に入っている[467]」という。中国公船による接続水域や領海への頻繁な航行や、火器管制レーダーの照射、防空識別圏の設定、領空侵犯などの「現状を力によって変更しようとする挑発行為[468]」が生み出す極度の緊張状態が続けば、紛争の危険性が高まる。

これは、ジョセフ・S・ナイ Jr. らも指摘していることである。ナイによれば、「リアリズムの基本的な前提[469]」は「国家がただ1つの重要な主体であり、軍事力が国家の支配的な手段であり、パワー（あるいは安全保障）がその支配的目標である[470]」という。そして、「安全保障のディレンマこそ、国際政

治の本質——無政府状態すなわち上位の政府が存在しないこと——にかかわる事態にほかならない[471]」として、「無政府状態の下では、自らの安全保障を向上させようとする1国独自の行動は、[その国家も含めた]すべての国家の安全保障を低下させる可能性がある[472]」と指摘している。「1国が他からの脅威を受けないようにと自らの実力を増大させると、他国はこの国の力が向上するのを見て、この国から自らを守ろうとして自らの実力を増大させようとするかもしれない。そうなると、両方共自らの安全感は低下してしまうのである。皮肉な結果である。しかし、どちらも非合理な行動をしたわけではない。どちらも、怒りとか自負とかから行動したのではなく、他者の力の増大に脅威を感じ、これを恐れて行動したのである[473]」とナイは述べている。

　孫崎も、「米国は、日中間の緊張が日本の米国戦略との一体化に貢献するなら、日本に対して中国に厳しく対応しろという。しかし、日中の武力紛争で米国が巻き込まれる可能性が出れば米国は身を引く。これが、米国安全保障分野で主流を占めるリアリストたちの考え方である[474]」としている。

　尖閣諸島をめぐる日中間の緊張関係は、2013年11月23日、中国国防部が「東シナ海防空識別区」（防空識別圏、Air Defense Identification Zone、ADIZ）を設定し、当該空域を飛行する航空機は中国国防部の定める規則に従わなくてはならない旨発表したことについて、外務省が厳重に抗議するとともに、関連措置の撤回を求める事態に至った[475]。海上での領海警備は海上保安庁が行うため、ただちに軍対軍の衝突にはならない。しかし、領空侵犯に対する措置は航空自衛隊が行う戦闘機による緊急発進＝スクランブルであるため、「互いに連絡を密にしなければ、不測事態から『紛争事態』に発展しかねない[476]」と、軍事評論家の佐藤守も指摘している。佐藤は防衛大学校航空工学科卒で航空自衛隊に入隊、戦闘機パイロットとして総飛行時間3,800時間の実績をもつだけに、「双方の『主権』を尊重するのは当然だが、領海・領空が接する場所での航空・海上活動に関する何らかの取り決めが必要であろう。（中略）少なくとも日露、日中、日台間でも、衝突防止協定を締結すべきだと思うのだが[477]」との発言には説得力がある。

　木村汎も「領土をめぐる争いは、戦争を引き起こしやすい。（中略）領土（陸、空、海を含む）をめぐる論争は、地上に只一つしかないものの主権帰属先を争うものだから、ゼロ・サム・ゲーム（当事者の一方が他の交渉当事者を犠牲にすることによって利益を獲得する交渉）の性格を帯びやすい。ゼロ・サム・ゲームが高ずると、極端な場合は戦争をみちびく[478]」と述べている。土山

實男も、「自国の安全強化は、他国（特にライバル国）の不安を招き、他国もその不安ゆえに安全を強化するから、結果として双方の安全強化努力が両国関係を不安定なものにする[479]」と説明している。

2012 年 9 月の野田内閣による尖閣「国有化」以降、中国公船による接続水域への入域は常態化し、領海への侵入も躊躇しなくなった。それのみならず、2013 年 11 月の中国国防部による防空識別圏の設定により、尖閣諸島をめぐる日中間の緊張関係は海上の艦船だけでなく、上空の航空機の対峙にまで及んでいる。領空侵犯などの「現状を力によって変更しようとする挑発行為[480]」が生み出す極度の緊張状態が続けば紛争の危険性が高まる。

筆者の結論は、尖閣諸島をめぐる艦船、および航空機の対峙が「不測事態」を招きかねない現状を緩和するには、習近平が 2013 年 7 月に述べた「擱置争议、共同开发（擱置争議、共同開発＝争いは棚上げにし、共同開発する）」的な方針を、日本側から提示する他にないということである。「擱置争議、共同開発」という方針は習近平だけでなく、1978 年の日中平和友好条約締結時の鄧小平以来、中国側が一貫して主張し続けている方針である。

2012 年 8 月に、第 7 回ジャーナリスト訪中団の団長として北京を訪問した川村範行は、中国外交部亜洲司（アジア局）の対日政策担当者をはじめ、中国政府最大のシンクタンクである中国社会科学院日本研究所、中国国家安全部（諜報部門）のシンクタンクである中国現代国際関係研究院日本研究所との個別座談会を行ない、以下のように述べている。中国側は、異口同音に「中国は現状の係争棚上げのままでいい」、「日本は実効支配しているのに、なぜわざわざ問題を起こすのか」との考え方を披歴し、同時に「『擱置争議、共同開発』の黙契を変更していない」ことを強調し、「日本政府が先ず日中間の領有権を巡る係争の存在を認めれば同じテーブルに着くことができる。そして黙契に立ち返って話し合いをすることができる」と明言したという[481]。筆者も 2013 年 8 月に北京において、中国外交部および中連部の対日担当者、解放軍の政策担当者、地方政府の幹部、中国社会科学院等の研究者との座談を行なった際に、「領有権問題の存在を認めれば、話合いのテーブルにつける」との発言を何度も聞いた[482]。

したがって、双方の主張の違いは棚上げにし、資源開発は共同で行なうことを目指して話し合いのテーブルにつくべきである。そのためには、自民党が 2013 年 12 月の総選挙での公約に掲げた「公務員の常駐化[483]」や「周辺漁業環境の整備[484]」等の現状を変更する行為は行わないことを、まずは水面下で約束し、「現状」を維持し凍結することを確認する。その上で、問題

の多い「『固有の領土』という考えを国境地帯に当てはめることをやめ、本来の『国境の画定』という考えを用いて交渉する[485]」のである。同時並行的に、経済や環境・文化・学術・スポーツ・青年・子ども等、あらゆる分野の交流を拡大して、国民感情を改善することに両国が努力することも必要となるだろう。

　日中両国政府間において、話し合いが可能になった段階で、まず防衛当局間による「不測の事態の回避・防止のための取組も[486]」進展させるべきである。特に、日中防衛当局間の海上連絡メカニズムを構築することが急務であろう。2013年版の『防衛白書』によれば、2012年6月、不測の衝突を回避し、海空域における不測の事態が軍事衝突あるいは政治問題に発展することを防止することを目的として、日中防衛当局間のハイレベルでのホットラインの設置や艦艇・航空機間の通信からなる海上連絡メカニズムを構築することで合意している。しかしながら、尖閣「国有化」が行われた同年9月以降、日中防衛交流は停滞した。日本側からは防衛交流継続の働きかけを行ってきたが、2015年3月に第13回日中安保対話が再開されるまで[487]、各種交流案件は推進されなかった。

　尖閣諸島周辺における不測事態を防ぐためには、1993年に日本がロシア連邦（以下、ロシア）との間に締結した「領海の外側に位置する水域及びその上空における事故の予防に関する日本国政府とロシア連邦政府との間の協定」（以下、ロシアとの海上事故防止協定）のような海上事故防止協定を、中国との間に締結することが必須となるのではないか。

　中国国防部による防空識別圏の設定により、日中間の緊張関係は海上の艦船のみならず、上空の航空機の対峙にまでおよんでいる。「ロシアとの海上事故防止協定」の第4条では、航空機による不測事態を防ぐために、以下のように定めている。

1　いずれの一方の締約国政府の航空機も、他方の締約国政府の艦船又は航空機に接近する場合には、相互の安全に十分な注意を払わなければならず、また、次のことを行ってはならない。
　（a）他方の締約国政府の艦船又は航空機に対する模擬攻撃
　（b）他方の締約国政府の艦船の上空における曲技飛行
　（c）他方の締約国政府の艦船の航行にとり危険となるおそれのある物体を当該他方の締約国政府の艦船の方向に発射すること[488]

しかるに、現在、中国側は、日本政府の以下の基本的立場——（1）領土の係争があることを認めない（2）（過去の日中指導者が合意したと中国が主張する）領有権「棚上げ」を認めない（3）領土問題としての対話に応じない——を「三つのノー」と称し、その上で日本側が「三つのノー」を続ける限り、対話の入り口にも入れないと主張している[489]。実際に、日本での駐在武官の経験もある日本通の解放軍上級大佐も「首脳会談が実現しないので、水面下で根回し的な話し合いもできない」と嘆いていた[490]。この数年の日中防衛交流・協力について、2013年版の『防衛白書』では、以下のように述べている。

　日中両国は、「戦略的互恵関係」を包括的に推進するとの考えに基づき、様々なレベルにおいて防衛交流を推進し、相互理解と信頼関係の増進に努めている。鳩山由紀夫政権下の2009年11月の日中防衛相会談において、両国の共通認識に基づく交流を引き続き着実に実行・推進することなどの合意事項を含む「共同プレス発表」を発出するとともに、会談後、初めての共同記者会見を行った。　2011年6月の日中防衛相会談では、両国の防衛当局間で冷静に対話を進め、日中防衛交流を安定的に推進することが「戦略的互恵関係」の基盤となり、両国の友好・協力関係の強化と防衛政策などの透明性の向上につながるとの認識で一致し、引き続き日中防衛交流を発展させることを確認した。不測の事態の回避防止のための取組として、特に、日中防衛当局間の海上連絡メカニズムを構築することが急務である。そのため、2012年6月に北京で行われた第3回共同作業グループでは、不測の衝突を回避し、海空域における不測の事態が軍事衝突あるいは政治問題に発展することを防止することを目的として、①年次会合、専門会合の開催、②日中防衛当局間のハイレベルでのホットラインの設置、③艦艇・航空機間の通信からなる海上連絡メカニズムを構築することで合意している。しかしながら、尖閣「国有化」により、同年9月以降、本プロセスを含む防衛交流は停滞した。

　2015年3月までは、海上連絡メカニズムの運用開始をはじめ各種交流案件が再開されなかった[491]。

　「海上事故防止協定」については、防衛大学校を卒業し、護衛艦「あおくも」の艦長、海上自衛隊幹部学校教官などを経て、同校防衛戦略教育研究部戦略研究室員を務める石原敬浩2等海佐も、「わが国の海洋戦略について　海上事故防止協定（INCSEA）の国際制度化を中心として」の中で、1972年に調印された「米ソ海上事故防止協定（Incident at Sea Agreement:

INCSEA)」の意義を高く評価している。同条約の内容としては、過去の事故の事例から、衝突回避のための動作や、特別な信号等、具体的な手順を策定したものであるとしている。この条約が洋上において効果を発揮した例として、以下の例を挙げている。

　1973年の第4次中東戦争に際し、地中海に米第6艦隊が出動、他方ソ連艦隊も約100隻が展開する事態となったが、深刻な事故は生起しなかった。また1983年の大韓航空機撃墜事件では、日・米艦船による捜索、サルベージ作業中にソ連艦船による妨害活動がみられたが、「その対抗策は外交交渉ではなく、海軍代表間による本音の交渉、INCSEA の手順で対処された[492]」という。また、この協定に基づく年次協議会は毎年実施され、ソ連のアフガン侵攻に伴い米国政府が通常の政府間対話を凍結した際も、INCSEA の年次協議のみは継続され、効果的な信頼醸成の枠組みであることを証明したという。この協定は、他の国々にも拡大し、普遍化している。1986年には英・ソ、1988年には西独・ソ連、その後、カナダ・ノルウェー・フランス・イタリア・オランダ・スペイン・ギリシャが、それぞれソ連と締結し、冷戦終結後の1994年には韓国・ロシアと日本・ロシアがそれぞれ海上事故防止協定を締結した[493]。また、1998年には米国と中国の間でも、軍事海上協議協定が締結された[494]。

第2節　現状凍結から国境画定へ
「棚上げ」から国境の画定へ

　日中間において、防衛当局による不測事態の回避のための取組が進み、様々な分野での交流が進展した結果として国民感情が相当に改善された段階で、日本側は、「尖閣諸島をめぐり解決すべき領有権の問題はそもそも存在していません」との日本政府の「基本見解」は改め、「固有の領土」との表現は用いないようにすることを、ここに提起したい。このように、いわば「新たな棚上げ論」で日中双方が合意する以外には、現在の厳しい局面を打開する道はないのではないか。

　そうであるとはいえ、「尖閣諸島は日本の領土である」ということは、あらゆる手段を尽くして主張し続け、国境を画定するための交渉をすべきであるだろう。現状を凍結する「新たな棚上げ論」は、不測事態から紛争事態に発展することを防ぐための短期的な解決策であるからである。両者の主張が異なる領土問題を永久に棚上げにすることは、かえって問題を抱え続けることになり、両国の関係に不安定さをもたらすことになるだろう。新たな棚上

げ論によって、話し合いを行うことが可能な雰囲気が醸成されれば、「"合意がないという事実"から出発して、いかに合意できるかを考え[495]」、国境を画定するための努力をすべきである。名嘉憲夫は、「紛争解決論では、"共通の解釈"は実際には、"ある程度の共通の解釈"であり、"完全に共通の解釈"もしくは"解釈における完全な一致"はなくてもよいと考えるのである[496]」と述べている。「キーワードは『固有の領土』ではなく『国境の画定と安定』[497]」なのである。「解決のためのさまざまな選択肢を作って共通の利益や補完的利益を見つければ、合意はできる[498]」という考え方から、国境画定のための対話を進めることを、ここに提案したい。「国境を画定して安定させ、そしてお互いの安全で友好的な関係」を構築し、「自分のものである領土」を強行に主張して、相手との力関係によって国境線を引くのではなく、本来は「合意によってしか成立しない国境線」を交渉によって引くのである[499]。

　そのためには、「紛争解決モード・モデル[500]」を理解する必要があるだろう。名嘉によれば、自己利益だけ主張する「抗争」、その中間の「交渉」（妥協）、自分と相手のニーズを満たして共通の利益を実現しようとする「協働的問題解決」、最後に「回避」というモードがあるという[501]。抗争が極端になると「暴力」になり、国家間では戦争という武力行使を意味する。その逆が「犠牲」であり侵略を甘んじて受けることである。尖閣をめぐる日中の現在のやり方は抗争的といえるであろう。お互いが相手の主張を否定し、自己の考えと利益だけを追求しているのである。利害状況の性格というのは、何かの資源、例えば係争中の島嶼を分割するような「ゼロサム的関係」や、共通の利益の実現を目指して協力する「プラスサム的関係」（統合的利益）を指すと、名嘉は指摘する[502]。その中間が、「異質的補完的利害状況」である。例えば、一方の本当のニーズが石油であり、他方のニーズが主権の保持や安全保障といった場合である。それらは補完的であることによって、互いの欲求を同時に満たすことができる。重要なことは、いかなる利害状況においても、「ゼロサム的な対立する利益」、「プラスサム的な共通利益」、「ヴァリアブルな異質補完的な利益」の側面があるということである。ある一定の利害状況の中に、共通する利益と異質補完的な利益を見出していくことが、国境を画定させるための紛争解決の鍵なのである[503]。

　紛争を解決するためには、その原因を理解しなければならない。「紛争は、2種類の構造因を含む四つの"原因"が相互に影響し合って起こる[504]」と、名嘉は説明する。「それらは、①行為者因（人間の思考・感情・欲求におけ

る思いこみ）、②構造因（社会制度の不備や不全と物質的構造の不備や不全）、
③資源的条件因（社会における不十分で不公正な資源の配分状態）、④相互
作用因（パーソナル・コミュニケーションの不十分さや歪み、社会的コミュ
ニケーションの不十分さや歪み）である[505]」とする。

　国境画定問題における交渉者たちは、それぞれの国家の一員として、強い
ナショナリスティックな感情を持って、紛争の渦中にある全部の島を欲する。
これが、行為者因である。

　社会的構造とは制度のことであり、以下の三つの要因によって構成される
と名嘉はいう[506]。シンボル・システムというのは、「固有の領土」や「核心
的利益」といった言葉や概念が定着した状態である。それを使って人々は考
え、コミュニケーションをするため、思考もコミュニケーションもパターン
化して、そこから抜け出すのは困難となる[507]。ルールとは、国際社会にあ
る慣習や規則、国際法を指す。ASEAN は、2010 年に「南シナ海行動宣言」
を発表したが、宣言では拘束力が弱いので、法的拘束力のある「南シナ海行
動規範」を作ろうとしている。島嶼国境に関する国際法としては、「海洋法
に関する国際連合条約」（以下、「国連海洋法条約」）がある。名嘉は、ルー
ルが不備であったり、曖昧であったりすれば、紛争の原因となるとしてい
る[508]。制度を構成する組織的構造として、世界的な機構としては国際連合
や国際司法裁判所があり、地域的な機構としてはアジア太平洋経済協力機構
（APEC）や ASEAN などが挙げられよう。

　物質的構造というのは、科学技術の成果を指す。例えば、新しい素材やエ
ネルギー源、新しい機器や兵器の開発、通信施設や建造物のあり方を指すの
である。それらの有無により、交渉者の考えやコミュニケーションの方法が
変化してくる。日中間の関係についても、仮に太陽電池の新素材に加えて新
しい送電網が開発され、ゴビ砂漠から朝鮮半島を経て日本に至る送電網が実
現するならば、政策形成者や国民の意識もより親しいものになるかもしれな
いと名嘉はいう[509]。物質的構造と社会的構造（制度）も、相互に影響を与
え合う。

　社会的コミュニケーションというのは、マスメディアによる報道のことで
ある。国境画定問題に関しても、歪んだ形で情報が流されれば、一方的な主
張が増えることになる。資源的条件因とは、世界経済と国内経済の状態であ
る。不況になり、国家間や階層間の経済状態が悪化すれば、紛争は起きやす
くなるであろう。社会における不公正な資源の配分状態が、紛争を引き起こ
す原因になるのである[510]。

紛争の解決には、まずお互いの信頼関係を構築し、問題を分析して理解し、さらに選択肢を作って、最後に決定するというプロセスをふむことによって、最終的に相互に真の利益関心（ニーズ）を満たし、共通の利益を実現するような「ハッピー・ハッピー（満足・満足）の解決」を目指すのだと、名嘉は提唱する[511]。「"意識を変え、コミュニケーションの方法を変え、制度を変え、物質的構造を変える"必要がある。"硬直した思考方法"、"傲慢な感情"、自分だけの利益を考える"強欲な"姿勢から、柔軟で共感的・共有的な態度に変えていくのである。現在の日中の交渉関係者が行なっているような"相手の言うことを否定して、自分の考えをまくし立てるような"抗争的なコミュニケーションの仕方も変える必要があろう[512]」としている。例えば、相手側が歴史的過程について話しているときに、国際法を楯に形式的な法律論を主張すれば、お互いの感情的な離齟をますます大きくするだけであろう。「『公的な立場』の背後にあるお互いの『真の利益関心』や『ニーズ』を見つける必要がある[513]」のではないか。

　「制度に関しては、『固有の領土』の代わりに『国境画定』という言葉を定着させ、マスメディアもそのように報道し続ければ、人々の意識もコミュニケーションの仕方も変わるに違いない。新たな国際関係を切り開くルールを作り、また新たな国際組織を創設することも可能である[514]」と、名嘉は指摘する。尖閣諸島をめぐる現在の緊張した日中関係についても、両国の政治指導者が望むのなら、「合同の危機管理委員会」を設けることも可能となるだろう。最低限のものとして、危機回避のための「ホットライン」や海上事故防止協定が必要である。

　「『物質的構造を変える』というのは、例えば日中合同での海底採掘技術を開発することである[515]」。中国側が落とし所と考えているであろう「共同開発」のための開発資金調達とは別に、より効率的な海底採掘技術が開発されれば、利益を折半しても、「利益の絶対額」は増えるであろう[516]。尖閣諸島周辺海域における石油や天然ガスがどれだけ埋蔵しているかは確実な数字が出ているわけでもないし、たとえ相当量が埋蔵していたとしても採算が取れるかも不透明である点は、前述した猪間が指摘しているところである。「日中が協力すれば、お互いにとってメリットが生まれるに違いない[517]」と名嘉は述べている。

歴史問題の理解

　国際法では、ある紛争が起きた日付を「クリティカル・デート（critical

date）[518]」と呼ぶ。尖閣諸島のクリティカル・デートを、1971 年に中国政府と台湾当局が公式に領有を表明した日とする見方がある。芹田健太郎は、「日本の尖閣諸島に対する領域主張の根拠は、先ず、無主地先占でありクリチカル・デートを 1895 年にとるにしても、これまでの民間による研究による限りでは日本に有利に思えるが、クリチカル・デートを沖縄返還協定締結の 1971 年 6 月 17 日にもってくることにより、日本にとって実効的支配の事実の多くなる 1895 年―1970 年の間の行為を証拠能力あるものとすることができる[519]」と述べている。しかし、このような短期的な見方では、国境画定問題の性格を見誤る可能性がある。少なくとも、紛争解決論の視点からは、こういう狭い見方は不十分であると名嘉は指摘する[520]。例えば、竹島と尖閣の問題を、韓国政府と中国政府は「歴史問題」と位置づけるが、日本政府と多くの日本人は、単なる「領土問題」、もしくは「領有権の問題」ととらえている。紛争解決の理論からすれば、歴史的視点から問題を理解しなければ紛争は解決できないと名嘉はいう。「戦争に勝った方は領土を併合し、あたかもその土地がずっと自分たちのものであったかのように思い込む。戦争に負けた側は、敗戦と領土を失った『屈辱と怒り』をずっともち続ける。それが世代から世代へと語り継がれ、無意識の復讐心として沈殿し、国境画定問題を難しくするのである[521]」というのである。

「日本国民は両方を経験している。"屈辱的な裏切り"と敗戦によって奪われた北方四島のことはずっと覚えている。しかし、かつて日清戦争のさなかに尖閣諸島を占拠（占領）して、"編入し"、日露戦争の真っ最中に竹島を占拠（占領）して、"編入した"事実を覚えている国民はほとんどいない[522]」であろう。竹島と尖閣の問題が、その取得の経過に根を持つ「歴史問題」であることを名嘉は強調している[523]。尖閣については、編入の閣議決定が、「戦争の前でもなく後でもないこと[524]」であることが、特に問題であるとしている。ある地域や島を戦争中に編入することは、第三者の目からみて「占領」の一種と判断される確率が高く、その場合は、「尖閣諸島は、台湾のように講和条約によって公然と清国から強奪したものではないが、戦勝に乗じて、いかなる条約にも交渉によらず、窃かに清国から盗み取ることにしたものである」とする見方に反駁することは困難であろうと、名嘉はいう[525]。尖閣の問題を解決するためには、「尖閣編入」の過程の一つひとつの事実を、日中の政策形成者が共同で検証し、議論を通して、ある程度の共通認識を積み上げていく必要がある。尖閣の問題は「歴史の事実の理解」であり、加えて「相手側の感情や見方を尊重すること[526]」が重要である。松井芳郎は、「日本政

府による『国有化』以後は『歴史問題』としての様相が表面化したから、これを平和的解決の軌道に乗せるためには、『歴史問題』としての負荷をできるだけ除去する必要があり、そのためにはとくに、『歴史問題』に主要な責任を有する日本側の真摯な努力が必要だ[527]」と指摘する。

　戦後日本を研究する米国の歴史家であるジョン・W・ダワー（John W. Dower）は「なぜ、まだ領土問題なのか」というインタビュー記事の中で、「歴史は過去の研究のようにみえますが、常に現在の人間が利用し、多くの場合は誤用する。そのため、記憶と歴史の関係は今日の世界情勢にも影響し、しばしば議論を巻き起こします。現在の日韓、日中関係ではそれが強く表れています[528]」と述べている。さらに「例えば中国の反日デモが一番強くなったのは、柳条湖事件が起きた9月18日（引用者注：2012年）です。日本では記憶されていない日ですが、中国としては象徴的な日なのです。被害を受けた中国が記憶している歴史は、日本が記憶している歴史と異なるのです[529]」としている。また、「特に注意すべきなのは、被害者意識には他者への理解の欠如が常について回るということです。他者の立場を理解することは同情ではありません。賛同でもありません。しかし、相手の立場で物事を考えられることが重要です。その理解の敵となるのは、常にナショナリズムであり、愛国心です。米国の外交における失敗の多くは、理解の欠如によって生まれています。日本でも残念なのは、韓国や中国で怒りが続く理由を認識できていないことです[530]」と指摘している。

　尖閣問題に関するこれまでの国際法の論理を用いる論文や議論をみると、「疑問を感じざるを得ない[531]」と名嘉は述べている。纐纈厚は、「中国側の視点は、要するに日本が、日清戦争の最中の火事場泥棒の如く、下関条約という正式の両国外交交渉の場で尖閣諸島の領有権画定が問題になる前に、近代法の知恵を利用して『無主物先占』宣言をあえてした、とする認識である。つまり、戦争の最中の略奪行為は容認できないとするものだ[532]」と述べている。現実の歴史的過程や、"領土を取られた"と感じる側の感情を無視して、数理のような「法理」を抽象的な論理としてまくし立てるとすれば、相手の怒りを買うだけであろうというのである。相手側は、自分たちの感情や歴史的過程を無視されたように感じ、「議論は平行線をたどるのである[533]」と名嘉は指摘している。1970年代に尖閣諸島の日本領有論を展開した国際法の第一人者的存在の太寿堂鼎は、「日本は竹島と尖閣の帰属に関しては、相手国の言い分を謙虚に聞くべきであろう。尖閣は日清戦争の時、竹島は日露戦争の時に日本領土に編入する措置がとられた。これは、日本政府がそれまで、

こうした措置が近隣国を刺激することを避けるため、時機を待っていたから
だと思われる。（中略）韓国や中国には、日本の措置に対して事実上抗議で
きなかったか、又は抗議しても無益であったからしなかったのだとする感情
がある。このような感情を無視して国際法上の権利ばかり主張するのは適当
ではない。竹島や尖閣諸島は島自体には価値は乏しく、要は周辺水域の生物
資源と海底鉱物資源の配分をどうすべきかが問題である[534]」と述べている。
　ちなみに、日本政府の主張を後押しする「先占に関する国際法的な議論」
によく登場する事例をみると、複数の国家が、ある島嶼や海域、領土をめぐっ
て同時にクレームし、それを国際法的な観点から妥当性を判断する事例ばか
りとの印象を受けると名嘉は説明している[535]。「例えば、1928 年のパルマス
島事件[536]、1931 年のクリッパー島事件[537]、1933 年の東部グリーンランド島
事件[538]、1953 年のマンキエ・エクレオ事件[539]、1909 年のグリスバダルナ事
件[540] といった事例は、尖閣問題を論じる際の定番の事例である[541]」として
いる。しかし、こうした事例についての説明は、名嘉が理解した限りでは、
尖閣諸島や竹島の事例のように、「戦争中に編入または併合された事例」が
一つもないという[542]。歴史的経過についてまったく異なる事例を挙げて、「国
際法的にも日本の領土である」と主張しているのだとすれば、尖閣問題の解
決から遠ざかる結果にもなりかねないだろう。もちろん、相手の感情や主張
を尊重するという点においては、中国側も同様な努力が必要であると筆者は
考える。日中間で問題になっている防空識別圏について、「もし撤回しろと
言うのなら、日本側に先に自らの防空識別圏を撤回してもらう。そうすれば、
中国側も 44 年後に検討してもいい[543]」などと、中国国防部の楊宇軍報道官（大
佐）が会見で発言した。このような表現も、解決を困難にするだけである。

様々な選択肢を

　これまで多くの研究者が、尖閣諸島問題の解決方法について提案してき
た。「さまざまな選択肢を考え出すことは、紛争解決にとって重要なプロセ
ス[544]」であり、共同統治や共同管理といった方法から、島の分割、漁業権
の相互尊重、他の問題との互酬的リンケージが考えられると、名嘉は指摘す
る[545]。
　芹田は、「島の領有権問題と大陸棚の境界画定を同時に取り上げ、解決
した条約[546]」として、1969 年 3 月の「アブダビ゠カタール間の協定」と、
1978 年 12 月の「トレス海峡として知られる区域を含む二国間の区域の主権
および海の境界ならびに関連事項に関するパプア・ニューギニア独立国と

オーストラリアの条約」の二つを例に挙げている。これらの条約は、「単に主権問題のみならず、大陸棚の分割、漁業水域の割当、原住民の生き方の保護という四つの問題を、それぞれ違った方法で、一括して解決している」という[547]。

芹田は、これまでの各国の大陸棚境界画定条約等から、島が大陸棚境界画定におよぼす影響・効果を類型化して、尖閣と竹島にあてはめて考えた上で、それらの「検討から得られる結論は、たとえ主権争いに決着が付いたとしても、境界画定の交渉には、基点をどこにとるか、から始めて、延々と無駄と思われる議論を積み重ねなければならず、そのために割かなければならないエネルギーと時間ははかりしれない[548]」という。

「そうであるとすれば、そのエネルギーと時間を双方の友好のために用いるのがはるかに賢明である[549]」として、尖閣諸島については、「自然保護区設定と大陸棚共同開発の一括処理[550]」を提案している。「日中両国ともに互いに大陸棚を要求して尖閣諸島を争うことをせず」、かつてのアホウ鳥の乱獲[551] の償いに、「尖閣諸島を自然保護区とし、同時に経済協力による大陸棚共同開発を行うという一括処理を行う[552]」とする。それによって、尖閣諸島を「再び静かに眠りにつかせ」、大陸棚の共同開発により、日中双方ともに実をとるのが最善の策となるであろう。領有権のみを問題とするのではなく、関連事項の一括処理のみが、最終的解決をもたらす手段となるであろうと芹田は指摘している[553]。さらに、尖閣諸島自然保護区の周囲には領海を設けることはせず、水産資源の保全の観点からも 3 カイリ、または 12 カイリの漁業禁止区域を設けるのがよいとしている。また、自然保護区の管理については、尖閣諸島は日本が現に占有しているので日本が行うとしても、現状を大きく変更するものでなはなく、国民感情を逆撫ですることもないであろうという。科学者たちによる国際的、または国内的共同研究のための上陸は自由とされるべきであり、したがって、それぞれの当局はそれを許可し、学術研究の成果は速やかに公表すべきものとすべきだと提案している[554]。「日中関係では日本には時間は稼げない。先延ばしは不利にしか働かない[555]」という現状を認識した上で、日本は、少なくとも尖閣諸島を基点とする中間線を主張するのではなく、英仏大陸棚事件で、裁判所がフランス沖にある英領チャンネル諸島に対し、英国の主張する中間線ではなく領海 3 カイリ時代の当時の 12 カイリ漁業水域を基に 12 カイリ大陸棚をチャンネル諸島に認めた判決の例のように、日本は尖閣諸島から 24 カイリの接続水域を、日本のEEZ とする打開策をとるべきであろうと、芹田は述べている[556]。

さらに、芹田は、韓国との領有権の争いのある竹島問題解決のための「大胆な打開策」として、「竹島の譲渡または放棄」を提案している[557]。「日本人が韓国人との和解の印に、日本が竹島を韓国に譲渡または放棄し、韓国の竹島に対する主権を認め、同時に、西日本海での漁業資源の保全のため日韓がそれぞれ資源管理を進めることができるように鬱陵島と壱岐諸島を基点として排他的経済水域の境界画定を行う。そして、竹島は自然に戻し、自然保護区として12カイリの漁業禁止水域を設け、すべての国の科学者に開放する。日韓でこうした内容の条約を結ぶのはどうであろうか[558]」と芹田はいう。その条約では、「まず、『平壌宣言』や『戦後60周年首相談話』のように率直に韓国民に対し反省と心からのお詫びの気持ちを表明しよう[559]」と、歴史問題への理解も重視している。1965年の日韓条約では、日本はいかなる謝罪もしていない。いまだに韓国民衆の中に、日本に対する償いを求める声がくすぶっている現状に鑑み、「竹島が韓国人にとって日本の植民地支配の始まりのシンボルであるならば、新しい竹島を成熟した日韓の協力関係のシンボルに転嫁させなければならない[560]」と、芹田は述べている。

　国際法学者である芹田は、1945年に尖閣諸島を含む沖縄を米国が占領支配したことに対して、「同じ連合国の一員として[561]」中国が、「何らかの抗議を申し入れた形跡が全くない」ことや、「クリチカル・デートを沖縄返還協定締結の1971年6月17日にもってくることにより[562]」、「無主地先占のほかに」、「継続的かつ平和的な主権の発現」という権原（パルマス島事件※注536参照）を根拠に、1895年以降、日本が75年間「継続的」に、しかも中国からのいかなる抗議もなく、「平和的」に国家機能を発現してきたことは十二分に立証されるとして[563]、「帰属問題につき中国側に有利に働くというものではない[564]」と結論づけている。つまり、国際法の観点から、尖閣の領有権については日本に分があると主張する芹田にして、「紛争の解決の進め方については[565]」、序章の先行研究とその問題点で述べたように、中国側に譲歩した形の「自然保護区設定と大陸棚共同開発の一括処理[566]」を提案しているのである。

　また、同じく国際法学者である松井芳郎は、「先占の法理が西欧先進国によるアジア・アフリカ世界の植民地主義的な進出を正統化するための法理として生み出されたもので[567]」り、先占の法理を尖閣紛争に適用することについての批判的見解が少なくないことを十分に理解するとした上で[568]、「権原の歴史的凝固（historical consolidation of title）[569]」の理論を根拠に、中国が1971年の決定的期日（クリティカル・デート）に至るまでに日本の領

有に対して一貫して抗議を行わなかったことから、「日本の立場は権原の歴史的凝固によって正当化される」としている[570]。松井は、日本政府の「尖閣諸島をめぐって解決すべき領有権の問題は存在しない」という態度と主張は、「国際法上確立した『紛争』の定義に照らして正当化できないだけでなく、国際社会の支持と理解をまったく得ていない[571]」と批判している。それでも、国際法の観点からは、上記のように日本の立場は「正当化される」と結論づけている。

しかるに、「『棚上げ』は実効的支配を行っている日本にとってむしろ有利で、その可能性を追求すべきだ[572]」とした上で、2002年のASEAN・中国間の「南シナ海における当事国の行動に関する宣言」という多国間の枠組みを、尖閣紛争にとって示唆するところが少なくないとしている。そして、「領域紛争は係争地域に対する主権をどちらの当事国に認めるかという意味では一種のゼロサム・ゲームであるが、海洋資源は衡平に配分することが可能だから、資源開発については両当事国の法的立場を損なうことなく行う協力が可能である[573]」と松井は述べている。筆者も、序章で述べたように、松井とほぼ同じ理論を根拠に、領有権の主張においては、中国よりも日本に分があると考える。

しかしながら、尖閣諸島について日本の領有を主張する芹田や松井のような国際法学者も、日本の実効支配を強めるのではなく、「自然保護区設定と大陸棚共同開発」や「資源開発の協力」などの妥協的な解決案を示している。資源開発の専門家である猪間明俊に至っては、尖閣周辺のエネルギー開発の困難さを理由に「多大な恩を売る形で尖閣諸島の領有権を中国に渡してしまうのも一つの解決法である[574]」としている。さらに、芹田も「竹島の譲渡または放棄」を提案している。これらの提案からもわかるように、紛争の解決には、実に様々な選択肢があるということである。

一方、バルト海に浮かぶオーランド島をめぐるフィンランドとスウェーデンの解決方法についての原貴美恵の研究[575]は、実に詳細で今後の紛争解決のモデルになると名嘉は紹介している。オーランド島紛争の解決方法が、主権問題の解決、多国間枠組み、自治、島民権、言語規定、非武装化というすべての面を組み合わせて、係争当事国政府だけでなく、紛争諸島の住民ひいては地域全体が何らかの利益を得た独創的なものであったと原は評価している。そこでは、「統合的利益や補完的利益を実現するために、さまざまな方法が編み出されている[576]」という。

名嘉は、「ヨーロッパにおける1975年の全欧安全保障協力会議（ヘルシン

キ会議）のような多国間の枠組みによる尖閣、竹島、北方四島の同時解決が一番良いようにも思われる[577]」とする。二国間の交渉や条約も必要であるが、それだけで解決が困難な場合は、南沙諸島や西沙諸島の問題も含めて、東アジア全体の国境画定問題を多国間会議で話し合うのである。多国間交渉のメリットの一つは、国民を説得する材料に使えることだと名嘉はいう[578]。「東アジアの国々が皆少しづつ譲って全体の利益を考えた。我々もそれに協力しよう」といえるからである。また、原がいうように、北方四島問題、竹島、尖閣、南シナ海問題の解決リンケージも考えられる。例えば、日本は北方四島についてはロシアに、竹島については韓国に譲歩する代わりに、尖閣については中国が日本に譲歩し、中国は尖閣で日本に譲歩する代わりに、西沙諸島については協議参加国から主権承認を受ける、といった具合である[579]。さらに、領土問題と日本の国連安保理入りといった別の案件とを抱き合わせた解決の可能性についても、名嘉は示唆している[580]。重要なことは、東アジアの国すべてが何らかのメリットを得て、地域の安定を高めるような「多国間体制」を構築することだと考える。もし、それが成功すれば、今後100年にわたってその恩恵を受けるのは、私たちの子どもたちの世代である[581]。

島嶼の分割による国境画定

　尖閣諸島に関しては、上述したように、資源の共同開発から漁場の共同管轄を含むさまざまな選択肢が提案されてきた。しかし、「島嶼の分割[582]」という最も重要なことが、まだ検討されていないように思えると、名嘉は述べている。「尖閣諸島の５つの主要な島々と３つの岩礁を何らかの形で分割するのである[583]」。例えば、「日中のいずれの側もすべての島を占有しない。二等分の方法も、石油や天然ガスの開発、漁業権の問題も含めて『フィフティ・フィフティ[584]』であってもいい。日清戦争中に編入された久場島と魚釣島だけを中国に返還し、1921 年に編入した大正島やその他の小島は日本が確保してもいい。お互いが最も適当と思える分割方法を考え出す[585]」べきである。

　世界の国境について述べられた本を読むと、実にさまざまな国境があることがわかるとして、名嘉は二つの傑作な例を挙げている。第一は、ベルギーと国境を接するオランダ南部の町バーレである。オランダ側にベルギーの大小の"飛び地"があり、住居やビルの真ん中を国境が走っている場所もある。そういう場合は、建物の入口が向いた方の国の行政機関に税金を払うことになっているのであるという[586]。もう一つの例は、フランスとスペイン

の国境地帯を流れるビダソア川の中州である 6,820 平方メートルのフェザン島（コンパンジア島）である。1659 年にフランス王ルイ 14 世とスペイン王フェリペ 4 世の間でピレネー条約が結ばれ、この島が両方の主権下にある共同統治領となった。半年ごとに交代で領有管理することになっているそうである[587]。「領土を"空間的に分割する"ことは普通にあるが、"時間的に分割する"例は聞いたことがない[588]」と名嘉も指摘している。川の中州とはいえ、誰も使用するということがなければ、半年ごとに主権を交代しても何の問題も起こらない。しかも、この状態が 350 年あまり平穏に続いているのだという。この中州の例は、尖閣諸島の国境画定に大きな示唆を与えると筆者には考えられる。尖閣諸島のうちの一番小さな岩礁である「飛瀬」も、この中州よりは面積は若干大きい。しかし、尖閣諸島の全ての島は無人島であり、日本が実効支配をしているとはいえ、日本国民が自由に上陸できるわけではない。中国との間で実質的に争いになっているのは、漁業を含めた周辺の資源と大陸棚の基点の問題だということができる。しからば、資源開発は共同で行うこととし、大陸棚の基点さえ合意できれば、フランスとスペインの国境地帯にある中州のように、半年ごとに領有管理を交代しても問題は起こらないのではないか。

「固有の領土」や「核心的利益」などと声高に主張しても、紛争解決へのプラス材料にはならないだろう。「隣国との国境は、隣国同士の話し合いによってしか画定できない[589]」のである。一方的な主張は、相手側の攻撃と防御を招き、ひるがえって相手側の攻撃と防御はこちら側の攻撃と防御を引き起こすという"エスカレーションの階段"を上っていく。そのような不信と関係悪化の"悪循環"を回避するためには、交渉を選択するほかにない。交渉すれば、何らかの形で妥協せざるを得なくなるだろう。しかしながら、その妥協は「痛み分け」としての妥協ではなく、「歩み寄り」としての妥協である[590]。

尖閣周辺の係争海域、および上空における不測の事態がエスカレートして危機的な状況が生じないように、交渉を開始するための準備が喫緊の課題である。自国の領有権の主張に不利になる事実もふまえた上で、冷静な議論ができるようになるきっかけの一つに、本書がなることを期待する。

終章

　筆者が本書のもととなる修士論文を提出した 2014 年 1 月以降、日本の国内政治および日中関係には変化があった。同年 7 月 1 日、安倍晋三内閣は、閣議決定により従来の憲法解釈を変更し、限定的な集団的自衛権の行使を容認した。同年 11 月 10 日には、安倍総理と習近平国家主席との首脳会談が実現した。

　1985 年 4 月に安倍晋太郎外相は「中国との間に尖閣諸島の領有権をめぐって解決すべき問題はそもそも存在しない[591]」と答弁し、尖閣諸島に関する領有権問題の存在を初めて否定した。しかし同時に、「中国が独自の主張を有しておりますことは御承知のとおりであります[592]」として、「日中間の境界画定等の問題[593]」については「中国側とも十分に意見交換を重ねる必要がある[594]」と領土問題が事実上は存在するとも受け取れる答弁もしている。筆者は、2014 年 9 月に刊行された月刊誌に、このような現実的な答弁をした安倍晋太郎の息子が現在の安倍晋三首相であることに「歴史の因縁を感じる[595]」とする論文を寄稿した。日中首脳会談実現に向けて同年 11 月 7 日に発表された合意文書には「双方は、尖閣諸島等東シナ海の海域において近年緊張状態が生じていることについて異なる見解を有していると認識し、対話と協議を通じて、情勢の悪化を防ぐとともに、危機管理メカニズムを構築し、不測の事態の発生を回避することで意見の一致をみた[596]」とある。安倍晋太郎外相が 1985 年に答弁した内容の文書化であるといえよう。

　2015 年 4 月には、日米安全保障協議委員会において、新たな「日米防衛協力のための指針」（以下、新ガイドライン）が承認された。同年 9 月 19 日未明に「成立」したいわゆる安保関連法案[597]によって法的に行使が可能となった集団的自衛権に基づく「地球規模での対米協力[598]」の内容を先取りした合意文書が新ガイドラインである。限定的とはいえ集団的自衛権を行使し、地球規模で自衛隊が米軍と共同作戦を実施することは、本来、憲法改正によってのみ可能とすべき根幹理念の大転換である。わが国に対する脅威に対処するうえで、従来、「矛（米軍）と盾（自衛隊）」に例えられてきた日米の役割分担[599]が変容し、自衛隊が盾だけでなく矛にもなりうる「双務的」な関係に近づく「安保新時代」とも呼ぶべき事態となったのである[600]。

　したがって、これからの「尖閣問題」の解決は、2014 年以前とは変化し

た状況をふまえて考える必要があると最後に述べたい。

　また、学術界においても、2014年以降は、それまで発見されなかった米国や台湾の公文書に基づく新たな研究成果も発表されている。エルドリッヂや邵漢儀による論文を目にして、日本政府による国会答弁の変遷の背景を知ることができた。本書は、1954年以降の国会答弁に焦点をあてたため、明治政府が1895年の閣議決定により領土編入を決定した経緯や翌年の勅令13号との関連、また1945年の大戦終了後に中華民国が尖閣領有を表明しなかった背景等への論及は不十分であった。それらについては、村田忠禧らの新たな研究成果もふまえ、尖閣「国有化」の背景分析等とあわせて、今後の課題として残すこととなった。

　冷戦の終焉から20年以上が経過し、米国の一強体制から米中二大強国によるG2時代を経て、今後は、中国が米国をしのぐ超大国に成長できるのかが注目されていくであろう。そのような中国と日本はどう向き合うべきなのかという重い課題は、日本にとって最大の公共政策ではないかとの視点から、今後も研究を続けていくこととする。

　最後に、40歳を過ぎてから入学した法政大学大学院では、指導教授の白鳥浩先生をはじめ、山本啓先生、菱田雅晴先生、岡松暁子先生ほかの恩師に恵まれ、学問的に鍛えられたことに御礼を申し上げる。また学外でも、発表の機会や助言を頂いた朱建榮先生、村田忠禧先生、矢吹晋先生、加藤宣幸さん、本書に推薦の言葉を寄せてくださった孫崎享先生、岡田充さん、日本僑報社の段躍中氏にも謝意を表したい。

【注釈】

1　外務省 HP http://www.mofa.go.jp/mofaj/area/senkaku/kenkai.html　2016 年 6 月 2 日閲覧。

2　2009 年 8 月 30 日に執行された第 45 回衆議院議員総選挙において民主党が 308 議席獲得という結果を受けて政権交代が実現した。同年 9 月 16 日から 2010 年 6 月 8 日まで続いた鳩山由紀夫内閣（民主党・社会民主党・国民新党による 3 党連立内閣）、同年 6 月 8 日から 2011 年 9 月 2 日まで続いた菅直人内閣（民主党・国民新党による連立内閣）、同年 9 月 2 日から 2012 年 12 月 26 日まで続いた野田佳彦内閣（民主党・国民新党による連立内閣）を指す。
　なお民主党は、2014 年 12 月の第 47 回総選挙においても獲得議席は 73 議席にとどまり、2009 年 9 月の政権交代前の党勢を回復できず、2016 年 3 月 27 日、維新の党と合併し、民進党となった。

3　2012 年 9 月 11 日、それまで私有地であった尖閣諸島の魚釣島・北小島・南小島を日本政府が購入したことが、尖閣「国有化」と呼ばれ、中国側による激しい反発を引き起こした。

4　内閣総理大臣菅直人「衆議院議員鈴木宗男君提出我が国が抱える領土問題に対する鳩山由紀夫内閣の見解に関する質問に対する答弁書」内閣衆質 174 第 521 号、2010 年 6 月 8 日。
　内閣総理大臣菅直人「参議院議員佐藤正久君提出全国知事会議における鳩山首相の尖閣諸島への日米安保条約適用をめぐる発言に関する質問に対する答弁書」内閣参質 174 第 83 号、2010 年 6 月 8 日。

5　矢吹晋『尖閣問題の核心：日中関係はどうなる』花伝社、2013 年、22 ～ 23 頁。

6　一般に、尖閣諸島問題における「棚上げ」とは、主張の違いを棚上げして、現状を維持し、中国側は日本の実効支配を黙認するかわりに、日本側は実効支配を強めることはしない「暗黙の了解」を指す。中国側はこの「暗黙の了解」を「黙契」という。1972 年 9 月の日中国交正常化交渉の首脳会談で、田中角栄首相が「尖閣についてどう思うか？」と提起したのに対し、周恩来総理は「尖閣諸島問題については、今回は話したくない」と「棚上げ」を提案し、田中もそれに反対せず、領有権問題は話し合わずに国交正常化に合意した。また 1978 年 8 月の日中平和友好条約締結時の園田直外相と鄧小平党副主席兼副総理との会談でも尖閣諸島の領有権については決着をつけなかった。同年 10 月 25 日、同条約の批准書交換のために来日した鄧小平は内外記者会見を行い、「こういう問題は、（中略）10 年棚上げにしてもかまいません。我々の、この世代の人間は知恵が足りません。（中略）次の世代は、きっと我々よりは賢くなるでしょう。そのときは必ずや、お互いに皆が受け入れられる良い方法を見つけることができるでしょう」と述べた（鄧小平記者会見「未来に目を向けた友好関係を」1978 年 10 月 25 日。日本記者クラブ HP　http://www.jnpc.or.jp/files/opdf/117.pdf　2016 年 5 月 5 日閲覧）。

7　第 176 回国会 衆議院安全保障委員会議録第 2 号、2010 年 10 月 21 日。

8　朱建榮「中国側から見た『尖閣問題』」『世界』2012 年 11 月号、105 ～ 106 頁。

孫崎享『日本の国境問題—尖閣・竹島・北方領土』筑摩書房、2011年、87～90頁。
同『検証 尖閣問題』岩波書店、2012年、71～72頁。
孫崎享、カレル・ヴァン・ウォルフレン『独立の思考』角川学芸出版、2013年、52～53頁。

同書の中で、「尖閣問題の『棚上げ』について、日本政府の見解はいつから変化したのですか」とウォルフレンが問うのに対して、孫崎は「直接の変化は中国漁船衝突事件以降ですが、兆候は90年代半ばからありました」としている。クリントン政権だった95年、アメリカが「東アジア戦略報告」を発表する。そこで強調されたのが、冷戦後も東アジアで10万の米軍を維持する方針だった。その方針が97年の「日米防衛協力のための指針」（新ガイドライン）にも反映され、"日米同盟"の再定義にもつながっていく。こうして90年代半ば、アメリカのジャパン・ハンドラーたちは日本の安保政策をよりアメリカの利益に近づけようとした。そのためにはソ連に代わる「敵」が必要で、その最適な存在が「中国」だと孫崎は指摘している。「そんなアメリカの意図を察するかのように、ちょうど同じ時期、外務省の高官から『棚上げはなかった』という発言が飛び出し始める」としている。
矢吹晋、前掲『尖閣問題の核心』22～23頁。

9　奥原敏雄「尖閣列島　歴史と政治のあいだ」『日本及日本人』1970年1月号、54～63頁。
同「尖閣列島の法的地位」南方同胞援護会『季刊沖縄』第52号、1970年、99～110頁。
同「尖閣列島領有権の法理　日・中・台の主張根拠と対立点」『日本及日本人』1972年3月号、98～105頁。
同「尖閣列島と井上清論文」『朝日アジアレビュー』1973年1月号、88～92頁。
同「尖閣列島の領土編入経緯」『政經學會誌』1975年2月号、7～47頁。
同「尖閣列島領有権の根拠」『中央公論』1978年7月号、66～76頁。
同「尖閣列島研究の背景と原点（対談）」『島嶼研究ジャーナル』2012年6月号、72～82頁。

10　林司宣「尖閣列島周辺の大陸棚境界画定問題」『季刊沖縄』第51号、1969年、66～77頁。

11　英修道「沖縄帰属の沿革」『国際法外交雑誌』第54巻第1・2・3合併号、1955年、3～40頁。

12　太寿堂鼎「明治初年における日本領土の確定と国際法(一)」『法学論叢』1977年3月号、184～211頁。
同「領土問題——北方領土・竹島・尖閣諸島の帰属」『ジュリスト』1977年9月号、53～59頁。

13　勝沼智一「尖閣列島の領土問題の歴史と法理」『法學志林』1973年11月、28～105頁。

14　緑間栄『尖閣列島』（新初版）ひるぎ社、1998年。

15　尾崎重義「尖閣諸島の帰属について」上・中・下1・下2『レファレンス』第260号、第261号、第262号、第263号、1972年。

16　仲里譲『琉球処分の全貌』クォリティ出版、2001年。

17　松井芳郎『国際法学者がよむ尖閣問題：紛争解決への展望を拓く』日本評論社、2014年。
同「尖閣諸島問題について考える：国際法の観点から1」『法律時報』第85巻第1号、2013年、70～78頁。

同「尖閣諸島問題について考える：国際法の観点から 2」『法律時報』第 85 巻第 2 号、2013 年、64 ～ 73 頁。

同「尖閣諸島問題について考える：国際法の観点から 3」『法律時報』第 85 巻第 3 号、2013 年、55 ～ 65 頁。

同「尖閣諸島問題について考える：国際法の観点から 4 完」『法律時報』第 85 巻第 4 号、2013 年、70 ～ 76 頁。

同「歴史と国際法のはざまで：尖閣紛争を考える」『法学セミナー』2014 年 1 月号、34 ～ 35 頁。

Yoshiro Matsui "International Law of Territorial Acquisition and the Dispute over the Senkaku（Diaoyu）Island", The Japanese Annual of International Law, Vol. 40, 1997, pp.3-31.

18　芹田健太郎『島の領有と経済水域の境界画定』有信堂高文社、1999 年。
　　同『日本の領土』中央公論新社、2010 年。

19　浦野起央『増補版 尖閣諸島・琉球・中国（分析・資料・文献）』三和書籍、2005 年。

20　豊下楢彦『「尖閣問題」とは何か』岩波書店、2012 年。
　　同「『尖閣購入』問題の陥穽」『世界』2012 年 8 月号、41 ～ 49 頁。

21　伊藤隆監修、百瀬孝著『史料検証：日本の領土』河出書房新社、2010 年。

22　同上。

23　山田吉彦『日本国境戦争』ソフトバンククリエイティブ、2011 年。
　　同「東京都の尖閣諸島購入を支持する」『祖国と青年』2012 年 9 月号、22 ～ 32 頁。
　　山田吉彦、潮匡人『尖閣激突 日本の領土は絶対に守る』扶桑社、2012 年。
　　山田吉彦、井上和彦『尖閣　一触即発』実業之日本社、2013 年。
　　櫻井よしこ・山田吉彦対談「『四島返還』 1 ミリも譲る勿れ」『WILL』2013 年 6 月号、40 ～ 55 頁。

24　猪間明俊「資源開発の立場から見た尖閣諸島問題」『世界』2011 年 3 月号別冊、36 ～ 44 頁。

25　井上清『新版「尖閣」列島：釣魚諸島の史的解明』第三書館、2012 年。

26　同上、10 頁。

27　同上。

28　高橋庄五郎『尖閣列島ノート』青年出版社、1979 年

29　村田忠禧『尖閣列島・魚釣島問題をどう見るか：試される二十一世紀に生きるわれわれの英知』日本僑報社、2004 年。
　　同『日中領土問題の起源：公文書が語る不都合な真実』花伝社、2013 年。
　　同『史料徹底検証：尖閣領有』花伝社、2015 年。

30　村田忠禧、前掲『尖閣列島・魚釣島問題をどう見るか』56 頁。

31　村田忠禧、前掲『史料徹底検証』208 頁。

32　孫崎享『日本の国境問題』筑摩書房、2011 年。
　　同『検証 尖閣問題』岩波書店、2012 年。
　　孫崎享、カレル・ヴァン・ウォルフレン、前掲『独立の思考』。
　　平松茂雄、孫崎享「〈対話〉中国の軍事力を読む」『公研』2010 年 4 月号、44 ～ 59 頁。

33　保阪正康、東郷和彦『日本の領土問題』角川書店、2012 年。

34　石井明『中国国境 熱戦の跡を歩く』岩波書店、2014 年。

35　矢吹晋、前掲『尖閣問題の核心』花伝社、2013 年。
　　同『尖閣衝突は沖縄返還に始まる』花伝社、2013 年。
　　同『敗戦・沖縄・天皇：尖閣衝突の遠景』花伝社、2014 年。

36　丸川哲史『思想課題としての現代中国 革命・帝国・党』平凡社、2013 年。

37　纐纈厚『領土問題と歴史認識：なぜ、日中韓は手をつなげないのか』スペース伽耶、2012 年。

38　名嘉憲夫『領土問題から「国境画定問題」へ：紛争解決論の視点から考える尖閣・竹島・北方四島』明石書店、2013 年。

39　中嶋久人 HP　東京の「現在」から「歴史」＝「過去」を読み解く—Past and Present「沖縄返還に際して尖閣諸島領有の根拠を再構成した日本政府：アメリカ・沖縄との関係性を前提にして」
　　https://tokyopastpresent.wordpress.com/2012/11/24/%E6%B2%96%E7%B8%84%E8%BF%94%E9%82%84%E3%81%AB%E9%9A%9B%E3%81%97%E3%81%A6%E5%B0%96%E9%96%A3%E8%AB%B8%E5%B3%B6%E9%A0%98%E6%9C%89%E3%81%AE%E6%A0%B9%E6%8B%A0%E3%82%92%E5%86%8D%E6%A7%8B%E6%88%90%E3%81%97/　2013 年 11 月 6 日閲覧。

40　羽場久美子「尖閣・竹島をめぐる『固有の領土』論の危うさ」『世界』2013 年 2 月号、42 ～ 48 頁。

41　羽根次郎「尖閣問題に内在する法理的矛盾」『世界』2012 年 11 月号、112 ～ 120 頁。

42　毛利正道 HP「出発点としての尖閣諸島領有問題」
　　http://www.lcv.ne.jp/~mourima/10.10.13senkaku-2.pdf　2013 年 6 月 18 日閲覧。
　　同 HP「尖閣諸島領有問題をいかに解決すべきか」
　　http://www.lcv.ne.jp/~mourima/11.1.8senkaku.pdf　2013 年 12 月 31 日閲覧。

43　岡田充『尖閣諸島問題：領土ナショナリズムの魔力』蒼蒼社、2012 年。
　　同「『固有領土』の虚構は捨てよう：尖閣を目くらましにするな」『Plan B』2012 年 9 月号、50 ～ 56 頁。
　　同「領土の魔力から解き放たれるために：尖閣問題と日中関係の展望」『月刊社会民主』2013 年 4 月号、7 ～ 14 頁。
　　同「米国の『中立姿勢』の背景を解明　矢吹晋著『尖閣衝突は沖縄返還に始まる』」『海峡両岸論』第 39 号　2013 年 8 月 25 日、21 世紀中国総研 HP
　　http://www.21ccs.jp/ryougan_okada/ryougan_41.html　2013 年 10 月 20 日閲覧。
　　同「中国公船の接近の意図は何か　2 つの文書と 3 つのキーワード」『海峡両岸論』第 40 号　2013 年 9 月 6 日、21 世紀中国総研 HP
　　http://www.21ccs.jp/ryougan_okada/ryougan_42.html　2013 年 10 月 20 日閲覧。

44　猪間明俊、前掲「資源開発の立場から見た尖閣諸島問題」44 頁。

45　山田吉彦、前掲「東京都の尖閣諸島購入を支持する」31 頁。

46　楊仲揆「尖閣羣島問題」『中央日報』1970 年 8 月 22 日、同年同月 23 日。
　　同「従史地背景看釣魚臺列嶼」『文藝復興月刊』第 10 期、1970 年 10 月、2 ～ 4 頁。

同「釣魚臺列嶼主權平議」『文藝復興月刊』第 28 期、1972 年 4 月、14 〜 19 頁。

47　張啓雄「釣魚台列嶼的主權歸屬問題」『中央研究院近代史研究所集刊』第 22 期、
　　1993 年 6 月、107 〜 135 頁。

48　丘宏達『釣魚臺列嶼主權爭執問題及其解決方法的研究』國立政治大學國際關係研究
　　中心、1991 年。
　　同「釣魚臺列嶼問題研究」『政治大學法學院評論』第 6 期、1972 年 6 月、241 〜 269 頁。

49　程家瑞『釣魚臺列嶼之法律地位』東吳大學法學院、1997 年。

50　林田富『再論釣魚臺列嶼主權爭議』五南圖書出版股份有限公司、2002 年。

51　邵漢儀「從『外交部檔案』解析中華民國對釣魚臺列嶼主權之確立過程」『中華國際法
　　與超國界評論』第 11 卷第 1 期、2015 年、113 〜 179 頁。

52　小笠原欣幸 HP「馬英九の博士論文から読み解く日台漁業交渉」4 頁。
　　http://www.tufs.ac.jp/ts/personal/ogasawara/paper/mathesisandfishingagreement.pdf
　　2013 年 12 月 30 日閲覧。

53　刘（劉）江永「钓鱼岛：主权归属的历史法理依据」『瞭望』2012 年 7 月 23 日号、38
　　〜 42 頁。

54　高洪「日本拿什么取信国际社会？」『瞭望』2012 年 9 月 17 日号、12 〜 15 頁。

55　池内敏『竹島問題とは何か』名古屋大学出版会、2012 年、315 頁。

56　従来、1885 年 9 月に西村捨三沖縄県令が上申したとされる魚釣島等への国標建設（つ
　　まり領土編入）は、実は、西村が自発的に上申したのではなく、山縣有朋内務卿か
　　らの内命に対する懸念を上申したのであり、その後の 11 月の再度の上申は西村県令
　　の名を使った森長義県令代理によるものであることを村田忠禧は明らかにしている。
　　村田忠禧、前掲『日中領土問題の起源』155 〜 162 頁。
　　村田忠禧、前掲『史料徹底検証』45 〜 74 頁。

57　伊藤隆、百瀬孝、前掲『史料検証：日本の領土』68 頁。

58　纐纈厚、前掲『領土問題と歴史認識：なぜ、日中韓は手をつなげないのか』115 頁。

59　伊藤隆、百瀬孝、前掲『史料検証：日本の領土』69 頁。

60　松竹伸幸『これならわかる日本の領土紛争』大月書店、2011 年、118 〜 119 頁。

61　内閣総理大臣菅直人、前掲「衆議院議員鈴木宗男君提出我が国が抱える領土問題に
　　対する鳩山由紀夫内閣の見解に関する質問に対する答弁書」。
　　内閣総理大臣菅直人、前掲「参議院議員佐藤正久君提出全国知事会議における鳩山
　　首相の尖閣諸島への日米安保条約適用をめぐる発言に関する質問に対する答弁書」

62　矢吹晋、前掲『尖閣問題の核心』、22 〜 23 頁。

63　内閣総理大臣福田康夫「衆議院議員鈴木宗男君提出中国船による我が国の領海への
　　侵入に関する質問に対する答弁書」内閣衆質 168 第 178 号、2007 年 11 月 9 日。

64　第 102 回国会 衆議院沖縄及び北方問題に関する特別委員会議録第 5 号、1985 年 4 月
　　22 日。

65　第 176 回国会 衆議院安全保障委員会議録第 2 号、2010 年 10 月 21 日。

66　第 76 回国会 衆議院予算委員会議録第 3 号、1975 年 10 月 22 日。

67　春原剛『暗闘 尖閣国有化』新潮社、2013 年、99 〜 104 頁。

68　1931 年〜 2015 年。東京大学法学部中退後、外務省入省。条約局長、北米局長、駐マレー

シア大使、外務事務次官、駐米大使、宮内庁参与等を歴任し、外務省の主流を歩み
続けた外交官。

69 栗山尚一「尖閣諸島と日中関係——『棚上げの意味』」『アジア時報』2012 年 12 月号、
6 頁。

70 浅井基文 HP「21 世紀の日本と国際社会」尖閣問題の「棚上げ」合意（中国側資料）
http://www.ne.jp/asahi/nd4m-asi/jiwen/thoughts/2012/476.html　2015 年 5 月 8 日
閲覧。

71 外務省 HP「尖閣諸島に関する 3 つの真実」
http://www.mofa.go.jp/mofaj/area/senkaku/pdfs/3shinjitu.pdf　2016 年 5 月 8 日閲覧。

72 外務省 HP「尖閣諸島についての基本見解」
http://www.mofa.go.jp/mofaj/area/senkaku/kenkai.html　2016 年 5 月 8 日閲覧。
「中国政府及び台湾当局が尖閣諸島に関する独自の主張を始めたのは，1968 年秋に行
われた国連機関による調査の結果、東シナ海に石油埋蔵の可能性があるとの指摘を
受けて尖閣諸島に注目が集まった 1970 年代以降からです」

73 水面下に隠れている岩。また、頂部がわずかに水面上に出ている岩。

74 豊下楢彦、前掲『「尖閣問題」とは何か』31 頁。

75 外務省 HP 日本の領土をめぐる情勢「尖閣諸島データ」
http://www.mofa.go.jp/mofaj/a_o/c_m1/senkaku/page1w_000015.html　2016 年 5
月 8 日閲覧。

76 浦野起央、前掲『増補版 尖閣諸島・琉球・中国（分析・資料・文献）』5 ～ 11 頁。

77 「大平外相が 29 日の記者会見で明らかにした共同声明に関する政府見解」時事通信
社政治部編『ドキュメント日中復交』時事通信社、1972 年、170 頁。

78 第 19 回国会 参議院水産委員会会議録第 7 号、1954 年 2 月 15 日。

79 同上。

80 村田忠禧、前掲『尖閣列島・魚釣島問題をどう見るか』42 頁。

81 緑間栄、前掲『尖閣列島』114 ～ 115 頁。
琉球米民政府文書「米軍の射撃演習の地域と範囲」南方同胞援護会『季刊沖縄』第
56 号、1971 年、150 ～ 157 頁。
尖閣諸島文献資料編纂会「終戦～琉球政府期・尖閣諸島における漁業」『2009 年度
尖閣研究・尖閣諸島海域の漁業に関する調査報告』212 ～ 251 頁。
福原裕二「漁業問題と領土問題の交錯」『北東アジア研究』第 23 号、2012 年、68 頁。
第 32 回国会 衆議院農林水産委員会会議録第 15 号（閉会中審査）、1959 年 10 月 2 日。
海上保安庁海洋情報部 HP「在日アメリカ合衆国軍海上訓練区域一覧表」
http://www1.kaiho.mlit.go.jp/KAN11/anzen/Us97/US97.html　2013 年 7 月 10 日閲
覧。

82 第 19 回国会 参議院大蔵委員会会議録第 25 号、1954 年 3 月 26 日。

83 第 22 回国会 衆議院外務委員会会議録第 37 号、1955 年 7 月 26 日。

84 同上。

85 第 23 回国会 参議院予算委員会会議録第 5 号、1955 年 12 月 13 日。

86 特連局とは、復帰前、沖縄への援助・見舞金等を主として扱った日本政府総理府特

別地域連絡事務局の略称。1958 年 5 月、それまでの総理府南方連絡事務局（南連）の業務を北方地域（千島・歯舞など）に広げ、名称を改称。当時の特連局長は沖縄復帰に尽力した山野幸吉。

87　第 55 回国会 衆議院沖縄問題等に関する特別委員会議録第 13 号、1967 年 6 月 20 日。

88　第 55 回国会 衆議院外務委員会議録第 17 号、1967 年 7 月 12 日。

89　第 59 回国会 衆議院沖縄及び北方問題に関する特別委員会議録第 2 号（刷換分）、1968 年 8 月 9 日。

90　南開大学周恩来研究センター『周恩来と池田大作』朝日ソノラマ、2002 年、30 ～ 44 頁。

91　「竹入メモ」の内容については、石井明、朱建榮、添谷芳秀、林暁光編『記録と考証 日中国交正常化・日中平和友好条約締結交渉』岩波書店、2003 年、3 ～ 51 頁に詳しい。

92　栗山尚一、前掲「尖閣諸島と日中関係――『棚上げの意味』」4 ～ 10 頁。
　　石井明ほか、前掲『記録と考証 日中国交正常化・日中平和友好条約締結交渉』3 頁。

93　第 61 回国会 衆議院沖縄及び北方問題に関する特別委員会議録第 10 号、1969 年 4 月 15 日。

94　同上。

95　衆参両院の常任委員会の設置は「国会法」によって規定され、参議院の常任委員会である予算委員会は同法第 41 条で「参議院の常任委員会は、次のとおりとする」とされ、13 番目に「予算委員会」と定められている。それに対して、予算委員会の「分科会」は、「参議院規則」で規定され、同規則第 75 条で「予算委員会及び決算委員会は、審査の便宜のため、これを数箇の分科会に分けることができる。各分科会は、無名投票で、主査及び副主査各々一人を互選する。但し、投票によらないで、動議その他の方法により選任することができる」と定められている。法律との効力関係については、法律が規則に優先すると解されているためか、予算委員会分科会での答弁は、通常の委員会での答弁に比べて“重みがない”と国会関係者からは受け取られている。実際に、分科会では、自身の選挙区に関わる陳情的な問題等、通常の委員会質疑で取り上げにくい議題を質問する議員も多い。

96　第 63 回国会 参議院予算委員会第一分科会（皇室費、国会、裁判所、会計検査院、内閣、総理府（防衛庁、経済企画庁、科学技術庁を除く）及び法務省所管並びに他分科会の所管外事項）会議録第 3 号、1970 年 4 月 15 日。

97　参議院沖縄及び北方問題に関する特別委員会（第 63 回国会閉会後）会議録第 3 号、1970 年 8 月 10 日。

98　同上。

99　同上。

100　第 63 回国会 衆議院商工委員会議録第 33 号（閉会中審査）、1970 年 8 月 20 日。

101　新崎盛暉「沖縄は、東アジアにおける平和の『触媒』となりうるか」『現代思想』2012 年 12 月号、155 頁。

102　沖縄県公文書館 HP
　　http://www.archives.pref.okinawa.jp/hpdata/ryusei/R00158429B.pdf　33 ～ 40 頁。
　　2016 年 5 月 8 日閲覧。
　　前掲『季刊沖縄』第 56 号、178 頁も参照（ただし、引用されている決議文は誤植が多い）。

103 同上。

104 第 63 回国会 衆議院科学技術振興対策特別委員会議録第 14 号（閉会中審査）1970 年
9 月 7 日。

105 第 63 回国会 衆議院外務委員会議録第 19 号（閉会中審査）1970 年 9 月 10 日。

106 同上。

107 第 63 回国会 衆議院沖縄及び北方問題に関する特別委員会議録第 19 号（閉会中審査）、
1970 年 9 月 12 日。

108 第 63 回国会 衆議院外務委員会議録第 19 号（閉会中審査）、1970 年 9 月 10 日。

109 「琉球政府　尖閣列島の"領有宣言"　鉱業権年内に認可」「（解説）所属明確化、本
土政府の重要課題」『朝日新聞』1970 年 9 月 11 日。

110 前掲『季刊沖縄』第 56 号、180 ～ 182 頁。

111 平岡昭利『アホウドリと「帝国」日本の拡大：南洋の島々への進出から侵略へ』明
石書店、2012 年、56 頁。

112 平岡昭利、前掲『アホウドリと「帝国」日本の拡大』56 ～ 66 頁。

113 同上。

114 平岡昭利、前掲『アホウドリと「帝国」日本の拡大』59 頁。

115 同上。

116 同上。

117 同上。

118 魚釣、九場、久米赤嶋回航報告書『魚釣嶋外二嶋巡視取調概略』1885 年 11 月 2 日。

119 平岡昭利、前掲『アホウドリと「帝国」日本の拡大』59 頁。

120 外務省情報文化局『尖閣列島について』1972 年 5 月、5 頁。

121 外務省 HP「尖閣諸島に関する Q&A」
http://www.mofa.go.jp/mofaj/area/senkaku/qa_1010.html　2013 年 11 月 16 日閲覧。

122 参議院決算委員会（第 63 回国会閉会後）会議録第 7 号、1970 年 10 月 7 日。

123 第 64 回国会 衆議院会議録第 3 号、1970 年 11 月 26 日。

124 例えば、松竹伸幸、前掲『これならわかる日本の領土紛争』111 ～ 113 頁。

125 第 64 回国会 衆議院外務委員会議録第 1 号、1970 年 12 月 4 日。

126 第 64 回国会 衆議院沖縄及び北方問題に関する特別委員会議録第 3 号、1970 年 12 月
8 日。

127 第 64 回国会 参議院沖縄及び北方問題に関する特別委員会議録第 2 号、1970 年 12
月 16 日。

128 第 65 回国会 参議院会議録第 3 号、1971 年 1 月 26 日。

129 参議院 HP　参議院のあらまし　質問主意書
http://www.sangiin.go.jp/japanese/aramashi/keyword/situmon.html　2013 年 6 月 6
日閲覧。

130 衆議院議員楢崎弥之助「尖閣列島に関する質問主意書」1971 年 11 月 5 日提出、質問
第 2 号。

131 内閣総理大臣佐藤栄作「衆議院議員楢崎弥之助君提出尖閣列島に関する質問に対す
る答弁書」内閣衆質 67 第 2 号、1971 年 11 月 12 日。

132　第 67 回国会 参議院会議録第 11 号、1971 年 12 月 1 日。

133　「尖閣列島領有に関する米国務省マクロスキー報道官の質疑応答」外務省仮訳、前掲
　　『季刊沖縄』第 56 号、157 ～ 158 頁。『季刊沖縄』第 63 号、1972 年 12 月、165 頁。

134　同上。
　　原文は With respect to any conflicting claims, we consider this would be matter for
　　resolution by the parties concerned. である。同上、166 頁。

135　昭和 32 年法律第 160 号「南方同胞援護会法」に基づき、1956 年 11 月に設立された
　　旧総理府の外郭団体である。対日平和条約にもとづきアメリカの管理下におかれて
　　いる沖縄や小笠原島民に対し、政府としては微妙な国際関係から積極的に乗り出す
　　ことができない立場におかれている。そこで自民党では、民間の財団法人として「南
　　方同胞援護会」という団体をつくり、沖縄の軍用地問題とか、日本復帰に対する援助、
　　あるいは旧小笠原島民の帰島促進といった問題に関する調査、世論喚起、援護活動等、
　　また場合によってはアメリカに対して働きかけを行うことになった。これは自民党
　　の発案ではあるが、社会党その他の民間団体や在京の沖縄、小笠原関係団体代表も
　　参加し、当初は財団法人で発足した。1957 年特殊法人に改組、1972 年沖縄復帰に伴
　　い解散。
　　「沖縄コンパクト事典」琉球新報 HP　http://ryukyushimpo.jp/news/storyid-42470-
　　storytopic-121.html　　2013 年 10 月 20 日閲覧。

136　前掲「尖閣列島領有に関する米国務省マクロスキー報道官の質疑応答」。

137　前掲『季刊沖縄』第 56 号、7 頁。

138　高橋庄五郎、前掲『尖閣列島ノート』103 頁。

139　『米上院沖縄公聴会の記録』Okinawa Reversion Treaty, Hearings before the Comm-
　　ittee on Foreign Relations United States Senate, Ninety-Second Congress, October
　　27,28 and 29,1971.p153.

140　同上。
　　その引用元は 1971 年 5 月 23 日付け『ニューヨーク・タイムズ』に掲載された在米
　　華人たちによる「ニクソン大統領および米国議会議員諸氏への公開状」（意見広告）「保
　　衛釣魚台」である。

141　前掲「尖閣列島領有に関する米国務省マクロスキー報道官の質疑応答」
　　原文は以下の通りである。
　　Answer: Under Article Ⅲ of the peace treaty with Japan, the U.S. has
　　administrative right over the "Nansei Shoto." This term, as used in that
　　treaty, refers to all islands south of 29 degrees north latitude, under Japanese
　　administration at the end of the second world war, that were not otherwise
　　specifically refered（原文ママ）to in the treaty. The term, as used in the treaty,
　　was intended to include the Senkaku Islands.
　　Under the treaty, the U.S. government administers the Senkaku Islands as a part
　　of the Ryukyu Islands, but considers that residual sovereignty over the Ryukyus
　　remains with Japan. As a result of an agreement reached by President Nixon and
　　Prime Minister Sato in November 1969, it is anticipated that administration of the

Ryukyus will revert to Japan in 1972.

142 前掲『季刊沖縄』第 56 号、7 頁。

143 高橋庄五郎、前掲『尖閣列島ノート』103 頁。

144 尖閣列島研究会「尖閣列島と日本の領有権」前掲『季刊沖縄』第 56 号、8 〜 15 頁。

145 前掲『季刊沖縄』第 56 号、12 頁。

146 尖閣列島研究会「尖閣列島と日本の領有権」前掲『季刊沖縄』第 63 号、7 〜 8 頁。

147 矢吹晋、前掲『尖閣衝突は沖縄返還に始まる』、17 頁。

148 「尖閣列島の主権帰属に関する米国務省プレイ・スポークスマン記者会見」前掲『季刊沖縄』第 63 号、166 頁。

原文は以下の通り。

The United States Government is aware that a dispute exists between the Governments of the Republic of China and Japan regarding the sovereignty of the Senkaku Islands. The United States believes that a return of administrative rights over those islands to Japan, from which those rights were received, can in no way prejudice the underlying claims of the Republic of China. The United States cannot add to the legal right of Japan possessed before it transferred administration of the islands to the United States, nor can the United States by giving back what it received diminish the rights of the Republic of China.

149 中内康夫「尖閣諸島をめぐる問題　日本の領土編入から今日までの経緯」『立法と調査』311 号、2010 年 12 月、27 頁。

150 「中国が日本の主権侵害」尖閣巡りマケイン米上院議員『朝日新聞』2013 年 8 月 22 日付。

151 産経ニュース HP 「米国務省報道官、マケイン氏の『尖閣は日本領土』発言を否定」http://sankei.jp.msn.com/world/news/130823/amr13082309180003-n1.htm 2013 年 10 月 20 日閲覧。

152 松本俊一『日ソ国交回復秘録：北方領土交渉の真実』朝日新聞出版、2012 年、124 〜 127 頁。

153 松本俊一、前掲『日ソ国交回復秘録』124 〜 125 頁。

154 松本俊一、前掲『日ソ国交回復秘録』124 〜 127 頁。

155 松本俊一、前掲『日ソ国交回復秘録』303 頁。

156 松本俊一、前掲『日ソ国交回復秘録』305 頁。

157 第 12 回国会 参議院平和条約及び日米安全保障条約特別委員会議録 第 10 号、1951 年 11 月 5 日。

158 同上。

159 原貴美恵『サンフランシスコ平和条約の盲点』渓水社、2012 年、272 〜 273 頁。

160 戸丸廣安『知られざる北方領土秘史』第一企画出版、1991 年、58 頁。

161 田中孝彦『日ソ国交回復の史的研究』有斐閣、1993 年、255 頁。

162 保阪正康、東郷和彦、前掲『日本の領土問題』42 頁。

163 2013 年 7 月 1 日、筆者によるインタビューに答える。

164 下斗米伸夫『日本冷戦史：帝国の崩壊から 55 年体制へ』岩波書店、2011 年、305 頁。

165 Richard de Villafranca, "Japan and the Northern Territories Dispute: Past, Present,

Future", Asian Survey, Vol.33, No.6, Japan: Redefining Its International Role（June, 1993）, p.616.

日本文は筆者訳。原文は以下の通り。

Dulles said that if Japan agreed to recognize Soviet sovereignty over the Kuriles, the U.S. would have an equal claim on the RyuKyu Islands based on Article 26 of the San Francisco Treaty, which stated that if a nonsignatory power（e.g., USSR）extracted terms more favorable from Japan than those accorded to the signatory powers, the U.S. could demand similar terms.

166 豊下楢彦、前掲『「尖閣問題」とは何か』61 ～ 64 頁。

167 原貴美恵、前掲『サンフランシスコ平和条約の盲点』278 ～ 279 頁。

168 ヘンリー・A・キッシンジャー著、岡崎久彦監訳『外交（下巻）』日本経済新聞社、1996 年、379 頁。

169 原貴美恵、前掲『サンフランシスコ平和条約の盲点』280 頁。

170 新崎盛暉「国家『固有の領土』から、地域住民の『生活圏』へ──沖縄からの視点」『領土問題の論じ方』岩波書店、2013 年、12 頁。

171 五百旗頭真「領土問題は米国が埋め込んだ『氷塊』」『選択』2012 年 10 月号、3 頁。

172 孫崎享『戦後史の正体』創元社、2012 年、173 頁。

173 矢吹晋、前掲『尖閣衝突は沖縄返還に始まる』8 頁。

174 矢吹晋、前掲『尖閣衝突は沖縄返還に始まる』36 頁。

175 春名幹男「ホワイトハウス極秘テープを発掘スクープ　尖閣領有　アメリカは日本を裏切った」『文藝春秋』2013 年 7 月号、261 頁。

176 同上。

177 春名幹男、前掲「ホワイトハウス極秘テープを発掘スクープ」267 頁。

178 前掲「尖閣列島の主権帰属に関する米国務省ブレイ・スポークスマン記者会見」。

179 春名幹男、前掲「ホワイトハウス極秘テープを発掘スクープ」267 頁。

180 矢吹晋、前掲『尖閣衝突は沖縄返還に始まる』28 頁。

181 矢吹晋、前掲『尖閣衝突は沖縄返還に始まる』28 ～ 29 頁。

182 同上。

183 FRUS（Foreign Relations of the United States）, 1969-1976,Volume ⅩⅦ ,China,1969-1972, Department of States, United States Government Printing Office Washington,2006.　FRUS, 113（『米国外交文書史料集 1969-1976　第 17 巻 中国 1969-1972』、文書番号 113）。

184 矢吹晋、前掲『尖閣衝突は沖縄返還に始まる』29 頁。

185 春名幹男、前掲「ホワイトハウス極秘テープを発掘スクープ」267 頁。

186 春名幹男『仮面の日米同盟』文藝春秋、2015 年、213 ～ 228 頁。

187 ロバート・D・エルドリッヂ『尖閣問題の起源：沖縄返還とアメリカの中立政策』名古屋大学出版会、2015 年。

188 2014 年 3 月 8 日、東京大学駒場キャンパスで開催された「現代日中関係の源流をさぐる　再検証 1970 年代」での林満紅による報告内容。

189 2013 年 9 月 5 日、筆者による矢吹晋へのインタビュー。

190 岡田充、前掲「米国の『中立姿勢』の背景を解明　矢吹晋著『尖閣衝突は沖縄返還に始まる』」2013 年 10 月 20 日閲覧。

191 同上。

192 矢吹晋、前掲『尖閣衝突は沖縄返還に始まる』48 〜 49 頁。

193 衆議院議員照屋寛徳「尖閣諸島と日米地位協定に関する質問主意書」2010 年 10 月 12 日提出、質問第 44 号。

194 内閣総理大臣菅直人「衆議院議員照屋寛徳君提出尖閣諸島と日米地位協定に関する質問に対する答弁書」内閣衆質 176 第 44 号、2010 年 10 月 22 日。

195 照屋寛徳、前掲「尖閣諸島と日米地位協定に関する質問主意書」。

196 菅直人、前掲「尖閣諸島と日米地位協定に関する質問に対する答弁書」。

197 照屋寛徳、前掲「尖閣諸島と日米地位協定に関する質問主意書」。

198 菅直人、前掲「尖閣諸島と日米地位協定に関する質問に対する答弁書」。

199 波多野澄雄編『日本の外交 第 2 巻 外交史 戦後編』岩波書店、2013 年、38 頁。

200 豊下楢彦、前掲『「尖閣問題」とは何か』35 頁。
　　高橋庄五郎、前掲『尖閣列島ノート』10 〜 11 頁。

201 高橋庄五郎、前掲『尖閣列島ノート』1 〜 2 頁。

202 前掲『季刊沖縄』第 56 号、5 〜 7 頁。

203 高橋庄五郎、前掲『尖閣列島ノート』103 頁。

204 前掲『季刊沖縄』第 56 号、256 頁。

205 同上。

206 「尖閣列島研究の背景と原点（対談）」島嶼資料センター『島嶼研究ジャーナル』創刊号、2012 年 6 月 30 日、82 頁。

207 井上清、前掲『新版「尖閣」列島』147 頁。

208 前掲『季刊沖縄』第 56 号、256 頁。

209 同上。

210 前掲「尖閣列島研究の背景と原点（対談）」72 〜 82 頁。

211 高橋庄五郎、前掲『尖閣列島ノート』104 頁。

212 同上。

213 前掲『季刊沖縄』第 56 号、8 頁。

214 前掲『季刊沖縄』第 56 号、8 〜 9 頁。

215 前掲『季刊沖縄』第 56 号、8 〜 15 頁。

216 高橋庄五郎、前掲『尖閣列島ノート』110 頁。

217 高橋庄五郎、前掲『尖閣列島ノート』111 頁。

218 同上。

219 同上。

220 高橋庄五郎、前掲『尖閣列島ノート』1 〜 2 頁。

221 高橋庄五郎、前掲『尖閣列島ノート』2 頁。

222 前掲『島嶼研究ジャーナル』創刊号、82 頁の紹介文。

223 前掲『島嶼研究ジャーナル』創刊号、77 頁。

224 外務省 HP「尖閣諸島について　2015 年 3 月」

http://www.mofa.go.jp/mofaj/area/senkaku/pdfs/senkaku.pdf 2016 年 5 月 8 日閲覧。

225 外務省 HP、前掲「尖閣諸島についての基本見解」2016 年 5 月 8 日閲覧。
「中国政府及び台湾当局が尖閣諸島に関する独自の主張を始めたのは，1968 年秋に行われた国連機関による調査の結果，東シナ海に石油埋蔵の可能性があるとの指摘を受けて尖閣諸島に注目が集まった 1970 年代以降からです」

226 外務省情報文化局、前掲『尖閣列島について』5 頁。

227 外務省 HP、前掲「尖閣諸島についての基本見解」2016 年 5 月 8 日閲覧。

228 村田忠禧、前掲『尖閣列島・釣魚島問題をどう見るか』6 〜 7 頁。

229 村田忠禧、前掲『尖閣列島・釣魚島問題をどう見るか』43 〜 46 頁。

230 村田忠禧、前掲『尖閣列島・釣魚島問題をどう見るか』65 〜 66 頁。

231 新崎盛暉、前掲「沖縄は、東アジアにおける平和の『触媒』となりうるか」155 頁。

232 毛利正道 HP、前掲「尖閣諸島領有問題をいかに解決すべきか」6 頁。
2013 年 12 月 31 日閲覧。

233 中嶋久人 HP、前掲「沖縄返還に際して尖閣諸島領有の根拠を再構成した日本政府：アメリカ・沖縄との関係性を前提にして」2013 年 11 月 6 日閲覧。

234 徐勇「钓鱼岛：东亚历史与地缘战略关系再探讨」『纪念中国人民抗日战争暨世界反法西斯战争胜利 60 周年学术研讨会文集（下卷）』中共党史出版社、2006 年、1,243 頁。
筆者訳、原文は以下の通り。
1968 年前后联合国远东经济委员会（ECAFE）派员调查，发现钓鱼岛海域蕴藏丰富的石油资源，据估计，石油储量约在 737 亿至 1574 亿桶之间，有人断定钓鱼岛 "有可能成为第二个中东"。象著名日本学者高坂正尧所说，石油资源发现，刺激日本如 "饥渴的野兽"，悍然争夺这些岛屿的主权。
日本一方面违反 1958 年联合国海洋会议通过的、根据大陆划界的国际法基本原则，单方面提出 "东海海域中间线"，将钓鱼岛划在 "中间线" 以东的 "日本海域"。另一方面，日本采取行动，1969 年 5 月由冲绳县八重山公所派人登岛建立了水泥标志。按此办法，日本不仅要吞并钓鱼岛列屿，更要侵占近 20 平方公里的中国海域（相当于两个浙江省），及其丰富的海底石油资源。

235 1968 年 10 月 12 日から 12 月 29 日までの間に、米国海軍の海洋調査船がアジア沿海鉱物資源共同探査調整委員会（CCOP）の名義で調査を行い、米国・日本・韓国・台湾からも科学専門家が参加し、1969 年 4 月に調査結果をバンコクで発表した。その報告の中で、釣魚島周囲が範囲内に含まれる東シナ海の海底に大油田が存在する可能性を指摘した。

236 廉德瑰「钓鱼岛的所为 "所有权" 转移及其背后的经济因素」『国际观察』、2012 年第 6 期。
http://www.siis.org.cn/index.php?m=content&c=index&a=show&catid=15&id=274
2013 年 12 月 1 日閲覧。筆者訳、原文は以下の通り。
日本在《曼谷报告》发表之后发表声明称其拥有钓鱼岛主权。1969 年 5 月，也就是 "曼谷报告" 发表后一个月，日本石垣市决定在钓鱼岛设立界桩，这是 1895 年 1 月 14 日，日本政府 "编入" 钓鱼岛之后，首次设立这样的界桩。74 年以来钓鱼岛在日本控制下，但是日本并没有设立界桩，1969 年 5 月的这次，是由石垣市长在冲绳还在美国控制下

的背景下发出命令设立的。显然，这与发现石油有密切关系。随后，6、7 月间，日本政府总理府实行了所谓 "关于尖阁列岛周边海域地质情况的学术调查"，该调查的预算是 943 万 5000 日元，调查团长是新野弘。这个学术调查实际上是海底石油探查，8 月 28 日，调查团向日本政府提出了调查报告。1970 年 5 月 9 日，石垣市当局还在钓鱼岛等岛屿上树立了 "行政管辖志碑"。7 月 8 日，琉球政府在钓鱼诸岛设立领域表示板。特别是这年 8 月 10 日，当时的外相爱知揆一在参议院冲绳及北方问题特别委员会上发言指出日本具有钓鱼岛主权，正式提出对钓鱼岛拥有主权的主张。这是自明治政府 "编入" 钓鱼诸岛以来，日本官方首次正式表态主张钓鱼岛的主权，这时，距离日本秘密 "编入" 这些岛屿已经过了 75 年零 7 个月。

237 罗欢欣「学者称钓鱼岛系中国固有领土 有史为凭法理确凿」『法制日报』2012 年 9 月 25 日。 http://www.chinanews.com/gn/2012/09-25/4208335.shtml
2013 年 12 月 1 日閲覧。筆者訳、原文は以下の通り。
其实，自日本投降后，在亚洲及远东经济委员会（ECAFE）关于钓鱼岛海域石油资源的消息发布以前，日本从来没有主张过钓鱼岛的主权。1945 年到 1969 年间，日本所有出版的《九州地方图》、《南西诸岛图》、《冲绳县图》、《宫古诸岛图》等都没有绘入钓鱼岛。

238 高橋庄五郎、前掲『尖閣列島ノート』111 頁。

239 前掲『季刊沖縄』第 63 号、181 ～ 182 頁。

240 外務省情報文化局、前掲『尖閣列島について』5 頁。

241 外務省情報文化局、前掲『尖閣列島について』13 頁。

242 外務省情報文化局、前掲『尖閣列島について』5 頁。

243 外務省情報文化局、前掲『尖閣列島について』13 頁。

244 第 68 回国会 衆議院予算委員会第二分科会議録（会計検査院、防衛庁、外務省及び大蔵省所管）第 2 号、1972 年 3 月 21 日。

245 同上。

246 岡田充 HP「海峡両岸論　第 44 号」2014 年 3 月 4 日発行　http://www.21ccs.jp/ryougan_okada/ryougan_46.html　2014 年 3 月 14 日閲覧。

247 同上。

248 第 68 回国会 参議院沖縄及び北方問題に関する特別委員会議録第 3 号、1972 年 3 月 22 日。

249 豊下楢彦、前掲『「尖閣問題」とは何か』288 頁。

250 同上。

251 同上。

252 同上。

253 1972 年 9 月以降、日本と国交のない中華民国（台湾）との関係強化を目的とした自民党の議員連盟である「日華議員懇談会（略称：日華懇）」の前身組織。日本と台湾が国交を断絶してからまもない 1973 年 3 月、灘尾弘吉、藤尾正行、中川一郎、玉置和郎、田中龍夫、渡辺美智雄ら親台派議員 27 名が発起人となり、自民党議員の 3 分の 1 以上にあたる 152 名（衆議院議員 99 名、参議院議員 53 名）が参加して発足した。初代会長には、後に衆議院議長となる灘尾弘吉が就任した。
1997 年、自民党分裂などが原因で生じた自民党以外の親台派議員を巻き込むため、

超党派の「日華議員懇談会」に改組された。発足時には、300 名（自民党 202 名、新進党 86 名、太陽党 7 名、新党さきがけ 5 名）が参加。会長には山中貞則、副会長には小沢辰男、村上正邦、平沼赳夫、前田勲男が就いた。2016 年 4 月現在の会長は平沼赳夫元経産相、幹事長は古屋圭司元国家公安委員会委員長。

254 第 84 回国会 参議院予算委員会会議録第 7 号、1978 年 3 月 10 日。

255 同上。

256 同上。

257 同上。

258 同上。

259 同上。

260 内閣総理大臣福田赳夫「参議院議員玉置和郎君提出尖閣諸島の帰属に関する質問に対する答弁書」内閣参質 84 第 15 号、1978 年 3 月 22 日。

261 第 102 回国会 衆議院沖縄及び北方問題に関する特別委員会議録第 5 号、1985 年 4 月 22 日。

262 第 113 回国会 参議院外務委員会会議録第 2 号、1988 年 11 月 8 日。

263 第 114 回国会 参議院外務委員会会議録第 2 号、1989 年 3 月 28 日。

264 第 120 回国会 衆議院安全保障特別委員会議録第 6 号、1991 年 4 月 26 日。

265 内閣総理大臣麻生太郎「衆議院議員鈴木宗男君提出平成 21 年 2 月 28 日から 3 月 1 日にかけて行われた日中外相会談に関する質問に対する答弁書」内閣衆質 171 第 175 号、2009 年 3 月 10 日。

266 衆議院議員鈴木宗男「平成 21 年 2 月 28 日から 3 月 1 日にかけて行われた日中外相会談に関する質問」質問第 175 号、2009 年 3 月 2 日。

267 第 76 回国会 衆議院予算委員会議録第 3 号、1975 年 10 月 22 日。

268 第 84 回国会 衆議院沖縄及び北方問題に関する特別委員会議録第 6 号、1978 年 4 月 19 日。

269 同上。

270 同上。

271 中江要介『アジア外交　動と静』蒼天社出版、2010 年、139 ～ 140 頁。
服部龍二『日中国交正常化』中央公論新社、2011 年、103 ～ 121 頁。

272 第 113 回国会 参議院外務委員会会議録第 2 号、1988 年 11 月 8 日。

273 第 114 回国会 参議院外務委員会会議録第 2 号、1989 年 3 月 28 日。

274 第 116 回国会 衆議院内閣委員会議録第 5 号、1989 年 12 月 1 日。

275 第 120 回国会 衆議院安全保障特別委員会議録第 6 号、1991 年 4 月 26 日。

276 第 176 回国会 衆議院安全保障委員会議録第 2 号、2010 年 10 月 21 日。

277 内閣総理大臣菅直人「衆議院議員河合克行君提出 1978 年 10 月 25 日の鄧小平・中華人民共和国副総理の日本記者クラブ内外記者会見での尖閣諸島に係わる発言に関する質問に対する答弁書」内閣衆質 176 第 69 号、2010 年 10 月 26 日。

278 同上。

279 第 87 回国会 衆議院内閣委員会議録第 14 号、1979 年 5 月 29 日。

280 1978 年 4 月 12 日、約 100 隻の中国国旗をたてた漁船が尖閣諸島に接近し、うち約

10 隻が係争海域に入って操業し、その状態が二週間続いた事件。この事件の真相は謎だが、同年 8 月、園田直は鄧小平との会談で「二度とあのようなことが起こらないように希望したい」旨を述べ、鄧小平も「今後はやらない」旨を約束したという。矢吹晋、前掲『尖閣問題の核心』76 〜 83 頁。

281　第 87 回国会 衆議院内閣委員会議録第 14 号、1979 年 5 月 29 日。

282　第 87 回国会 衆議院外務委員会議録第 13 号、1979 年 5 月 30 日。

283　第 102 回国会 衆議院沖縄及び北方問題に関する特別委員会議録第 5 号、1985 年 4 月 22 日。

284　同上。

285　第 63 回国会 衆議院外務委員会議録第 19 号（閉会中審査）、1970 年 9 月 10 日。

286　同上。

287　同上。

288　第 63 回国会 衆議院沖縄及び北方問題に関する特別委員会議録第 19 号（閉会中審査）、1970 年 9 月 12 日。

289　第 68 回国会 衆議院予算委員会第四分科会議録（農林省、通商産業省及び労働省所管）第 6 号、1972 年 3 月 25 日。

290　第 68 回国会 衆議院沖縄及び北方問題に関する特別委員会議録第 11 号、1972 年 5 月 9 日。

291　第 101 回国会 衆議院外務委員会議録第 13 号、1984 年 5 月 9 日。

292　第 87 回国会 参議院決算委員会会議録第 5 号、1979 年 5 月 30 日。

293　第 101 回国会 衆議院外務委員会議録第 13 号、1984 年 5 月 9 日。

294　第 134 回国会 参議院外務委員会議録第 10 号、1995 年 12 月 12 日。

295　栗山尚一、前掲「尖閣諸島と日中関係——『棚上げの意味』」4 〜 10 頁。

296　同上。

297　石井明ほか編、前掲『記録と考証 日中国交正常化・日中平和友好条約締結交渉』68 頁。

298　張香山「中日復交談判回顧」『日本学刊』1998 年第 1 期、47 頁（筆者訳）。

299　「日高官再否認 "钓鱼岛搁置说" 称那是 40 年前的事」人民網 HP http://japan.people.com.cn/35469/8272850.html　2014 年 1 月 5 日閲覧。

300　矢吹晋、前掲『尖閣問題の核心』28 頁。

301　同上。

302　清水幹夫「橋本恕氏に聞く 日中国交正常化交渉」大平正芳記念財団編『去華就實 聞き書き 大平正芳』2000 年、160 頁。石井明ほか編、前掲『記録と考証 日中国交正常化・日中平和友好条約締結交渉』223 〜 224 頁に再録。

303　石井明ほか編、前掲『記録と考証 日中国交正常化・日中平和友好条約締結交渉』52 〜 53 頁。

304　第 101 回国会 衆議院外務委員会議録第 13 号、1984 年 5 月 9 日。

305　同上。

306　矢吹晋、前掲『尖閣問題の核心』29 頁。

307　同上。

308 長島昭久『「活米」という流儀：外交・安全保障のリアリズム』講談社、2013年、4
～19頁。

309 長島昭久、前掲『「活米」という流儀』12頁。

310 2013年8月28日、筆者によるインタビューに答えて。

311 長島昭久、前掲『「活米」という流儀』12頁。

312 同上。

313 栗山尚一、前掲「尖閣諸島と日中関係——『棚上げの意味』」6頁。

314 矢吹晋、前掲『尖閣問題の核心』77頁。

315 石井明、前掲『中国国境 熱戦の跡を歩く』226～260頁。

316 園田直『世界 日本 愛』第三政経研究会、1981年、323～328頁。

317 竹村健一「園田外相に直撃インタビュー　今あかす率直外交の内幕」『月刊自由民主』
1978年9月号、49～50頁。

318 栗山尚一、前掲「尖閣諸島と日中関係——『棚上げの意味』」6頁。

319 矢吹晋、前掲『尖閣問題の核心』83～84頁。

320 矢吹晋、前掲『尖閣問題の核心』83頁。

321 矢吹晋、前掲『尖閣問題の核心』83～84頁。

322 外務省HP「ポジション・ペーパー：尖閣諸島をめぐる日中関係―中国による火器管
制レーダーの照射を受けて―」に「2008年12月の中国公船による初めての尖閣諸島
の領海侵入事案は、日本国民に驚きを与え不安を高まらせ、昨年4月に石原都知事（当
時）が尖閣諸島購入を計画した際に、多くの日本国民がこれを支持する原因となった」
との記述がある。

http://www.mofa.go.jp/mofaj/area/senkaku/position_paper3_jp.html　2016年5月
8日閲覧。

323 海上保安庁HP「尖閣諸島周辺海域における中国公船等の動向と我が国の対処」
中国公船等による尖閣諸島周辺の接続水域内入域及び領海侵入隻数（月別）
http://www.kaiho.mlit.go.jp/mission/senkaku/senkaku.html　2016年6月25日閲覧。

324 外務省HP、前掲「ポジション・ペーパー：尖閣諸島をめぐる日中関係―中国による
火器管制レーダーの照射を受けて―」

325 「尖閣諸島の取得・保有に関する関係閣僚会合」
本件会合は、引き続き、尖閣諸島における航行安全業務を適切に実施しつつ、尖閣
諸島の長期にわたる平穏かつ安定的な維持・管理を図るため、尖閣諸島の取得・保
有に関してとり進めていくための方針を申し合わせるための関係閣僚による会合で
あり、出席者は以下のとおり。
内閣官房長官、総務副大臣（総務大臣（代理））、外務大臣、財務大臣、国土交通大
臣
「尖閣諸島の取得・保有に関する関係閣僚申し合わせ」平成24年9月10日（月）
1. 尖閣諸島が我が国の固有の領土であることは、歴史的にも国際法上も疑いがなく、
現に我が国はこれを有効に支配している。したがって、尖閣諸島を巡り解決すべき
領有権の問題はそもそも存在しない。
2. 政府としては、尖閣諸島については、その平穏かつ安定的な維持・管理を図る必

要があるとの判断から、私有地である尖閣三島（魚釣島、南小島、北小島）について、平成14年度より賃借している。

3. 今般、所有者において尖閣三島を売却する意向を示したので、引き続き、尖閣諸島における航行安全業務を適切に実施しつつ、尖閣諸島の長期にわたる平穏かつ安定的な維持・管理を図るため、本閣僚会合において、以下の方針でとり進めていくことを申し合わせた。

（1）可及的速やかに尖閣三島の所有権を取得する。

（2）取得目的に航行安全業務の実施が含まれること、実効性ある維持・管理に必要な手段を有していること等から、尖閣三島の取得・保有は、海上保安庁がこれを行う。

（3）他に代替性のない国境離島を取得保有するという今般の事案の特殊性にかんがみ、内閣官房の総合調整の下、尖閣三島を長期にわたり平穏かつ安定的に維持・管理し続けることの価値を不動産に関する専門家の意見を踏まえつつ評価した上で、同島の所有者との交渉を妥結に導く。

（4）関係省庁は、内閣官房の総合調整の下、尖閣諸島の長期にわたる平穏かつ安定的維持・管理を図るため、その取得・保有に際し、相互に緊密に協力する。

以上

首相官邸HP　http://www.kantei.go.jp/jp/tyoukanpress/201209/__icsFiles/afieldfile/2012/09/10/0910kaiken_siryou.pdf　2016年5月24日閲覧。

326　中华人民共和国中央人民政府HP「外交部声明」www.gov.cn/xwfb/2012-09/10/content.2221156.htm 2016年6月26日閲覧。人民網日本語版HP「日本の『釣魚島購入』宣言についての中国外交部の声明（全文）」

http://j.people.com.cn/94474/7944414.html　2016年5月8日閲覧。

327　中国新闻网HP「习近平：进一步经略海洋 推动海洋强国建设」（筆者訳）。

http://www.chinanews.com/gn/2013/07-31/5108322.shtml　2016年5月8日閲覧。原文は、要维护国家海洋权益，着力推动海洋维权向统筹兼顾型转变。我们爱好和平，坚持走和平发展道路，但决不能放弃正当权益，更不能牺牲国家核心利益。要统筹维稳和维权两个大局，坚持维护国家主权、安全、发展利益相统一，维护海洋权益和提升综合国力相匹配。要坚持用和平方式、谈判方式解决争端，努力维护和平稳定。要做好应对各种复杂局面的准备，提高海洋维权能力，坚决维护我国海洋权益。要坚持"主权属我、搁置争议、共同开发"的方针，推进互利友好合作，寻求和扩大共同利益的汇合点。

328　同上。

329　岡田充、前掲「中国公船の接近の意図は何か 2つの文書と3つのキーワード」『海峡両岸論』第40号

330　同上。

331　孫崎享、前掲『検証 尖閣問題』まえがき。

332　「読売新聞」社説、1979年5月31日、12版、4面。

333　同上。

334　同上。

335　春原剛、前掲『暗闘 尖閣国有化』12頁、99〜104頁。

336　「日本毅然と『領有権』示す」『読売新聞』2004 年 3 月 25 日付。

337　「首相判断　弱腰批判も」『産経新聞』2004 年 3 月 27 日付。

338　小島朋之『崛起する中国　日本はどう中国と向き合うのか？』芦書房、2005 年、187 頁。

339　春原剛、前掲『暗闘 尖閣国有化』9 頁。

340　春原剛、前掲『暗闘 尖閣国有化』12 ～ 34 頁。
　　　なお筆者が 2013 年 8 月 28 日に当時の対中政策決定に影響を持つ政府関係者に行っ
　　　たヒアリングでも、2008 年 12 月に初めて中国が公船を領海内に侵入させたことに衝
　　　撃を受けた麻生政権が「マニュアル」を作ったと確認している。「いろんなパターン
　　　を想定したが、ほぼありえない前提として想定した『故意に衝突された場合』は逮
　　　捕するとマニュアルで決めていた。だから民主党政権になって判断を変更したわけ
　　　ではない」とのことだった。

341　岸本正人『日本の外交力――普天間、尖閣と抑止力』毎日新聞社、2013 年、88 ～ 99 頁。

342　筆者による朱建榮インタビュー、2013 年 4 月 18 日。

343　外務省 HP、前掲「尖閣諸島についての基本見解」。

344　羽場久美子、前掲「尖閣・竹島をめぐる『固有の領土』論の危うさ」43 頁。

345　同上。

346　羽場久美子、前掲「尖閣・竹島をめぐる『固有の領土』論の危うさ」44 頁。

347　名嘉憲夫、前掲『領土問題から「国境画定問題」へ』30 頁。

348　同上。

349　同上。

350　名嘉憲夫、前掲『領土問題から「国境画定問題」へ』31 頁。

351　名嘉憲夫、前掲『領土問題から「国境画定問題」へ』30 ～ 31 頁。

352　同上。

353　岡田充、前掲『尖閣諸島問題：領土ナショナリズムの魔力』84 頁。

354　同上。

355　岡田充、前掲『尖閣諸島問題』4 頁。

356　和田春樹『領土問題をどう解決するか』平凡社、2012 年、25 頁。

357　和田春樹、前掲『領土問題をどう解決するか』29 頁。

358　同上。

359　和田春樹、前掲『領土問題をどう解決するか』30 頁。

360　和田春樹、前掲『領土問題をどう解決するか』35 頁。

361　同上。

362　同上。

363　同上。

364　和田春樹、前掲『領土問題をどう解決するか』24 頁。

365　工藤美知尋「『高木惣吉資料』にみる日本海軍の終戦工作――近衛特使派遣問題 2――」
　　　『日本法學』第 49 巻第 2 号、1983 年 11 月、168 ～ 171（340 ～ 343）頁。

366　矢部貞治編著『近衛文麿』下巻、弘文堂、1952 年、559 頁。

367　矢部貞治編著、前掲『近衛文麿』下巻、562 頁。

368　和田春樹、前掲『領土問題をどう解決するか』25 頁。

369 同上。

370 同上。

371 同上。

372 木戸幸一内大臣のこと。

373 矢部貞治編著、前掲『近衛文麿』下巻、559 頁。

374 矢部貞治編著、前掲『近衛文麿』下巻、562 ～ 563 頁。

375 和田春樹、前掲『領土問題をどう解決するか』24 頁。

376 コトバンク世界大百科事典 第 2 版の解説 http://kotobank.jp/word/%E8%A3%81%E5%8F%AF
2013 年 12 月 31 日閲覧。

377 大日本帝国憲法第 8 条。

378 大日本帝国憲法第 9 条

379 金城正篤『琉球処分論』沖縄タイムス社、1978 年、3 頁。

380 伊波普猷（いは・ふゆう、1876 年～ 1947 年）は沖縄県那覇市出身の民族学者・言語
学者で、一生をかけて沖縄を研究しつづけた「沖縄学の父」と呼ばれている。沖縄
の歴史や文化を県民にわかりやすく広めるとともに、沖縄の人々に誇りと勇気をあ
たえた。沖縄人物伝 HP　http://rca.open.ed.jp/city-2001/person/08iha/　2013 年 11
月 4 日閲覧。

381 金城正篤、前掲『琉球処分論』3 頁。

382 金城正篤、前掲『琉球処分論』3 ～ 4 頁。

383 名嘉憲夫、前掲『領土問題から「国境画定問題」へ』120 頁。

384 村田忠禧、前掲『日中領土問題の起源：公文書が語る不都合な真実』57 頁。

385 高良倉吉『琉球王国』岩波新書、1993 年、177 頁。

386 高良倉吉、前掲『琉球王国』178 頁。

387 羽根次郎、前掲「尖閣問題に内在する法理的矛盾」114 頁。

388 金城正篤、前掲『琉球処分論』11 頁。

389 纐纈厚、前掲『領土問題と歴史認識』118 頁。

390 金城正篤、前掲『琉球処分論』12 頁。

391 台湾の現地先住民の蔑称。

392 「中国の文明の教化が及ばない、未開の地」という意味。

393 金城正篤、前掲『琉球処分論』38 ～ 46 頁。

394 金城正篤、前掲『琉球処分論』53 頁。

395 金城正篤、前掲『琉球処分論』59 頁。

396 張啓雄「日清互換條約において琉球の帰属は決定されたか 1874 年の台湾事件に関す
る日清交渉の再検討」『沖縄文化研究』第 19 号、1992 年、95 ～ 129 頁。

397 名嘉憲夫、前掲『領土問題から「国境画定問題」へ』120 頁。
安岡昭男『明治維新と領土問題』教育社、1980 年、140 頁。

398 「琉球藩ヲ廃シ沖縄県ヲ被置ノ件」JACAR（アジア歴史資料センター）Ref.
A01100178700、公文録・明治十二年・第四巻・明治十二年四月・各局（内閣書記官・
太政官書記官・賞勲・法制・調査・修史館（国立公文書館）。

399 外務省『日本外交文書』第 11 巻、日本国際連合協会、1950 年、271 頁。

400 同上。

401 金城正篤、前掲『琉球処分論』267 頁。

402 英修道、前掲「沖縄帰属の沿革」、3 〜 40 頁。

403 金城正篤、前掲『琉球処分論』268 〜 269 頁。
安岡昭男、前掲『明治維新と領土問題』150 〜 152 頁。

404 英修道、前掲「沖縄帰属の沿革」30 〜 31 頁。
『李文忠公全集・訳署函稿』巻 9、44 〜 45 頁。

405 英修道、前掲「沖縄帰属の沿革」29 〜 36 頁。

406 英修道、前掲「沖縄帰属の沿革」33 頁。

407 同上。

408 琉球政府『沖縄県史』第 15 資料編 5、雑纂 2、図書刊行会、1989 年、268 頁。
球案条約擬稿の原文は以下の通り。
「大清国　大日本国公同商議、除沖縄島以北、属　大日本国管理外、其宮古八重山二
島、属　大清国管轄、以清両国彊界、各聴自治、彼此永遠不相干預」

409 羽根次郎、前掲「尖閣問題に内在する法理的矛盾」117 頁。
西里喜行「琉球分割交渉とその周辺」『新琉球史 近代・現代編』琉球新報社、1992 年、
23 〜 62 頁。

410 新崎盛暉、前掲「沖縄は、東アジアにおける平和の『触媒』となりうるか」156 〜 157 頁。

411 櫻井よしこ・山田吉彦対談、前掲「『四島返還』1 ミリも譲る勿れ」48 頁。

412 高洪、前掲「日本拿什么取信国際社会？」。

413 浅井基文 HP、前掲「21 世紀の日本と国際社会」尖閣問題の「棚上げ」合意（中国側資料）
2013 年 6 月 7 日閲覧。

414 栗山尚一、前掲「尖閣諸島と日中関係――『棚上げの意味』」8 頁。

415 中国の最高指導者である鄧小平が 92 年 1 月 18 日〜 2 月 21 日、武漢・深圳・珠海・
上海などを視察し、改革加速を号令した重要談話。同年 10 月、第 14 回共産党大会で「社
会主義市場経済」が改革の目標に掲げられ、生産手段の公有制、完全雇用の実現とい
う伝統的な社会主義理念と決別した。この南巡講話をきっかけに、中国は驚異的な経済
発展を遂げることになる。

416 杉本信行『大地の咆哮』PHP 研究所、2006 年、69 〜 70 頁。

417 「主筆若宮啓文と論じあう　日中 40 年『傷』広げぬために」『朝日新聞』2012 年 7 月 7 日。

418 長島昭久、前掲「『活米』という流儀」12 頁。

419 吉田重信『不惑の日中関係へ　元外交官の考察と提言』日本評論社、2012 年、94 頁。

420 2013 年 8 月 28 日、筆者のインタビューに答えて。

421 「首相判断　弱腰批判も」『産経新聞』2004 年 3 月 27 日付。

422 春名幹男『米中冷戦と日本　激化するインテリジェンス戦争の内幕』PHP 研究所、
2012 年、50 〜 51 頁。

423 栗山尚一、前掲「尖閣諸島と日中関係――『棚上げの意味』」9 頁。

424 岡田充 HP、前掲「中国公船の接近の意図は何か　2 つの文書と 3 つのキーワード」
2013 年 10 月 17 日閲覧。

425 春名幹男、前掲『米中冷戦と日本』27 頁。

426　春名幹男、前掲『米中冷戦と日本』27 ～ 28 頁。

427　春名幹男、前掲『米中冷戦と日本』28 頁。

428　春名幹男、前掲『米中冷戦と日本』27 ～ 29 頁。

429　春名幹男、前掲『米中冷戦と日本』27 ～ 31 頁。

430　産経ニュース HP、前掲　米国務省報道官、マケイン氏の「尖閣は日本領土」発言を否定。

431　笘米地真理「領土問題をめぐる米国の『中立政策』　尖閣諸島と日米安保条約」『法政大学大学院紀要』第 74 号、2015 年、167 ～ 168 頁。
　　　オバマ大統領来日に際しては、尖閣諸島が日米安全保障条約第 5 条の適用対象であることをオバマが明言したことが特に大きく報道された。しかし、オバマは、そのあとのくだりで、米国の立場は新しいものではなく、米国は尖閣諸島の領有権に関する最終的な決定については特定の立場を取っていない旨を述べている。さらに、オバマは、この問題をめぐって、日中間で対話と信頼構築ではなく、事態を悪化させる行為を続けることは、大きな誤りだとも述べたが、これらが報道されることは少なく、「尖閣は安保の適用対象」ということが大々的に喧伝された。

432　「中国、30 年に最大の経済大国　米 NIC 予測」 日本経済新聞 HP 2012 年 12 月 10 日。http://www.nikkei.com/article/DGXNASGM1007P_Q2A211C1FF1000/　2013 年 8 月 25 日閲覧。

433　岸本正人、前掲『日本の外交力――普天間、尖閣と抑止力』88 ～ 99 頁。

434　前原誠司『政権交代の試練』新潮社、2012 年、69 頁。

435　平松茂雄、孫崎享、前掲「〈対話〉中国の軍事力を読む」52 頁。

436　リチャード・L・アーミテージ、ジョセフ・S・ナイ Jr.、春原剛『日米同盟 vs. 中国・北朝鮮　アーミテージ・ナイ緊急提言』文藝春秋、2010 年、17 頁。

437　リチャード・L・アーミテージ、ジョセフ・S・ナイ Jr.、春原剛「アーミテージ×ナイ　共に中国と戦う用意はある」『文藝春秋』2011 年 2 月号、276 頁。

438　リチャード・L・アーミテージほか、前掲『日米同盟 vs. 中国・北朝鮮　アーミテージ・ナイ緊急提言』17 頁。

439　孫崎享、前掲『検証 尖閣問題』53 ～ 54 頁。

440　外務省 HP　ライス国務長官、ラムズフェルド国防長官、町村外務大臣、大野防衛庁長官 、2005 年 10 月 29 日 2 ＋ 2 共同発表文「日米同盟：未来のための変革と再編」（仮訳） http://www.mofa.go.jp/mofaj/area/usa/hosho/henkaku_saihen.html　2016 年 5 月 8 日閲覧。

441　外務省 HP　Security Consultative Committee Document　U.S.-Japan Alliance: transformation and Realignment for the Future, October 29, 2005, by Secretary of State Rice, Secretary of Defense Rumsfeld, Minister of Foreign Affairs Machimura, Minister of State for Defense Ohno
　　　http://www.mofa.go.jp/region/n-america/us/security/scc/doc0510.html　2016 年 5 月 8 日閲覧。

442　孫崎享、前掲『検証 尖閣問題』53 ～ 54 頁。

443　John F. Dulles, "Security in the Pacific", Foreign Affairs, Vol.30, January 1952, p.179

444　ジョン・F・ダレス「太平洋の安全保障と日米関係」梅垣理郎編訳『戦後日米関係を

読む 「フォーリン・アフェアーズ」の目』中央公論社、1993 年、71 頁。

445 春名幹男、前掲『仮面の日米同盟』46 〜 71 頁。

446 櫻井よしこ・山田吉彦、前掲「緊急対談 『四島返還』1 ミリも譲る勿れ」48 頁。

447 山田吉彦、井上和彦、前掲『尖閣 一触即発』64 頁。

448 山田吉彦、潮匡人、前掲『尖閣激突』227 頁。

449 山田吉彦、前掲「東京都の尖閣諸島購入を支持する」31 頁。

450 松井芳郎、前掲「尖閣諸島について考える——国際法の観点から 4 完」74 頁。

451 人民網日本語版 HP、前掲「日本の『釣魚島購入』宣言についての中国外交部の声明」

452 中国新聞網 HP 、前掲「习近平：进一步经略海洋 推动海洋强国建设」

453 松井芳郎、前掲「尖閣諸島について考える——国際法の観点から 4 完」74 頁。

454 松井芳郎、前掲「尖閣諸島について考える——国際法の観点から 4 完」74 〜 75 頁。

455 台北駐日文化経済代表処 HP「東シナ海平和イニシアチブ」
http://web.roc-taiwan.org/jp_ja/post/800.html 2016 年 6 月 25 日閲覧
中華民國外交部 HP http://www.mofa.gov.tw/theme.aspx?s=CD5DF99964D9DB8E&
sms=30258915F57EB2DC 2013 年 7 月 30 日閲覧

456 猪間明俊、前掲「資源開発の立場から見た尖閣諸島問題」36 〜 44 頁。

457 猪間明俊、前掲「資源開発の立場から見た尖閣諸島問題」36 頁。

458 猪間明俊、前掲「資源開発の立場から見た尖閣諸島問題」41 頁。

459 猪間明俊、前掲「資源開発の立場から見た尖閣諸島問題」36 〜 44 頁。

460 猪間明俊「東シナ海資源・共同開発が唯一の道 国辱もののデータ提示要求」『軍縮
問題資料』2005 年 7 月号、45 〜 46 頁。

461 井上清、前掲『新版「尖閣」列島』147 頁。

462 前掲『島嶼研究ジャーナル』創刊号、80 〜 81 頁。

463 二階堂進「日中国交秘話 中南海の一夜」公文俊平ほか編『大平正芳 政治的遺産』大
平正芳記念財団、1994 年、402 頁。

464 第 68 回国会 衆議院予算委員会第四分科会議録（農林省、通商産業省及び労働省所管）
第 6 号、1972 年 3 月 25 日。

465 「『尖閣』日中で石油開発 正式交渉を指示 園田外相 領有権と分離」『読売新聞』1979
年 7 月 10 日夕刊。

466 第 91 回国会 衆議院商工委員会議録第 18 号、1980 年 4 月 23 日。

467 石川好『漫画家たちの「8．15」』潮出版社、2013 年、7 頁。

468 外務省 HP、前掲「ポジション・ペーパー：尖閣諸島をめぐる日中関係—中国による
火器管制レーダーの照射を受けて—」 2013 年 10 月 16 日閲覧。

469 ジョセフ・S・ナイ Jr.、デイヴィッド・A・ウェルチ著、田中明彦、村田晃嗣訳『国
際紛争——理論と歴史』原書第 9 版、有斐閣、2013 年、327 頁。

470 ジョセフ・S・ナイ Jr. ほか、前掲『国際紛争——理論と歴史』327 頁。

471 ジョセフ・S・ナイ Jr. ほか、前掲『国際紛争——理論と歴史』24 頁。

472 同上。

473 同上。

474 孫崎享、前掲『日本の国境問題』163 〜 164 頁。

475 外務省 HP　報道発表「齋木外務事務次官から程永華駐日中国大使への抗議」
　　　http://www.mofa.go.jp/mofaj/press/release/press1_000013.html　2016 年 5 月 9 日閲覧。

476 軍事評論家＝佐藤守のブログ日記　2006-01-26 ロシア機の「領空侵犯」
　　　http://d.hatena.ne.jp/satoumamoru/20060126/1138263999　2016 年 5 月 9 日閲覧。

477 同上。

478 木村汎『新版 日露国境交渉史』角川学芸出版、2005 年、34 ～ 35 頁。

479 土山實男『安全保障の国際政治学』有斐閣、2004 年、109 頁。

480 外務省 HP、前掲「ポジション・ペーパー：尖閣諸島をめぐる日中関係―中国による
　　　火器管制レーダーの照射を受けて―」

481 川村範行「米国の新アジア太平洋戦略と日中関係に関する考察――安全保障上の信
　　　頼関係をいかに築くか」『名古屋外国語大学外国語学部紀要』2013 年 2 月、36 ～ 37 頁。
　　　https://nufs-nuas.repo.nii.ac.jp/?action=pages_view_main&active_
　　　action=repository_view_main_item_detail&item_id=642&item_no=1&page_
　　　id=13&block_id=17　2013 年 12 月 1 日閲覧。

482 2013 年 8 月 25 日～ 31 日、中国の瀋陽・北京において、中国共産党対外連絡部二局
　　　副局長および日本処長（課長級）、外交部アジア局日本課の参事官、中国社会科学院
　　　日本研究所李薇所長ら、中国人民解放軍国防大学戦略研究所の上級大佐らと座談に
　　　参加。

483 自由民主党 HP「132 尖閣諸島の実効支配強化と安定的な維持管理」『Ｊ－ファイル
　　　2012 自民党総合政策集』41 頁。
　　　わが国の領土でありながら無人島政策を続ける尖閣諸島について政策を見直し、実
　　　効支配を強化します。島を守るための公務員の常駐や周辺漁業環境の整備や支援策
　　　を検討し、島及び海域の安定的な維持管理に努めます。
　　　http://jimin.ncss.nifty.com/pdf/j_file2012.pdf　2013 年 12 月 1 日閲覧。

484 同上。

485 名嘉憲夫、前掲『領土問題から「国境画定問題」へ』59 ～ 60 頁。

486 防衛省『防衛白書　平成 25 年版』2013 年、238 頁。第Ⅲ部　4 日中防衛交流・協
　　　力　2 最近の主要な防衛交流実績など。

487 外務省 HP「第 13 回日中安保対話」http://www.mofa.go.jp/mofaj/a_o/c_m1/
　　　page3_001149.html　2016 年 5 月 9 日閲覧。

488 外務省 HP「領海の外側に位置する水域及びその上空における事故の予防に関する日
　　　本国政府とロシア連邦政府との間の協定」第 4 条 1。
　　　http://www.mofa.go.jp/mofaj/gaiko/treaty/pdfs/A-H5-2203.pdf　　2013 年 12 月 3
　　　日閲覧。

489 時事ドットコム「『日本の三つのノー』に反発＝尖閣で譲歩を　中国政府、首脳会談
　　　に条件」　http://www.jiji.com/jc/zc?k=201306/2013062900176　2013 年 12 月 4 日閲
　　　覧（現在は見られず）。

490 2013 年 9 月 26 日、旧知の解放軍陸軍上級大佐より直接聞く。

491 防衛省、前掲『防衛白書 平成 25 年度版』238 頁。外務省 HP 、前掲「第 13 回日中

安保対話」

492 石原敬浩「わが国の海洋戦略について　海上事故防止協定（INCSEA）の国際制度化を中心として」『波濤』2010 年 11 月、23 〜 24 頁。
David N. Griffiths,“Catalyst for Confidence: 25 Years of INCSEA”
http://www.noac-national.ca/article/griffiths/incsea_bydavidngriffiths.html　2012 年 5 月 18 日閲覧。

493 石原敬浩、前掲「わが国の海洋戦略について」24 頁。

494 西川吉光「米中関係の展開」『国際地域学研究』第 6 号、2003 年、229 頁。
http://rdarc.rds.toyo.ac.jp/webdav/frds/public/kiyou-/rdvol6/rd-v6-219.pdf　2013 年 12 月 7 日閲覧。

495 名嘉憲夫、前掲『領土問題から「国境画定問題」へ』221 頁。

496 同上。

497 名嘉憲夫、前掲『領土問題から「国境画定問題」へ』60 頁。

498 名嘉憲夫、前掲『領土問題から「国境画定問題」へ』221 頁。

499 名嘉憲夫、前掲『領土問題から「国境画定問題」へ』60 頁。

500 名嘉憲夫、前掲『領土問題から「国境画定問題」へ』226 〜 227 頁。

501 同上。

502 名嘉憲夫、前掲『領土問題から「国境画定問題」へ』227 頁。

503 名嘉憲夫、前掲『領土問題から「国境画定問題」へ』226 〜 227 頁。

504 名嘉憲夫、前掲『領土問題から「国境画定問題」へ』222 頁。

505 名嘉憲夫、前掲『領土問題から「国境画定問題」へ』222 〜 223 頁。

506 同上。

507 同上。

508 同上。

509 名嘉憲夫、前掲『領土問題から「国境画定問題」へ』225 頁。

510 同上。

511 名嘉憲夫、前掲『領土問題から「国境画定問題」へ』227 〜 228 頁。

512 名嘉憲夫、前掲『領土問題から「国境画定問題」へ』228 〜 229 頁。

513 名嘉憲夫、前掲『領土問題から「国境画定問題」へ』229 頁。

514 同上。

515 名嘉憲夫、前掲『領土問題から「国境画定問題」へ』230 頁。

516 同上。

517 同上。

518 芹田健太郎、前掲『日本の領土』中央公論新社、2010 年、157 頁によれば、決定的期日。その日までの事実は国際裁判所によって証拠として採用され得るがそれ以後のものは審査の対象にならないので、証拠許容限界期日とも訳される。

519 芹田健太郎、前掲『日本の領土』159 頁。

520 名嘉憲夫、前掲『領土問題から「国境画定問題」へ』234 頁。

521 名嘉憲夫、前掲『領土問題から「国境画定問題」へ』235 〜 236 頁。

522 名嘉憲夫、前掲『領土問題から「国境画定問題」へ』236 頁。

523 同上。

524 名嘉憲夫、前掲『領土問題から「国境画定問題」へ』157 ～ 158 頁。

525 名嘉憲夫、前掲『領土問題から「国境画定問題」へ』158 頁。

526 名嘉憲夫、前掲『領土問題から「国境画定問題」へ』238 頁。

527 松井芳郎、前掲「歴史と国際法のはざまで：尖閣紛争を考える」34 ～ 35 頁。

528 ジョン・W・ダワー　インタビュー「なぜ、まだ領土問題なのか」『朝日新聞』2012 年 10 月 30 日。

529 同上。

530 同上。

531 名嘉憲夫、前掲『領土問題から「国境画定問題」へ』238 頁。

532 纐纈厚、前掲『領土問題と歴史認識』115 頁。

533 名嘉憲夫、前掲『領土問題から「国境画定問題」へ』238 頁。

534 太寿堂鼎「領土問題――北方領土・竹島・尖閣諸島の帰属」『ジュリスト』1977 年 9 月 1 日、53 ～ 59 頁。

535 名嘉憲夫、前掲『領土問題から「国境画定問題」へ』238 ～ 239 頁。

536 パルマス島事件。The Island of Palmas Case パルマス島の主権を米国とオランダが争った紛争である。同島は米国のフィリピン群島に属するミンダナオ島のサン・オーガスチン岬とオランダ領東印度諸島に属するナッサ群島の最北端の島との中間に位置する孤島である。1925 年 1 月 23 日、この問題を仲裁裁判所に付す旨の合意が両国間に成立し、裁判所は、付託合意の規定に基づき両国が常設仲裁裁判所裁判官の中から指名した 1 人の裁判官であるスイスのマックス・フーバーによって構成された。審理は書面手続きのみで行われ、1928 年 4 月 4 日に判決が下された。
実効的支配と言いうるためには、主権を表示する行為が決定的期日であるパリ条約の署名・発効の日 1898 年の時点で存在し、それ以前にもそのような行為が他国が確認できるほどの期間継続的で平和的に存続している必要がある。オランダの主張を検討すると、東インド会社は原住民と宗主契約を結び、それによって原住民はオランダとの関係を結んだ。この契約が宗主国と付傭国という植民地関係を確立し、自国領域の一部であるとするのに十分な権原をオランダに付与した。1700 年から 1906 年までオランダは宗主国として平和的に主権を行使しており、さらに決定的期日以前にオランダによる領域主権の行使に対して他国から抗議が行われた記録はなく、オランダによる主権の行使は平和的なものであったと認められる。逆にアメリカは、スペインの領域主権の継承国として、オランダと同等以上の権原を提示することができなかった。仲裁裁判官は、同島をオランダ領の一部であると決定した。「領域主権の継続的かつ平和的行使」による「実効的支配」を強調した上記判決は、島の領有権を巡る領土紛争の古典的なケースとして、後の国際判例に大きな影響を与えた。
田畑茂二郎、太寿堂鼎編『ケースブック 国際法』（新版）、有信堂高文社、1987 年。

537 クリッパートン島事件。Clipperton Island Case　太平洋のメキシコ沖に浮かぶ絶海の孤島で無人島であるクリッパートン島の領有権をめぐり、フランスとメキシコが争った紛争を解決した仲裁国際裁判である。無人島の先占と実効支配が領有権確定の決め手となった。両国政府は国際紛争解決のため、第三国のイタリア国王ヴィッ

トーリオ・エマヌエーレ 3 世を単独仲裁人とする仲裁裁判に付託する条約を調印し、1911 年 5 月 9 日に発効された。イタリア国王による判決は 1931 年 1 月 28 日に下されたが、その主旨は「1858 年 11 月 17 日からフランスに帰属する」というもので、フランス勝訴の判決であった。フランスは 1858 年に領有する意思を明確に示しており、たとえ主権の表示をのこさず離島しても、布告・通告・公布・新聞による公表で領有は成立している。よってフランスは先住民が存在しない無主地を先占したものであり、占有の実行が完成している。またフランスが主権的行使をしなかったため同島の権利を遺棄し失ったというメキシコの主張については、権利を放棄する意思を持っていないため、認定できないとした。また欧州列強による領有宣言を列強諸国に通達することを義務つけた 1885 年のベルリン議定書 35 条違反であり同島の領有は無効というメキシコの主張については、領有宣言が同議定書締結以前であるうえ、同議定書はアフリカ大陸対象であり、メキシコは非締結国でありこの義務を考慮する必要はないとした。以上のことから、無人島の領有権を取得できる先占が成立する条件として、発見だけでなく領有意思の有効な表示と実効的占有が必要であり、島を最初に発見したスペインおよびメキシコではなく領有意思を最初に表明したフランスにあるとした。

538　東部グリーンランド事件。Legal Status of Eastern Greenland　19 世紀から 20 世紀初めにかけてデンマークはグリーンランドをその主権にあるものとして取り扱い、第一次大戦中とその直後には米、英、伊、仏、日、ノルウェー、スウェーデン（ノルウェーは 1905 年にスウェーデンより独立）に対してこの主権の承認を求めた。他の諸国はこれに肯定的な回答を与えたが、ノルウェーは東部における自国民の漁業と狩猟の自由を主張してこれを拒否したので、以後、デンマークとノルウェーの交渉が続けられていた。1931 年 7 月 10 日にノルウェーは東部グリーンランドは自国の主権のもとにあると宣言した。両国は裁判所規定第 36 条 2 項の選択条項を受諾していたので、デンマークはこれにしたがって常設国際司法裁判所に事件を提訴し、ノルウェーの宣言は現存の法律状態に違反し、違法かつ無効であるという判決を求めた。ノルウェーの先占の宣言とそれに関してとられたすべての措置は、現存の法律に違反し、したがって違法かつ無効であるとの判決を下した。
　　　本件判決は、第一に領域取得の方法としての先占が成立する要件を明らかにした。すなわち、①主権者として行動する意思、②現実的な主権の行使の二要件である。第二に外務大臣の口頭の声明が国家を拘束することを認めたことである。その他、地図において慣習的に用いられている地名は、反対の証明がないかぎり通常の意味に解すべきことを明らかにしている。
　　　田畑茂二郎、太寿堂鼎編、前掲『ケースブック 国際法』（新版）。

539　マンキエ・エクレオ事件。The Minquiers and Ecrehos Case　フランス本土のノルマンジーの西、ブルターニュの北にジャージー島を主島とするイギリス領のチャンネル諸島（Channel Islands）がある。このジャージー島の南にマンキエ、東にエクレオの小島群があり、19 世紀の末以来、イギリスとフランスとの間でその帰属が争われていた。両国は本問題を裁判で解決することに合意し、1950 年 12 月に結んだ特別協定にもとづいて 1951 年に国際司法裁判所に提訴した。請求の内容は、マンキエ

およびエクレオ島嶼と岩礁が領有の対象となりうる限りにおいて、これらに対する主権は両国のいずれに帰属するかというのである。両国はいずれも、中世にさかのぼる古来のないし原始的権原（ancient or original title）、または実効的占有による権原に基づいて、領土権の存在を主張した。1953 年 11 月 17 日、裁判所はイギリスの実効的占有による権原の主張を認めて、マンキエおよびエクレオに対する主権がイギリスに帰属する旨、判決した。

波多野里望、筒井若水編『国際判例研究　領土・国境紛争』東京大学出版会、1979 年。

540　グリスバダルナ事件。The Grisbadarna Case　ノルウェーおよびスウェーデンの両国は、1908 年 3 月 14 日の仲裁付託契約で、両国国境の最南端のフィヨルドから公海に達するまでの領海の境界画定の問題を仲裁裁判所に付託することに合意した。裁判所に決定を求められた問題は、1661 年の国境画定条約によって同海域の境界線は確定されたものと見なされるべきか否かを決定し、もし確定されていないのであれば、1661 年当時の事実の状態と国際法の原則を考慮して境界線を決定しなければならないというものであった。裁判所は、1909 年 10 月 23 日の判決で、問題の境界線を、原則としての海岸線の一般的方向に垂直線を立てる方式によって決定したが、エビ漁場として大きな価値のあるグリスバダルナの砂洲をスウェーデン領に含めるようにその線引きを幾分か修正した。

仲裁裁判所は、1909 年 10 月 23 日、とりわけ、つぎのむね判示した。

1）第 19 点について、本裁判所の審理段階での両当事者の主張は一致した。

2）両当事国は、その両側にある島や岩礁（いつも海面下に没していないもの）をむすぶ中間線によって分割するという規則を採用している。当事国の意見によれば、これが、1661 年条約において A 点（イデフィヨルドのほぼ出口にあたる。スウェーデン領コスター島ノルウェー領チスラー島をむすぶ線のほぼ中点）の内側で採用された規則であったとされる。そのような規則の採用は、現在これを適用する場合、条約当時に存在した状態を考慮しなければならない。ハイエフルエル岩礁は、当時は海面上にあらわれていなかったので、ヘヤエクヌブが基準点として採用されるべきである。このようにして、第 20 点も確定された。

3）のこる問題は、第 20 点以遠の公海にたっするまでの境界線。1658 年の講和という事実のみによって、領域が自動的に分割された。その自動的な分割線を確認するには、その当時有効であった法原則に依拠しなければならない。1658 年の自動的分割線の決定—それは、こんにちにおける問題の境界線の画定とおなじ—は、海岸線の一般的方向にたいし垂直線をひくことである。が、当事国は、重要な州をよこぎるように境界線がひかれることが不適当との意見であるから、第 20 点から、真西より南へ 19 度かたむく方向にひかれるべきである。

4）グリスバダルナをスウェーデンに帰属させる境界画定は、とくに、つぎの事実状態により支持される。グリスバダルナの浅瀬におけるエビ漁業は、ノルウェー人よりもスウェーデン人によって、おこなわれてきた。現実に存在し、かつ長期にわたって存在してきた事態は、可能なかぎり変更しない、というのが確立した国際法の規則である。

5）ショッテグルンデをノルウェーに帰属させることは、以下の重要な事実状態に

より十分に支持される。スウェーデン人が長期間に、かつ広範囲に、より多数ショッテグルンデで漁業に従事してきたと推定されるが、ノルウェー人は同地域で排斥されなかっただけでなく、グリスバダルナよりショッテグルンデにおいて、いっそう有効に、ほぼ継続的にエビ漁業に従事してきたことが当事者により確信されている。金子利喜男『世界の領土・境界紛争と国際裁判』(第2版) 明石書店、2009年、259～262頁。

波多野里望、筒井若水編、前掲『国際判例研究　領土・国境紛争』49～61頁。

541　名嘉憲夫、前掲『領土問題から「国境画定問題」へ』238～239頁。

542　同上。

543　人民網日本語版HP「国防部、防空識別圏の撤回は44年後に検討する」2013年11月29日　http://j.people.com.cn/94474/8470242.html　　2013年12月23日閲覧。

544　名嘉憲夫、前掲『領土問題から「国境画定問題」へ』251頁。

545　名嘉憲夫、前掲『領土問題から「国境画定問題」へ』251～252頁。

546　芹田健太郎、前掲『日本の領土』273～274頁。

547　芹田健太郎、前掲『日本の領土』274～275頁。

548　芹田健太郎、前掲『日本の領土』279頁。

549　同上。

550　同上。

551　平岡昭利、前掲『アホウドリと「帝国」日本の拡大』。

552　芹田健太郎、前掲『日本の領土』279頁。

553　芹田健太郎、前掲『日本の領土』280頁。

554　芹田健太郎、前掲『日本の領土』279頁。

555　芹田健太郎、前掲『日本の領土』321頁。

556　同上。

557　芹田健太郎、前掲『日本の領土』312頁。

558　同上。

559　芹田健太郎、前掲『日本の領土』313頁。

560　同上。

561　芹田健太郎、前掲『日本の領土』126～127頁。

562　芹田健太郎、前掲『日本の領土』159～160頁。

563　芹田健太郎、前掲『日本の領土』159頁。

564　芹田健太郎、前掲『日本の領土』151頁。

565　芹田健太郎、前掲『日本の領土』161頁。

566　芹田健太郎、前掲『日本の領土』279頁。

567　松井芳郎、前掲「歴史と国際法のはざまで：尖閣紛争を考える」32頁。

568　同上。

569　松井芳郎、前掲「歴史と国際法のはざまで：尖閣紛争を考える」33頁。ICJ(International Court of Justice、国際司法裁判所) がノルウェー漁業事件判決 (1951年) で提起した考えに基づくもので、ある領域権原の主張が一貫した長年の慣行と他国による反対の欠如の結果として凝固し、すべての国に対して対抗可能となるとする考えであ

る。この理論に対しては学説上の批判があるだけでなく、ICJ 自身も後のカメルーン・ナイジェリア領土海洋境界事件本案判決（2002 年）では、これに対して消極的な態度を取ったと松井は説明する。

570　松井芳郎、前掲「歴史と国際法のはざまで：尖閣紛争を考える」33 ～ 34 頁。

571　松井芳郎、前掲「歴史と国際法のはざまで：尖閣紛争を考える」30 頁。

572　松井芳郎、前掲「歴史と国際法のはざまで：尖閣紛争を考える」35 頁。

573　同上。

574　猪間明俊、前掲「資源開発の立場から見た尖閣諸島問題」44 頁。

575　原貴美恵「北方領土問題の解決試案――北欧のオーランド・モデルから」岩下明裕編著『日本の国境・いかにこの「呪縛」を解くか』北海道大学出版会、2010 年、93 ～ 113 頁。

576　名嘉憲夫、前掲『領土問題から「国境画定問題」へ』252 頁。

577　名嘉憲夫、前掲『領土問題から「国境画定問題」へ』252 ～ 253 頁。

578　名嘉憲夫、前掲『領土問題から「国境画定問題」へ』253 頁。

579　名嘉憲夫、前掲『領土問題から「国境画定問題」へ』253 ～ 254 頁。

580　同上。

581　名嘉憲夫、前掲『領土問題から「国境画定問題」へ』254 頁。

582　名嘉憲夫、前掲『領土問題から「国境画定問題」へ』258 頁。

583　同上。

584　名嘉憲夫、前掲『領土問題から「国境画定問題」へ』255 頁。
　　「フィフティ・フィフティ」の原則は、あらゆる交渉において使われるパワフルな原則の一つであり、実際にロシアと中国は、それを使って長年の国境紛争という分配的利害対立をすべて解決するという前例を作ったと名嘉はいう。

585　名嘉憲夫、前掲『領土問題から「国境画定問題」へ』258 頁。

586　名嘉憲夫、前掲『領土問題から「国境画定問題」へ』311 ～ 312 頁。

587　名嘉憲夫、前掲『領土問題から「国境画定問題」へ』312 頁。

588　同上。

589　名嘉憲夫、前掲『領土問題から「国境画定問題」へ』258 頁。

590　名嘉憲夫、前掲『領土問題から「国境画定問題」へ』258 ～ 259 頁。

591　第 102 回国会 衆議院 沖縄及び北方問題に関する特別委員会議録 第 5 号、1985 年 4 月 22 日。

592　同上。

593　同上。

594　同上。

595　笘米地真理「尖閣『固有の領土』論を超え、解決の道をさぐる」『世界』2014 年 10 月号、238 頁。

596　外務省 HP「日中関係の改善に向けた話合い」2014 年 11 月 7 日 http://www.mofa.go.jp/mofaj/a_o/c_m1/cn/page4_000789.html
　　2014 年 11 月 19 日閲覧。

597　自衛隊法や国際平和協力法等 10 法案の一部改正を束ねた「我が国及び国際社会の平

和及び安全の確保に資するための自衛隊法等の一部を改正する法律（平和安全法制整備法）」と新規制定の「国際平和共同対処事態に際して我が国が実施する諸外国の軍隊等に対する協力支援活動等に関する法律（国際平和支援法）」の2法案。

598 「日米防衛新指針　安保法制より先行」『東京新聞』2015年4月28日。

599 こうした役割分担を抑止の観点からとらえるなら、我が国は敵対国の侵略の目的を達成させない態勢を整えることによる拒否的抑止（deterrence by denial）を担い、敵対国に耐え難いコストを負わせることを通じた懲罰的抑止（deterrence by punishment）は、基本的に米国がこれを担うということになる。
栗田真広「日米同盟の抑止態勢をめぐる現状と課題」『調査と情報 ISSUE BRIEF』第860号、2015年、3～4頁。

600 苫米地真理「安保新時代における『尖閣問題』の政策課題：新ガイドラインを中心に」『法政大学大学院紀要』第76号、2016年、91～109頁。

【参考文献】

日本語文献

『日中歴史共同研究 第一期報告書』（日中原文）、2010 年 1 月。

防衛省（2007 年 1 月以前は防衛庁）各年版『防衛白書』。

防衛省防衛研究所『中国安全保障レポート』2011 年 3 月。

中国国務院新聞弁公室『中国の国防』隔年発行。

赤嶺守『琉球王国』講談社、2004 年。

赤嶺守「戦後中華民国における対琉球政策　1945 ～ 1972 年の琉球帰属問題を中心に」『日本東洋
　　文化論集』第 19 号、29 ～ 54 頁。

秋山昌廣、朱鋒編著『日中安全保障・防衛交流の歴史・現状・展望』亜紀書房、2011 年。

浅井一男、等雄一郎「新たな日米防衛協力のための指針：その経緯と概要、論点」『調査と情報
　　ISSUE BRIEF』第 874 号、2015 年、1 ～ 14 頁。

浅井基文 HP「21 世紀の日本と国際社会」尖閣問題の「棚上げ」合意（中国側資料）
　　http://www.ne.jp/asahi/nd4m-asi/jiwen/thoughts/2012/476.html

浅野勝人『北京大学講義録 日中 反目の連鎖を断とう』NHK 出版、2013 年。

浅野亮「中国の対外政策方針の変化　その決定メカニズムとプロセス」『国際問題』2011 年 6 月号、
　　36 ～ 47 頁。

阿部純一『中国軍の本当の実力』ビジネス社、2006 年。

同「ここまで来た中国軍の近代化」『Jiji Top Confidential』2007 年 8 月 17 日、2 ～ 6 頁。

同「南シナ海の聖域化を目指す中国の海軍力と核ミサイル」『エコノミスト』2012 年 12 月 4 日、93
　　～ 95 頁。

天児慧『中国は脅威か』勁草書房、1997 年。

同『中国とどう付き合うか』日本放送出版協会、2003 年。

同『中国・アジア・日本　大国化する「巨龍」は脅威か』筑摩書房、2006 年。

同『日中対立：習近平の中国をよむ』筑摩書房、2013 年。

天児慧・浅野亮『中国・台湾』ミネルヴァ書房、2008 年。

リチャード・L・アーミテージ、ジョセフ・S・ナイ Jr.、春原剛『日米同盟 vs. 中国・北朝鮮　アー
　　ミテージ・ナイ緊急提言』文藝春秋、2010 年。

同「アーミテージ×ナイ　共に中国と戦う用意はある」『文藝春秋』2011 年 2 月号、274 ～ 283 頁。

安良城盛昭『新・沖縄史論』沖縄タイムス社、1980 年。

新崎盛暉「沖縄は、東アジアにおける平和の『触媒』となりうるか」『現代思想』2012 年 12 月号、
　　148 ～ 157 頁。

同「国家『固有の領土』から、地域住民の『生活圏』へ──沖縄からの視点」『領土問題の論じ方』
　　岩波書店、2013 年、7 ～ 19 頁。

有馬哲夫「米中・日中国交回復交渉の中の尖閣」『正論』2012 年 12 月号、102 ～ 109 頁。

五百旗頭真『米国の日本占領政策』上巻、中央公論社、1985 年

同「領土問題は米国が埋め込んだ『氷塊』」『選択』2012 年 10 月号、3 頁。

池内敏『竹島問題とは何か』名古屋大学出版会、2012 年。

池島大策『南極条約体制と国際法：領土、資源、環境をめぐる利害の調整』慶應義塾大学出版会、
　　2000 年。

池田維「尖閣領有権に『棚上げ』はあったか？」『霞関会会報』2013 年 7 月号、10 ～ 15 頁。

池原貞雄代表『尖閣列島学術調査報告』琉球大学、1971 年。

石井明『中国国境　熱戦の跡を歩く』岩波書店、2014 年。

同「中国の琉球・沖縄政策－琉球・沖縄の帰属問題を中心に－」『境界研究』No.1、2010 年、71 ～ 96 頁。

石井明、朱建榮、添谷芳秀、林暁光編『記録と考証：日中国交正常化・日中平和友好条約締結交渉』
　　岩波書店、2003 年。

石川好『漫画家たちの「8.15」』潮出版社、2013 年。

石原敬浩「わが国の海洋戦略について　海上事故防止協定（INCSEA）の国際制度化を中心として」
　　『波濤』2010 年 11 月、19 ～ 25 頁。

井尻秀憲『迫りくる米中衝突の真実』PHP 研究所、2013 年。

伊津野重満「尖閣列島の帰属に関する法理」『創価大学開学記念論文集』、1971 年、379 ～ 391 頁。

伊藤隆監修、百瀬孝著『史料検証：日本の領土』河出書房新社、2010 年。

伊藤剛、高原明生「民主党政権誕生以降の日中関係　2009‐2012 年」高原明生、服部龍二編『日
　　中関係史　1972‐2012　Ⅰ政治』東京大学出版会、2012 年、487 ～ 501 頁。

井上一郎「尖閣衝突事件と中国の政策決定――中国側のとったエスカレーションと対日戦略」『戦
　　略研究』第 11 号、2012 年、21 ～ 40 頁。

井上清『条約改正 明治の民族問題』岩波書店、1955 年、30 頁。

同『新版「尖閣」列島：釣魚諸島の史的解明』第三書館、2012 年。

井上正也『日中国交正常化の政治史』名古屋大学出版会、2010 年。

同「国交正常化　1972 年」高原明生・服部龍二編『日中関係史　1972‐2012　Ⅰ政治』東京大学出版会、
　　2012 年、41 ～ 69 頁。

井上光貞他編『日本歴史大系 4 近代Ⅰ』山川出版社、1987 年。

伊波普猷「序に代へて」喜舎場朝賢『琉球見聞録』親泊朝擢、1914 年、3 頁。
　　http://archive.library.pref.okinawa.jp/?type=book&articleId=50526

猪間明俊「東シナ海資源・共同開発が唯一の道　国辱もののデータ提示要求」『軍縮問題資料』
　　2005 年 7 月号、42 ～ 46 頁。

同「東シナ海ガス田開発問題の焦点　非常識な日本側の要求　中国と共同開発交渉を」『週刊東洋
　　経済』2005 年 10 月号、110 ～ 112 頁。

同「資源開発の立場から見た尖閣諸島問題」『世界』2011 年 3 月号別冊、36 ～ 44 頁。

猪間明俊・金子英俊・石川一洋「座談会　いかに『領土』を超えるか」『世界』2012 年 10 月号、
　　139 ～ 150 頁。

岩下明裕編著『日本の国境・いかにこの「呪縛」を解くか』北海道大学出版会、2010 年。

同『北方領土・竹島・尖閣、これが解決策』朝日新聞出版、2013 年。

石原俊『近代日本と小笠原諸島』平凡社、2007 年。

植田捷雄「領土帰属関係史　小笠原、樺太、千島及び琉球」国際法学会編『平和条約の総合研究』上巻、
　　有斐閣、1952 年、121 ～ 196 頁。

梅林宏道「限界なき日米軍事協力へ 新ガイドラインの相貌」『世界』2015 年 7 月号、58 ～ 67 頁。

浦野起央『増補版 尖閣諸島・琉球・中国（分析・資料・文献）』三和書籍、2005 年。

衞藤瀋吉・山本吉宣『総合安保と未来の選択』講談社、1991 年。

江藤名保子「中国の対外戦略と日中平和友好条約」『国際政治』第 152 号、2008 年、36 ～ 50 頁。

江畑謙介「中国の軍事力増強は果たして脅威か」『世界週報』1994 年 7 月 19 日号、26 ～ 33 頁。

ロバート・D・エルドリッヂ『沖縄問題の起源』名古屋大学出版会、2003 年。

同『尖閣問題の起源：沖縄返還とアメリカの中立政策』名古屋大学出版会、2015 年。

遠藤誉『チャイナ・ギャップ』朝日新聞社出版、2013 年。

同「中国共産党も知っていた、蒋介石が『尖閣領有を断った』事実」
http://business.nikkeibp.co.jp/article/report/20130208/243504/?P=1

王毅「アジア地域協力と中日関係」『国際問題』2005 年 3 月号、日本国際問題研究所、2 ～ 14 頁。

王緝思、ジェラルド・カーティス、国分良成『日米中トライアングル：3 カ国強調への道』岩波書店、
　　2010 年。

大西広『中国に主張すべきは何か』かもがわ出版、2012 年。

岡崎研究所「尖閣の状況安定化のために　日中の海上事故防止協定の意味」『WEDGE』
　　http://wedge.ismedia.jp/articles/-/2660

岡田充『尖閣諸島問題：領土ナショナリズムの魔力』蒼蒼社、2012 年。

同「『固有領土』の虚構は捨てよう：尖閣を目くらましにするな」『Plan B』2012 年 9 月号、50 ～ 56 頁。

同「領土の魔力から解き放たれるために：尖閣問題と日中関係の展望」『月刊社会民主』2013 年 4 月号、
　　7 ～ 14 頁。

同「米国の『中立姿勢』の背景を解明　矢吹晋著『尖閣衝突は沖縄返還に始まる』」『海峡両岸
　　論』第 39 号　2013 年 8 月 25 日、21 世紀中国総研 HP　http://www.21ccs.jp/ryougan_okada/
　　ryougan_41.html

同「中国公船の接近の意図は何か　2 つの文書と 3 つのキーワード」『海峡両岸論』第 40 号 2013 年
　　9 月 6 日、21 世紀中国総研 HP　http://www.21ccs.jp/ryougan_okada/ryougan_42.html

同「識別圏『不都合ない』と政府答弁　尖閣、日本の領有論拠を実証」『海峡両岸論』第 44 号 2014
　　年 3 月 4 日、21 世紀中国総研 HP. http://www.21ccs.jp/ryougan_okada/ryougan_46.html

岡部達味『中国の対日政策』東京大学出版会、1976 年。

同『中国の対外戦略』東京大学出版会、2002 年。

同「日中関係の打開に向けて」『東亜』2005 年 11 月号、50 ～ 63 頁。

小笠原欣幸「馬英九の博士論文から読み解く日台漁業交渉」
　　http://www.tufs.ac.jp/ts/personal/ogasawara/paper/mathesisandfishingagreement.pdf

沖縄大学地域研究所編『尖閣諸島と沖縄』芙蓉書房出版、2013 年。

奥原敏雄「尖閣列島　歴史と政治のあいだ」『日本及日本人』1970 年 1 月号、54 ～ 63 頁。

同「尖閣列島の法的地位」『季刊沖縄』第 52 号、1970 年、99 ～ 110 頁。

同「尖閣列島領有権の法理　日・中・台の主張根拠と対立点」『日本及日本人』1972 年 3 月号、98
　　～ 105 頁。

同「尖閣列島と井上清論文」『朝日アジアレビュー』1973 年 1 月号、88 ～ 92 頁。

同「尖閣列島の領土編入経緯」『政經學會誌』1975 年 2 月号、7 ～ 47 頁。

同「尖閣列島領有権の根拠」『中央公論』1978 年 7 月号、66 ～ 76 頁。

同「尖閣列島研究の背景と原点（対談）」『島嶼研究ジャーナル』2012 年 6 月号、72 ～ 82 頁。

小熊英二『〈日本人〉の境界』新曜社、1998 年。

小倉和夫『記録と考証　日中実務協定交渉』岩波書店、2010 年。

尾崎重義「尖閣諸島の帰属について」上・中・下 1・下 2『レファレンス』第 260 号、第 261 号、
　　第 262 号、第 263 号、1972 年。

オフィス宮崎編訳『ペリー艦隊日本遠征記』下、万来舎、2009 年。（原書 Narrative of the
　　Expedition of an American Squadron on the China Seas and Japan, 1856.）

外務省『日本外交文書』第 8 巻（1940 年）、第 18 巻（1950 年）、第 23 巻（1952 年）、巌南堂書店。

外務省情報文化局『尖閣列島について』1972 年 5 月。

勝沼智一「尖閣列島の領土問題の歴史と法理」『法學志林』1973 年 11 月、28 ～ 105 頁。

加藤聖文『「大日本帝国」崩壊』中央公論新社、2009 年。

金子利喜男『世界の領土・境界紛争と国際裁判』（第 2 版）明石書店、2009 年。

我部政明『戦後日米関係と安全保障』吉川弘文館、2007 年。

同「日本の近代化と沖縄」大江志乃夫ほか編『岩波講座 近代日本と植民地 1　植民地帝国日本』岩
　　波書店、1992 年、101 ～ 115 頁。

紙屋敦之『琉球と日本・中国』山川出版社、2003 年。

同『歴史のはざまを読む　薩摩と琉球』榕樹書林、2009 年。

茅原郁生編著『中国の軍事力―2020 年の将来予測―』蒼蒼社、2008 年。

川上高司「第二期オバマ政権下の日米同盟―安倍政権は領土問題をいかに解決するか―」『海外事情』
　　2013 年 1 月号、2 ～ 20 頁。

同「日米ガイドライン・安保法制の改定：『普通の国』へ歴史的転換点を迎えた日本」『明日への選
　　択』第 353 号、2015 年、4 ～ 9 頁。

川崎剛「国際権力政治の論理と日本」原貴美恵編『「在外」日本人研究者が見た日本外交』藤原書店、
　　2009 年、245 ～ 272 頁。

川島真『中国近代外交の形成』名古屋大学出版会、2004 年。

同「『韜光養晦』と『大国外交』の間」『国際問題』2012 年 4 月号、38 ～ 48 頁。

川村範行「米国の新アジア太平洋戦略と日中関係に関する考察――安全保障上の信頼関係をい
　　かに築くか」『名古屋外国語大学外国語学部紀要』2013 年 2 月。https://nufs-nuas.repo.nii.
　　ac.jp/?action=pages_view_main&active_action=repository_view_main_item_detail&item_
　　id=642&item_no=1&page_id=13&block_id=17

神崎武法「日中国交正常化 35 周年と公明党」『公明』2007 年 8 月号、30 ～ 33 頁。

神田豊隆『冷戦構造の変容と日本の対中外交』岩波書店、2012 年。

木崎弘美「琉球廃藩沖縄置県の歴史的意義　内務省における琉球関係写本作成の視点から」『南島
　　史学』2002 年 11 月号、90 ～ 112 頁。

岸本正人『日本の外交力――普天間、尖閣と抑止力』毎日新聞社、2013 年。

北沢洋子「尖閣列島問題と海底油田開発」『技術と人間』1978 年 7 月号、68 ～ 80 頁。

ヘンリー・A・キッシンジャー著、岡崎久彦監訳『外交（下巻）』日本経済新聞社、1996 年。

鬼頭春樹『国交正常化交渉　北京の五日間』NHK 出版、2012 年。

木村汎『北方領土 軌跡と返還への助走』時事通信社、1989 年。

同『日露国境交渉史――北方領土返還への道』角川学芸出版、2005 年。

許育銘（鬼頭今日子訳）「1940 ～ 50 年代 国民政府の琉球政策　戦後処理と地政学の枠組みの中で」
　　西村成雄、田中仁編『中華民国の制度変容と東アジア地域秩序』汲古書院、2008 年、261 ～ 276 頁。

金城正篤『琉球処分論』沖縄タイムス社、1978 年。

工藤美知尋「『高木惣吉資料』にみる日本海軍の終戦工作——近衛特使派遣問題 2——」『日本法學』
　　第 49 巻第 2 号、1983 年 11 月、160 ～ 208（332 ～ 380）頁。

倉持孝司「『日米同盟の深化』と『日米防衛協力のための指針』（ガイドライン）の再改定」『法と民
　　主主義』第 497 号、2015 年、10 ～ 15 頁。

トーマス・クリステンセン「中国の対外強硬路線の国内的起源」『フォーリン・アフェアーズ・リポー
　　ト』2011 年 4 月号、46 ～ 58 頁。

栗田真広「日米同盟の抑止態勢をめぐる現状と課題」『調査と情報 ISSUE BRIEF』第 860 号、2015
　　年、1 ～ 13 頁。

栗原弘行『尖閣諸島売ります』廣済堂出版、2012 年。

栗山尚一『外交証言録　沖縄返還・日中国交正常化・日米「密約」』岩波書店、2010 年。

同「尖閣諸島と日中関係——『棚上げの意味』」『アジア時報』2012 年 12 月号、4 ～ 10 頁。

黒野耐『日本を滅ぼした国防方針』文藝春秋、2002 年。

倪志敏「釣魚島（尖閣諸島）領有権問題に関する中日間の『棚上げ合意』の史的経緯　日本側の
　　史資料を中心に」『社会科学研究年報』2012 年第 43 号、83 ～ 94 頁。http://repo.lib.ryukoku.
　　ac.jp/jspui/bitstream/10519/5145/1/skk-np_043_008.pdf

ロナルド・コース、王寧著、栗原百代訳『中国共産党と資本主義』日経 BP 社、2013 年。

纐纈厚『領土問題と歴史認識：なぜ、日中韓は手をつなげないのか』スペース伽耶、2012 年。

高坂正堯『海洋国家日本の構想』中央公論社、1965 年。

国際地域資料センター編『日本の領土と日ソ関係』国際地域資料センター、1986 年。

国際法事例研究会『日本の国際法事例研究（3）領土』慶應通信、1990 年（s）。

国分良成『現代中国の政治と官僚制』慶応義塾大学出版会、2004 年。

同編『中国は、いま』岩波書店、2011 年。

小島朋之『崛起する中国　日本はどう中国と向き合うのか?』芦書房、2005 年。

同『和諧をめざす中国』芦書房、2008 年。

呉軍華『中国 静かなる革命』日本経済新聞出版社、2008 年。

小谷俊介「南シナ海における中国の海洋進出および『海洋権益』維持活動について」『レファレンス』
　　2013 年 11 月、2 ～ 41 頁。

小原雅博『国益と外交』日本経済新聞出版社、2007 年。

同『チャイナ・ジレンマ』ディスカヴァー・トゥエンティワン、2012 年。

財団法人沖縄県文化振興会資料編集室編『第八回琉球・中国交渉史に関するシンポジウム論文集』
　　沖縄県教育委員会、2007 年。

財団法人ディフェンス リサーチ センター『国際安全保障データ 2011 - 2012』鷹書房弓プレス、
　　2011 年。

坂本正弘「日米新ガイドラインと米中日軍事バランス：膨張する中国軍にどう対処するか」『イン
　　テリジェンス・レポート』第 83 号、2015 年、100 ～ 114 頁。

ロバート・G・サッター「中国脅威論の本質を読む」『外交フォーラム』2002 年 10 月号、40 ～ 47 頁。

佐藤考一『「中国脅威論」と ASEAN 諸国』勁草書房、2012 年。

佐藤直子「非核地帯　その思想と現実」『防衛研究所紀要』第 2 巻第 3 号、1999 年 12 月、88 ～ 110 頁。

サンケイ新聞社『蒋介石秘録 14 日本降伏』サンケイ出版、1977 年。

後田多敦「『琉球処分』の再検討『琉球藩処分』の理由と命令の構造」『沖縄キリスト教学院大学論集』
　　　第 8 号、2011 年、13 ～ 24 頁。
信夫隆司「日米繊維問題に対するニクソン政権初期の政治過程」『法学紀要』第 47 巻、2005 年、
　　　135 ～ 171 頁。
清水幹夫「橋本恕氏に聞く 日中国交正常化交渉」大平正芳記念財団編『去華就實 聞き書き 大平正
　　　芳』財団法人大平正芳記念財団、2000 年、147 ～ 161 頁。
清水美和『「中国問題」の核心』筑摩書房、2009 年。
時事通信社政治部編『ドキュメント日中復交』時事通信社、1972 年。
自民党外交調査会「尖閣諸島の領有権」『政策月報』1972 年 5 月、24 ～ 31 頁。
下斗米伸夫『日本冷戦史：帝国の崩壊から 55 年体制へ』岩波書店、2011 年。
ジェフリー・A・ベーダー著、春原剛訳『オバマと中国』東京大学出版会、2013 年。
ジェフリー・A・ベーダー「オバマは安倍政権をどう見ているか」『新潮 45』2013 年 7 月号、98 ～ 105 頁。
朱建榮「尖閣問題が映す中国の論理と本音」『外交』2010 年 vol.4、53 ～ 61 頁。
同「中国側から見た『尖閣問題』」『世界』2012 年 11 月号、103 ～ 111 頁。
白井聡『永続敗戦論』太田出版、2013 年。
白鳥浩『都市対地方の日本政治』芦書房、2009 年。
新城敏男『首里王府と八重山』岩田書院、2014 年。
杉本信行『大地の咆哮』PHP 研究所、2006 年。
鈴木祐二「『台湾問題』に対する日米中の基本的立場」『海外事情研究所報告』2005 年 39 号、3 ～ 10 頁。
春原剛『暗闘 尖閣国有化』新潮社、2013 年。
芹田健太郎『島の領有と経済水域の境界画定』有信堂高文社、1999 年。
同『日本の領土』中央公論新社、2010 年。
添谷芳秀編著『現代中国外交の六十年』慶應義塾大学出版会、2011 年。
園田茂人編『日中関係史 1972-2012 Ⅲ社会・文化』東京大学出版会、2012 年。
園田直『世界 日本 愛』第三政経研究会、1981 年。
太寿堂鼎『領土帰属の国際法』東信堂、1998 年。
同「明治初年における日本領土の確定と国際法（一）」『法学論叢』1977 年 3 月号、184 ～ 211 頁。
田岡俊次「日本のために中国と対決したくはない 新ガイドラインに垣間見える米国の本音」
　　　http://diamond.jp/articles/-/71467?page=2
高木誠一郎編『脱冷戦期の中国外交とアジア・太平洋』日本国際問題研究所、2000 年。
同「中国『平和崛起』論の現段階」『国際問題』2005 年 3 月号、31 ～ 45 頁。
同「日中『戦略的互恵関係』」『国際問題』2008 年 3 月号、1 ～ 10 頁。
高良倉吉『琉球王国』岩波新書、1993 年。
同『アジアのなかの琉球王国』吉川弘文館、1998 年。
同『琉球の時代』筑摩書房、2012 年。
高橋庄五郎『尖閣列島ノート』青年出版社、1979 年。
高橋博「尖閣買収と日中対立」『東亜』2012 年 7 月号、92 ～ 102 頁。
高原明生「『中国脅威論』を生む中華世界の拡充と軋轢」『外交フォーラム』1994 年 5 月号、48 ～ 54 頁。
同「アメリカから見た日中関係」『東亜』2006 年 9 月号、10 ～ 23 頁。
竹田純一「どこへ向かう中国の海洋力」『世界の艦船』海人社、2011 年 9 月号、75 ～ 81 頁。

竹村健一「園田外相に直撃インタビュー　今あかす率直外交の内幕」『月刊自由民主』1978 年 9 月号、
　　44 ～ 51 頁。

田中明彦『新しい中世』日本経済新聞社、2003 年。

田中孝彦『日ソ国交回復の史的研究』有斐閣、1993 年。

田畑茂二郎、太寿堂鼎編『ケースブック 国際法』（新版）、有信堂高文社、1987 年。

ジョン・F・ダレス「太平洋の安全保障と日米関係」梅垣理郎編訳『戦後日米関係を読む 「フォー
　　リン・アフェアーズ」の目』中央公論社、1993 年、65 ～ 84 頁。

ジョン・W・ダワー　インタビュー記事「なぜ、まだ領土問題なのか」『朝日新聞』2012 年 10 月 30 日号。

張啓雄「国際秩序原理の葛藤　宗属関係をめぐる日中紛争の研究」東京大学社会学研究科国際関係
　　論専攻博士論文、1989 年。

同「日清互換條約において琉球の帰属は決定されたか　1874 年の台湾事件に関する日清交渉の再
　　検討」『沖縄文化研究』第 19 号、1992 年、95 ～ 129 頁。

趙宏偉、青山瑠妙、益尾知佐子、三船恵美『中国外交の世界戦略』明石書店、2011 年。

張清敏著、清水康樹・諸橋邦彦訳「『韜光養晦、有所作為』政策の含意とその意義」『法政理論』第
　　41 巻第 3・4 号、2009 年、181 ～ 204 頁。

陳肇斌『戦後日本の中国政策』東京大学出版会、2000 年。

津上俊哉『岐路に立つ中国─超大国を待つ 7 つの壁』日本経済新聞出版社、2011 年。

土山實男『安全保障の国際政治学』有斐閣、2004 年。

照屋寛徳『沖縄から国策の欺瞞を撃つ』琉球新報社、2012 年。

島嶼資料センター『島嶼研究ジャーナル』創刊号、2012 年 6 月 30 日。

笘米地真理「尖閣『固有の領土』論を超え、解決の道をさぐる：国会会議録の政府見解の再検証を
　　ふまえて」『世界』2014 年 10 月号、229 ～ 238 頁。

同「尖閣諸島をめぐる『領有権問題』否定の起源：政策的解決への可能性」『公共政策志林』第 3 号、
　　2015 年、139 ～ 153 頁。

同「中国側からみる沖縄帰属問題：尖閣諸島問題を考える一視座」『地方政治研究・地域政治研究』
　　第 2 巻第 1 号、2015 年、50 ～ 60 頁

同「領土問題をめぐる米国の『中立政策』：尖閣諸島と日米安保条約」『法政大学大学院紀要』第 74 号、
　　2015 年、167 ～ 185 頁。

同「安保新時代における『尖閣問題』の政策課題：新ガイドラインを中心に」『法政大学大学院紀要』
　　第 76 号、2016 年、91 ～ 109 頁。

豊下楢彦『「尖閣問題」とは何か』岩波書店、2012 年。

同「『尖閣購入』問題の陥穽」『世界』2012 年 8 月号、41 ～ 49 頁。

名嘉憲夫『領土問題から「国境画定問題」へ：紛争解決論の視点から考える尖閣・竹島・北方四島』
　　明石書店、2013 年。

中居良文編著『台頭中国の対外関係』御茶の水書房、2009 年。

中江要介『アジア外交　動と静』蒼天社出版、2010 年。

同「ともに築き上げた平和と友好を踏みにじってはならない　『日中不再戦の誓い』を守りぬくた
　　めに」『世界』2012 年 11 月号、93 ～ 96 頁。

中川昌郎「台湾問題と米中関係」『国際問題』1996 年 1 月号、26 ～ 37 頁。

中川涼司「中国対外政策の新段階」『立命館国際地域研究』第 33 号、2010 年、29 ～ 51 頁。

同「中国のソフト・パワーとパブリック・ディプロマシー」『立命館国際地域研究』第 35 号、2012年、71 ～ 93 頁。

中西輝政『帝国としての中国 覇権の論理と現実』東洋経済新報社、2004 年。

仲里譲『琉球処分の全貌』クォリティ出版、2001 年。

中島琢磨『沖縄返還と日米安保体制』有斐閣、2012 年。

長島昭久『「活米」という流儀：外交・安全保障のリアリズム』講談社、2013 年。

南開大学周恩来研究センター『周恩来と池田大作』朝日ソノラマ、2002 年。

南方同胞援護会『季刊沖縄』56 号、1971 年。

同『季刊沖縄』63 号、1972 年。

二階堂進「日中国交秘話 中南海の一夜」公文俊平ほか編『大平正芳 政治的遺産』大平正芳記念財団、1994 年、391 ～ 404 頁。

西尾幹二、青木直人『第二次尖閣戦争』祥伝社、2012 年。

西里喜行「琉球分割交渉とその周辺」『新琉球史 近代・現代編』琉球新報社、1992 年、23 ～ 62 頁。

丹羽宇一郎『中国で考えた 2050 年の日本と中国』文藝春秋、2016 年。

野口東秀『中国 真の権力エリート 軍、諜報・治安機関』新潮社、2012 年。

能勢伸之「注目の日米防衛新ガイドライン」『世界の艦船』第 818 号、2015 年、156 ～ 159 頁。

野村甚三郎『国境とは何か』芙蓉書房出版、2008 年。

萩原延壽『北京交渉 遠い崖 11 アーネスト・サトウ日記抄』朝日新聞社、2008 年。

白春岩「1874 年の台湾出兵と清国の対応 『撫恤銀』問題を手がかりにして」『社学研論集』第 17 号、2011 年 3 月、86 ～ 101 頁。

波多野澄雄編『日本の外交 第 2 巻 外交史 戦後編』岩波書店、2013 年。

波多野里望、筒井若水編著『国際判例研究 領土・国境紛争』東京大学出版会、1979 年。

服部龍二『日中国交正常化』中央公論新社、2011 年。

羽根次郎「尖閣問題に内在する法理的矛盾」『世界』2012 年 11 月号、112 ～ 120 頁。

羽場久美子「尖閣・竹島をめぐる『固有の領土』論の危うさ」『世界』2013 年 2 月号、42 ～ 48 頁。

英修道「沖縄帰属の沿革」『国際法外交雑誌』、第 54 巻、第 1・2・3 合併号、1955 年、3 ～ 40 頁。

濱川今日子「尖閣諸島の領有をめぐる論点 日中両国の見解を中心に」『調査と情報 ISSUE BRIEF』第 565 号、2007 年、1 ～ 10 頁。

濱本良一『「経済大国」中国はなぜ強硬路線に転じたか』ミネルヴァ書房、2012 年。

同「強硬な中国外交の背後に『韜光養晦』の転換」『東亜』2010 年 12 月号、42 ～ 57 頁。

花井等、岡部達味編著『現代国際関係論』東洋経済新報社、2005 年。

林忠行「日本の外で『固有の領土』論は説得力をもつのか」岩下明裕編著『国境・誰がこの線を引いたのか』北海道大学出版会、2006 年、1 ～ 29 頁。

林司宣「尖閣列島周辺の大陸棚境界画定問題」『季刊沖縄』第 51 号、1969 年 12 月、66 ～ 77 頁。

原貴美恵『サンフランシスコ平和条約の盲点』渓水社、2012 年。

同「北方領土問題の解決試案——北欧のオーランド・モデルから」岩下明裕編著『日本の国境・いかにこの「呪縛」を解くか』北海道大学出版会、2010 年、93 ～ 113 頁。

同「継続するサンフランシスコ体制：政治・安全保障・領土」成田龍一、吉田裕編『記憶と認識の中のアジア・太平洋戦争：岩波講座アジア・太平洋戦争 戦後篇』岩波書店、2015 年、67 ～ 96 頁。

原田禹雄『尖閣諸島 冊封琉球使録を読む』榕樹書林、2006 年。

春名幹男『米中冷戦と日本　激化するインテリジェンス戦争の内幕』PHP 研究所、2012 年。

同「ホワイトハウス極秘テープ発掘スクープ　尖閣領有　アメリカは日本を裏切った」『文藝春秋』
　　2013 年 7 月号、260 ～ 268 頁。

同『仮面の日米同盟』文藝春秋、2015 年。

菱田雅晴『中国共産党のサバイバル戦略』三和書籍、2012 年。

平岡昭利『アホウドリと「帝国」日本の拡大：南洋の島々への進出から侵略へ』明石書店、2012 年。

平川幸子『「二つの中国」と日本方式』勁草書房、2012 年。

平野健一郎ほか編『インタビュー 戦後日本の中国研究』平凡社、2011 年。

平野聡『大清帝国と中華の混迷』講談社、2007 年。

平松茂雄『続　中国の海洋戦略』勁草書房、1997 年。

同『台湾問題　中国と米国の軍事的確執』勁草書房、2005 年。

同『中国の安全保障戦略』勁草書房、2006 年。

同「これが中国の『海洋覇権』地図だ」『諸君！』1992 年 7 月号、122 ～ 131 頁。

平松茂雄、孫崎享「〈対話〉中国の軍事力を読む」『公研』2010 年 4 月号、44 ～ 59 頁。

福田円『中国外交と台湾　「一つの中国」原則の起源』慶應義塾大学出版会、2013 年。

同「中仏国交正常化（1964 年）と『一つの中国』原則の形」『国際政治』第 163 号、2011 年。

藤原帰一「東アジアの安定と安倍政権の課題」『潮』2013 年 3 月号、54 ～ 61 頁。

藤原書店編集部編『「沖縄問題」とは何か』藤原書店、2011 年。

リチャード・C・ブッシュ著、森山尚美・西恭之訳『日中危機はなぜ起こるのか』柏書房、2012 年。

古澤忠彦「中国・大陸国家の海洋進出」『東亜』2011 年 8 月号、24 ～ 35 頁。

保阪正康・東郷和彦『日本の領土問題』角川書店、2012 年。

歩兵編集代表、高原明生監訳『中日関係史　1978 - 2008』東京大学出版会、2009 年。

本田善彦「『保釣』の系譜 第 7 回『保釣』運動の火を付けた者」『世界』2014 年 9 月号、275 ～ 282 頁。

前田宏子「中国の『核心的利益』をどう解釈するか」中国コラム、PHP 総研 HP
　　http://research.php.co.jp/column/s_09/china/028.php

前原誠司『政権交代の試練 ポピュリズム政治を越えて』新潮社、2012 年。

牧野清「先島における人頭税制度創設に関する研究」南島史学会編『南島　その歴史と文化 5』第
　　一書房、1985 年、179 ～ 212 頁。

孫崎享『日本の国境問題』筑摩書房、2011 年。

同『検証　尖閣問題』岩波書店、2012 年。

同『戦後史の正体』創元社、2012 年。

孫崎享、カレル・ヴァン・ウォルフレン『独立の思考』角川学芸出版、2013 年。

益尾知佐子『中国政治外交の転換点』東京大学出版会、2010 年。

増田雅之「中国の国連 PKO 政策と兵員・部隊派遣をめぐる文脈変遷：国際貢献・責任論の萌芽と
　　政策展開」『防衛研究所紀要』2011 年 1 月号、1 ～ 24 頁。

同「多元化に向かう中国外交」『東亜』2011 年 6 月号、32 ～ 44 頁。

松井芳郎『国際法学者がよむ尖閣問題：紛争解決への展望を拓く』日本評論社、2014 年。

同「尖閣諸島問題について考える：国際法の観点から 1」『法律時報』第 85 巻第 1 号、2013 年、70
　　～ 78 頁。

同「尖閣諸島問題について考える：国際法の観点から 2」『法律時報』第 85 巻第 2 号、2013 年、64

～ 73 頁。

同「尖閣諸島問題について考える：国際法の観点から 3」『法律時報』第 85 巻第 3 号、2013 年、55
　　～ 65 頁。

同「尖閣諸島問題について考える：国際法の観点から 4 完」『法律時報』第 85 巻第 4 号、2013 年、
　　70 ～ 76 頁。

同「歴史と国際法のはざまで：尖閣紛争を考える」『法学セミナー』2014 年 1 月号、34 ～ 35 頁。

松島泰勝『琉球独立論』バジリコ、2014 年。

松竹伸幸『これならわかる日本の領土紛争』大月書店、2011 年。

松本俊一『日ソ国交回復秘録　北方領土交渉の真実』朝日新聞出版、2012 年。

丸川哲史『思想課題としての現代中国　革命・帝国・党』平凡社、2013 年。

溝口雄三『中国の衝撃』東京大学出版会、2004 年。

緑間栄『尖閣列島』（新初版）ひるぎ社、1998 年。

同「中国領海法と尖閣列島」『志學館法学』第 5 号、2004 年 1 月、85 ～ 121 頁。

宮城大蔵編著『戦後日本のアジア外交』ミネルヴァ書房、2015 年。

宮崎正弘『中国権力闘争』文芸社、2012 年。

宮本雄二『これから、中国とどう付き合うか』日本経済新聞出版社、2011 年。

宮脇淳子著、岡田英弘監修『真実の中国史 ［1840 － 1949］』李白社、2011 年。

村井友秀「新・中国『脅威』論」『諸君！』1990 年 5 月号、186 ～ 197 頁。

同「『中国脅威論』についての考え方　過去・現在・未来」『東亜』2006 年 12 月号、10 ～ 20 頁。

村井友秀、阿部純一、浅野亮、安田淳編著『中国をめぐる安全保障』ミネルヴァ書房、2007 年。

村井友秀「中国軍の海洋進出と日本の対応」『改革者』2011 年 1 月号、16 ～ 19 頁。

村田忠禧『尖閣列島・魚釣島問題をどう見るか：試される二十一世紀に生きるわれわれの英知』日
　　本僑報社、2004 年。

同『日中領土問題の起源：公文書が語る不都合な真実』花伝社、2013 年。

同『史料徹底検証：尖閣領有』花伝社、2015 年。

明治期外交資料研究会編『明治期外務省調書集成　日清講和関係調書集』第 1 巻、クレス出版、
　　1994 年。

明治大正昭和新聞研究会編『新聞集成昭和編年史』昭和 22 年 5、新聞資料出版、2000 年。

毛利亜樹「『韜光養晦』の終わり」『東亜』2010 年 11 月号、92 ～ 102 頁。

同「現代海洋法秩序と中国の安全保障」『国政の論点』国立国会図書館、2015 年 4 月 20 日、1 ～ 7 頁。

毛里和子『新版・現代中国政治』名古屋大学出版会、2004 年。

毛里和子、増田弘監訳『周恩来 キッシンジャー機密会談録』岩波書店、2004 年。

毛里和子「日中国交正常化 40 年　積み残された日中の不信と猜疑」『中央公論』2012 年 7 月号、36
　　～ 39 頁。

毛里和子、園田茂人編『中国問題　キーワードで読み解く』東京大学出版会、2012 年。

毛利正道「出発点としての尖閣諸島領有問題」　http://www.lcv.ne.jp/~mourima/10.10.13senkaku-2.
　　pdf

同「尖閣諸島領有問題をいかに解決すべきか」　http://www.lcv.ne.jp/~mourima/11.1.8senkaku.pdf

森保裕「沖縄の帰属未定論 長引く尖閣対立で揺さぶりをかける中国」
　　http://wedge.ismedia.jp/articles/-/2833

安岡昭男『明治維新と領土問題』教育社、1980 年。

谷内正太郎「対中緊張で問われる日本の外交針路 新・日米同盟の構築を」『WEDGE』2012 年 12 月号、
　　8 〜 10 頁。

柳澤協二「新ガイドラインはさらなる対米従属化だ」『月刊日本』2015 年 6 月号、36 〜 41 頁。

矢野義昭『日本はすでに北朝鮮核ミサイル 200 基の射程下にある』光人社、2008 年。

矢吹晋『尖閣問題の核心』花伝社、2013 年。

同『尖閣衝突は沖縄返還に始まる』花伝社、2013 年。

同『敗戦・沖縄・天皇：尖閣衝突の遠景』花伝社、2014 年。

同「日中相互不信の芽は復交の原点に潜んでいる」『外交』Vol.15、2012 年、123 頁。

矢部貞治編著、近衛文麿伝記編纂刊行会刊『近衛文麿』下巻、弘文堂、1952 年。

山内康英『交渉の本質』東京大学出版会、1995 年。

山下重一「『ジャパン・ガゼット』論説の琉球処分批判と井上毅」『國學院法學』第 40 巻第 1 号、2002 年、
　　53 〜 94 頁。

山田吉彦『日本国境戦争』ソフトバンククリエイティブ、2011 年。

同「東京都の尖閣諸島購入を支持する」『祖国と青年』2012 年 9 月号、22 〜 32 頁。

山田吉彦、潮匡人『尖閣激突』扶桑社、2012 年。

山田吉彦、井上和彦『尖閣　一触即発』実業之日本社、2013 年。

山本剛士「尖閣の日中近代史」『世界』1996 年 12 月号、257 〜 262 頁。

山本吉宣「協調的安全保障の可能性—基礎的な考察」『国際問題』1995 年 8 月号、2 〜 20 頁。

同『国際レジームとガバナンス』有斐閣、2008 年。

吉田重信『不惑の日中関係へ　元外交官の考察と提言』日本評論社、2012 年。

吉野文雄『東アジア共同体は本当に必要なのか』北星堂、2006 年。

ラヂオプレス「尖閣諸島問題に関する日中間の認識の違い」『中国内外動向』2012 年 8 月 31 日、3
　　〜 11 頁。

オリバー・ラムズボサム、トム・ウッドハウス、ヒュー・マイアル著、宮本貴世訳『現代世界の紛
　　争解決学』明石書店、2009 年。

李鋭著、小島晋治編訳『中国民主改革派の主張 中国共産党私史』岩波書店、2013 年。

ギデオン・ラヒマン「中国の『封じ込め』は必要だ」『世界週報』1996 年 1 月 16/23 日号、65 〜 73 頁。

李妍焱『中国の市民社会——動き出す草の根 NGO』岩波書店、2012 年。

ケネス・リバーサル「中国封じ込め政策を回避せよ」『中央公論』1996 年 1 月号、319 〜 331 頁。

琉球政府『沖縄県史』第 15 巻資料編 5 雑纂 2、図書刊行会、1989 年。

劉傑『中国の強国構想』筑摩書房、2013 年。

同「拡大する相互認識のずれをいかに克服するのか」『外交』Vol. 15 、28 〜 34 頁。

同「構造変動を迎えた日中関係」『現代思想』2012 年 12 月号、122 頁〜 128 頁。

エドワード・ルトワック著、奥山真司監訳『自滅する中国』芙蓉書房出版、2013 年。

ロバート・ロス「『中国脅威論』に惑わされるな」『中央公論』1997 年 5 月号、339 〜 350 頁。

和田春樹『領土問題をどう解決するか』平凡社、2012 年。

割田聖史「琉球処分研究史のナラティブ」『沖縄研究ノート』18、2009 年 3 月、25 〜 40 頁。

ワン・ジョン著、伊藤真訳『中国の歴史認識はどう作られたのか』東洋経済新報社、2014 年。

英語文献

Foreign relations of the United States Diplomatic papers, The Conferences at Cairo and Tehran, 1943 http://images.library.wisc.edu/FRUS/EFacs/1943CairoTehran/reference/frus. frus1943cairotehran.i0011.pdf

FRUS (Foreign Relations of the United States), 1969-1976, Volume ⅩⅦ ,China, 1969-1972, Department of States, United States Government Printing Office Washington, 2006.（『米国外交文書史料集 1969-1976　第 17 巻 中国 1969-1972』）

Joseph S. Nye, Jr., David A. Welch, Understanding Global Conflict and Cooperation: An Introduction to Theory and History, 9th edition. , 2013.
（ジョセフ・S・ナイ・ジュニア、デイヴィッド・A・ウェルチ著、田中明彦、村田晃嗣訳『国際紛争——理論と歴史』原書第 9 版、有斐閣、2013 年。）

Okinawa Reversion Treaty, Hearings before the Committee on Foreign Relations United States Senate, Ninety-Second Congress, October 27,28 and 29, 1971.（『米上院沖縄公聴会の記録』）

Okinawa Reversion Treaty, Annex to Hearings before the Committee on Foreign Relations United States Senate, Ninety-Second Congress, October 27,28 and 29, 1971.（米上院沖縄公聴会の記録付属文書）

Robert Kaplan, "The Geography of Chinese Power," Foreign Affairs, May/Jun 2010, pp. 22-41.（ロバート・カプラン「大中国圏の形成と中国の海軍力増強」『フォーリン・アフェアーズ・リポート』2010 年 6 月号、6 〜 23 頁。）

Charles Krauthammer, "Why We Must Contain China," Time, 1995, Vol. 146, Issue 5, p. 72.

Charles Glaser, "Will China's Rise Lead to War? Why Realism Does Not Mean Pessimism," Foreign Affairs, Mar/Apr 2011, pp. 80-91.（チャールズ・グレーザー「中国の台頭と米中衝突のリスク」『フォーリン・アフェアーズ・リポート』2011 年 5 月号、95 〜 104 頁。）

The World Bank, Global Economic Prospect and the Developing Countries, The World Bank, 1993.

Susan L. Shirk, China: Fragile Superpower, N.Y.: Oxford University Press, 2007.（スーザン L. シャーク著、徳川家広訳『中国　危うい超大国』NHK 出版、2008 年。）

John F. Dulles, "Security in the Pacific," Foreign Affairs, Vol. 30, January 1952, pp. 175-88.

Richard McGregor, The Party: The Secret World of China's Communist Rulers, N.Y.: Penguin, 2010.（リチャード・マクレガー著、小谷まさ代訳『中国共産党　支配者たちの秘密の世界』草思社、2011 年。）

Richard de Villafranca, "Japan and the Northern Territories Dispute: Past, Present, Future," Asian Survey, Vol.33, No.6, Japan: Redefining Its International Role（June, 1993), pp. 610-24.

Linda Jakobson and Dean Knox, "New Foreign Policy Actors in China," SIPRI Policy Paper, No. 26, SIPRI, 2010.（リンダ・ヤーコブンソン、ディーン・ノックス著、岡部達味監修、辻康吾訳『中国の新しい対外政策』岩波書店、2011 年。）

Charles A. Schmitz, Working Out the Details, Foreign Service Journal, May 1993,pp24 〜 25.

中国語文献

阎学通「从南海问题说到中国外交调整」『世界知识』2012 年 1 月、32 ～ 33 頁。

王海濱「琉球名称的演变与冲绳問題的产生」『日本学刊』2006 年 2 期、29 ～ 41 頁。

王海濱「中国国民政府与琉球問題」『中国边疆史地研究』2007 年 3 期、139 ～ 147 頁。

王幸福「蒋介石后悔拒收琉球群岛」中国共産党新聞 HP　筆者訳。

　　http://cpc.people.com.cn/GB/68742/114021/114023/6771000.html

王毅「思考二十一世纪的新亚洲主义」『外交评论』总第 89 期、2006 年 6 月、6 ～ 10 頁。

王紹坊『中国外交史』第 1 冊、河南人民出版社、1987 年。

王新生主编『中日友好交流三十年 政治卷』社会科学文献出版社、2008 年。

王东「中国和平发展战略的选择—解读 2011 年『中国的和平发展』白皮书」『当代经济』2012 年 1 月
　　（上）、4 ～ 7 頁。

韩永「海洋"斗法"」『中国新闻周刊』2012 年。

丘宏達「琉球問題研究」『政大法学評論』1970 年 2 期、3 頁。1 ～ 12 頁。

同「釣魚臺列嶼主權爭執問題及其解決方法的研究」國立政治大學國際關係研究中心、1991 年。

同「釣魚臺列嶼問題研究」『政大法學評論』第 6 期、1972 年 6 月、241 ～ 269 頁。

同『関於中国領土的国际法問題論集（修訂本）』台湾商务印书館、2004 年。

裴援平「中国：对应被误读的挑战」『世界知识』第 7 期 2010 年、16 ～ 19 頁。

龚迎春「钓鱼岛属中国的历史法理依据」『中国海洋报』2012 年 7 月 25 日。

金熙德主编『21 世纪的中日关系』重庆出版社、2007 年。

邢广梅「我国公布钓鱼岛领海基线」『瞭望』2012 年 9 月 17 日号、10 ～ 11 頁。

高洪「日本拿什么取信国际社会？」『瞭望』2012 年 9 月 17 日号、12 ～ 15 頁。

吴建民「传媒观澜：中国人要克服弱国心态」『人民日报』2010 年 10 月 14 日。

邵漢儀「從『外交部檔案』解析中華民國對釣魚臺列嶼主權之確立過程」『中華國際法與超國界評論』
　　第 11 卷第 1 期、2015 年、113 ～ 179 頁。

汝信、陆学艺、李陪林主编『社会蓝皮书　2012 年中国社会形势分析与预测』社会科学文献出版社、
　　2012 年。

徐勇「钓鱼岛：东亚历史与地缘战略关系再探讨」『纪念中国人民抗日战争暨世界反法西斯战争胜利
　　60 周年学术研讨会文集（下卷）』中共党史出版社、2006 年。

石斌「秩序转型、国际分配正义与新兴大国的历史责任」『世界经济与政治』第 12 期 2010 年、69 ～ 100 頁。

戚其章「日本吞并琉球与中日関于琉案的交涉」『济南教育学院学报』2000 年 5 期、1 ～ 8 頁。

Unryu Suganuma（菅沼雲龍）『中日关系与领土主权』日本僑报社、2007 年。

戴秉国「坚持走向和平发展道路」2010 年 12 月 6 日、中国外交部 HP。

褚静涛「釣魚島与琉球帰属」『江海学刊』2012 年 6 期、128 ～ 137 頁。

赵可金「软战时代的中美公共外交」时事出版社、2011 年。

赵启正『公共外交与跨文化交流』中国人民大学出版社、2011 年。（趙啓正著、王敏編・監訳『中国
　　の公共外交　「総・外交官」時代』三和書籍、2011 年。）

张海鹏、李国强「论『马关条约』与钓鱼岛问题」http://news.xinhuanet.com/politics/2013-05/08/
　　c_115676174.htm

張啓雄「釣魚台列嶼的主權歸屬問題」『中央研究院近代史研究所集刊』1993 年 6 月、107 ～ 135 頁。
　　http://www.mh.sinica.edu.tw/MHDocument/PublicationDetail/PublicationDetail_806.pdf

张香山「中日复交谈判回顾」『日本学刊』1998 年第 1 期、47 頁。

张清敏「社会变迁背景下的中国外交决策评析」『国际政治研究』第 1 期 2006 年、45 ～ 56 頁。

程家瑞『釣魚臺列嶼之法律地位』東吳大學法學院、1997 年。

田桓主编『戦後中日関係文献集 1945 － 1970』中国社会科学出版、1996 年。

米慶余「晩清中日之間的"琉球問題"」『日本研究論集』2001 年 1 期、323 ～ 363 頁。

马振岗「『大国思潮』应当是理性的」『人民论坛』2011 年 1 月号上、46 ～ 47 頁。

符成礼「冷战结束以来的亚太安全形势」『中国军事科学』1995 年第 1 期、中国人民解放军军事科学院、
59 ～ 66 頁。

熊光楷「纵论国际战略形势」『国际问题研究』2004 年第 3 期、中国国际问题研究所、1 ～ 5 頁。

俞新天「软实力建设与中国对外战略」『国际问题研究』2008 年第 2 期、15 ～ 20 頁。

楊仲揆「尖閣羣島問題」『中央日報』台湾、1970 年 8 月 22 日、同年同月 23 日。

同「從史地背景看釣魚臺列嶼」『文藝復興月刊』第 1 卷第 10 期、1970 年 10 月、2 ～ 4 頁。

同「釣魚臺列嶼主權平議」『文藝復興月刊』第 28 期、1972 年 4 月、14 ～ 19 頁。

杨洁勉「新时期中美合作的动力和阻力：新兴大国和守成大国的对弈」『国际问题研究』第 5 期 2010 年、
1 ～ 5 頁。

杨士龙「坚持韬光养晦 积极有所作为」『瞭望』2010 年 11 月 8 日号、34 ～ 35 頁。

罗欢欣「学者称钓鱼岛系中国固有领土 有史为凭法理确凿」『法制日报』、2012 年 9 月 25 日。

李若愚「近百年来东亚历史中的"琉球问题"」『史林』2011 年 4 期、323 ～ 363 頁。

李国强「历史不容践踏 事实不容篡改 中国拥有钓鱼岛主权具有无可争辩的历史依据」『央视网评』
2012 年 9 月 11 日。http://opinion.cntv.cn.diaoyudao0911/o

刘江永「钓鱼岛：主权归属的历史法理依据」『瞭望』2012 年 7 月 23 日号、38 ～ 42 頁。

刘绍峰、袁家冬「琉球群岛相関称謂的地理意义与政治属性」『地理科学』2012 年 4 期、393
～ 400 頁。

刘心长「论琉球问题并末了结」『邯郸学院学报』2014 年第 24 卷 1 期、71 ～ 76 頁。

林田富『再論釣魚臺列嶼主權爭議』五南圖書出版股份有限公司、2002 年。

廉德瑰「钓鱼岛的所为"所有权"转移及其背后的经济因素」『国际观察』、2012 年第 6 期。

【著者紹介】笘米地真理（とまべち・まさと）

1971年、東京都生まれ。中国・中山大学中退。2014年、法政大学大学院公共政策研究科修士課程修了。青山学院大学法学部非常勤講師等を経て、現在、法政大学大学院公共政策研究科博士後期課程、同大学大学院政策科学研究所特任研究員、日本地方政治学会・日本地域政治学会理事等。
論文「尖閣『固有の領土』論を超え、解決の道をさぐる」『世界』2014年10月号、など。

尖閣諸島をめぐる「誤解」を解く
―国会答弁にみる政府見解の検証―

2016年8月8日初版第1刷発行

著　者　笘米地真理
発行者　段景子
発売所　株式会社日本僑報社
　　　　〒171-0021 東京都豊島区西池袋3-17-15
　　　　TEL03-5956-2808　FAX03-5956-2809
　　　　info@duan.jp
　　　　http://jp.duan.jp
　　　　中国研究書店 http://duan.jp

2016 Printed in Japan. ISBN978-4-86185-226-8　C0036

日中国益の融和と衝突

日中間では、国益の融和と衝突が、ほぼ同率で存在している。両国は「運命共同体」という依存関係にあるが、同時に、国益を巡る対立と排斥も目立つ。日中関係の根本的な改善は、国民レベルの相互信頼を醸成し、互いに国益において戦略的妥協が求められている。

著者　殷燕軍
訳者　飯塚喜美子
定価　7600円＋税
ISBN　978-4-86185-078-3
刊行　2008年

尖閣列島・釣魚島問題をどう見るか

1. はじめに
2. 歴史的事実はどうであったのか
3. 明治政府の公文書が示す日本の領有過程
4. 日本の領土に編入されてから
5. 狭隘な民族主義を煽る口実としての領土問題
6. 試される二十一世紀に生きる者の英知

著者　村田忠禧
定価　1300円＋税
ISBN　978-4-93149-087-1
刊行　2004年

永遠の隣人－人民日報に見る日本人

永遠の隣人
書名題字 元内閣総理大臣村山富市先生

日中国交正常化30周年を記念して、人民日報の人物記事を一冊の本にまとめた。中国人記者の眼差しを通し日中友好を考える。

主編　孫東民、于青
監訳　段躍中
訳者　横堀幸絵ほか
定価　4600円＋税
ISBN　4-931490-46-8

日中友好会館の歩み

「争えば共に傷つき、
　　相補えば共に栄える」

中曽根康弘元首相 推薦！
唐家璇元国務委員 推薦！

かつての日本、都心の一等地に発生した日中問題を解決の好事例へと昇華させた本質に迫る一冊。

著者　村上立躬
定価　3800円＋税
ISBN　978-4-86185-198-8

日本僑報社好評既刊書籍

日中中日翻訳必携　実戦編Ⅱ

武吉次朗 著

日中翻訳学院「武吉塾」の授業内容を凝縮した「実戦編」第二弾！脱・翻訳調を目指す訳文のコツ、ワンランク上の訳文に仕上げるコツを全36回の課題と訳例・講評で学ぶ。

四六判192頁 並製　定価1800円＋税
2016年刊　ISBN 978-4-86185-211-4

現代中国カルチャーマップ
百花繚乱の新時代

日本図書館協会選定図書

孟繁華 著
脇屋克仁／松井仁子（日中翻訳学院）訳

悠久の歴史とポップカルチャーの洗礼、新旧入り混じる混沌の現代中国を文学・ドラマ・映画・ブームなどから立体的に読み解く1冊。

A5判256頁 並製　定価2800円＋税
2015年刊　ISBN 978-4-86185-201-5

中国の"穴場"めぐり

日本日中関係学会 編

宮本雄二氏、関口知宏氏推薦!!
「ディープなネタ」がぎっしり！
定番の中国旅行に飽きた人には旅行ガイドとして、また、中国に興味のある人には中国をより深く知る読み物として楽しめる一冊。

A5判160頁 並製　定価1500円＋税
2014年刊　ISBN 978-4-86185-167-4

春草
〜道なき道を歩み続ける中国女性の半生記〜

日本図書館協会選定図書　日本翻訳大賞エントリー作品

裘山山 著、于暁飛 監修
徳田好美・隅田和行 訳

東京工科大学 陳海梅教授推薦!!
中国の女性作家・裘山山氏のベストセラー小説で、中国でテレビドラマ化され大反響を呼んだ『春草』の日本語版。

四六判448頁 並製　定価2300円＋税
2015年刊　ISBN 978-4-86185-181-0

中国の百年目標を実現する
第13次五カ年計画

胡鞍鋼 著
小森谷玲子（日中翻訳学院）訳

中国政策科学における最も権威ある著名学者が、国内刊行に先立ち「第13次五カ年計画」の綱要に関してわかりやすく紹介した。

四六判120頁 並製　定価1800円＋税
2016年刊　ISBN 978-4-86185-222-0

強制連行中国人
殉難労働者慰霊碑資料集

強制連行中国人殉難労働者慰霊碑
資料集編集委員会 編

戦時下の日本で過酷な強制労働の犠牲となった多くの中国人がいた。強制労働の実態と市民による慰霊活動を記録した初めての一冊。

A5判318頁 並製　定価2800円＋税
2016年刊　ISBN 978-4-86185-207-7

和一水
―生き抜いた戦争孤児の直筆の記録―

和睦 著
康上賢淑 監訳
山下千尋／濵川郁子 訳

旧満州に取り残され孤児となった著者。1986年の日本帰国までの激動の半生を記した真実の書。過酷で優しい中国の大地を描く。

四六判303頁 並製　定価2400円＋税
2015年刊　ISBN 978-4-86185-199-5

中国出版産業
データブック　vol. 1

国家新聞出版ラジオ映画テレビ総
局図書出版管理局 著
段 景子 監修
井田綾／松山明音 訳

デジタル化・海外進出など変わりゆく中国出版業界の最新動向を網羅。出版・メディア関係者ら必携の第一弾、日本初公開！

A5判248頁並製　定価2800円＋税
2015年刊　ISBN 978-4-86185-180-3

日本僑報社好評既刊書籍

新中国に貢献した日本人たち

中日関係史学会 編
武吉次朗 訳

元副総理・故後藤田正晴氏推薦!!
埋もれていた史実が初めて発掘された。登場人物たちの高い志と壮絶な生き様は、今の時代に生きる私たちへの叱咤激励でもある。
— 後藤田正晴氏推薦文より

A5判 454頁 並製 定価2800円＋税
2003年刊 ISBN 978-4-93149-057-4

同じ漢字で意味が違う
日本語と中国語の落し穴
用例で身につく「日中同字異義語100」

久佐賀義光 著
王達 中国語監修

"同字異義語"を楽しく解説した人気コラムが書籍化！中国語学習者だけでなく一般の方にも。漢字への理解が深まり話題も豊富に。

四六判 252頁 並製 定価1900円＋税
2015年刊 ISBN 978-4-86185-177-3

若者が考える「日中の未来」Vol.1
日中間の多面的な相互理解を求めて
—学生懸賞論文集—

宮本雄二 監修
日本日中関係学会 編

2014年に行った第3回宮本賞（学生懸賞論文）で、優秀賞を受賞した12本を掲載。若者が考える「日中の未来」第一弾。

A5判 240頁 並製 定価2500円＋税
2015年刊 ISBN 978-4-86185-186-5

若者が考える「日中の未来」Vol.2
日中経済交流の次世代構想
—学生懸賞論文集—

宮本雄二 監修
日本日中関係学会 編

2015年に日本日中関係学会が募集した第4回宮本賞（日中学生懸賞論文）で、最優秀賞などを受賞した13本の論文を全文掲載。

A5判 240頁 並製 定価2800円＋税
2016年刊 ISBN 978-4-86185-223-7

中国式
コミュニケーションの処方箋

趙啓正・呉建民 著
村崎直美 訳

なぜ中国人ネットワークは強いのか？中国人エリートのための交流学特別講義を書籍化。職場や家庭がうまくいく対人交流の秘訣。

四六判 243頁 並製 定価1900円＋税
2015年刊 ISBN 978-4-86185-185-8

アメリカの名門CarletonCollege発、全米で人気を博した
悩まない心をつくる人生講義
—タオイズムの教えを現代に活かす—

チーグアン・ジャオ（趙啓光）著
町田晶（日中翻訳学院）訳

元国連事務次長 明石康氏推薦!!
悩みは100％自分で消せる！難解な老子の哲学を分かりやすく解説し米国の名門カールトンカレッジで好評を博した名講義が書籍化！

四六判 247頁 並製 定価1900円＋税
2016年刊 ISBN 978-4-86185-215-2

新疆物語 日本図書館協会選定図書
～絵本でめぐるシルクロード～

王麒誠 著
本田朋子（日中翻訳学院）訳

異国情緒あふれるシルクロードの世界 日本ではあまり知られていない新疆の魅力がぎっしり詰まった中国のベストセラーを全ページカラー印刷で初翻訳。

A5判 182頁 並製 定価980円＋税
2015年刊 ISBN 978-4-86185-179-7

新疆世界文化遺産図鑑

小島康誉／王衛東 編
本田朋子（日中翻訳学院）訳

「シルクロード：長安—天山回廊の交易路網」が世界文化遺産に登録された。本書はそれらを迫力ある大型写真で収録、あわせて現地専門家が遺跡の概要などを詳細に解説している貴重な永久保存版である。

変形A4判 114頁 並製 定価1800円＋税
2016年刊 ISBN 978-4-86185-209-1

第11回中国人の日本語作文コンクール受賞作品集
なんでそうなるの？
中国の若者は日本のココが理解できない

コンクール史上最多となる4749本の応募作のうち
上位入賞の71本を収録！！

一編一編の作文が未来への架け橋

今回のテーマは、「日中青年交流について——戦後70年目に両国の青年交流を考える」『なんでそうなるの？』——中国の若者は日本のここが理解できない」「わたしの先生はすごい——第1回日本語教師『総選挙』ｉｎ中国」の3つで、硬軟織り交ぜた課題となった。

そのうち上位入賞作を一挙掲載した本書には、一般の日本人にはあまり知られない中国の若者たちの等身大の姿や、ユニークな「生の声」がうかがい知れる力作がそろっている。

編者　段躍中
定価　2000円＋税
ISBN　978-4-86185-208-4

日本外務省、在中国日本大使館などが後援
宮本雄二元中国大使、石川好氏推薦！
※第1～10回の受賞作品集も好評発売中

華人学術賞受賞作品

● **中国の人口変動──人口経済学の視点から**
第1回華人学術賞受賞　千葉大学経済学博士学位論文　北京・首都経済貿易大学助教授李仲生著　本体6800円+税

● **現代日本語における否定文の研究**──中国語との対照比較を視野に入れて
第2回華人学術賞受賞　大東文化大学文学博士学位論文　王学群著　本体8000円+税

● **日本華僑華人社会の変遷**（第二版）
第2回華人学術賞受賞　廈門大学博士学位論文　朱慧玲著　本体8800円+税

● **近代中国における物理学者集団の形成**
第3回華人学術賞受賞　東京工業大学博士学位論文　清華大学助教授楊艦著　本体14800円+税

● **日本流通企業の戦略的革新**──創造的企業進化のメカニズム
第3回華人学術賞受賞　中央大学総合政策博士学位論文　陳海権著　本体9500円+税

● **近代の闇を拓いた日中文学**──有島武郎と魯迅を視座として
第4回華人学術賞受賞　大東文化大学文学博士学位論文　康鴻音著　本体8800円+税

● **大川周明と近代中国**──日中関係のあり方をめぐる認識と行動
第5回華人学術賞受賞　名古屋大学法学博士学位論文　呉懐中著　本体6800円+税

● **早期毛沢東の教育思想と実践**──その形成過程を中心に
第6回華人学術賞受賞　お茶の水大学博士学位論文　鄭萍著　本体7800円+税

● **現代中国の人口移動とジェンダー**──農村出稼ぎ女性に関する実証研究
第7回華人学術賞受賞　城西国際大学博士学位論文　陸小媛著　本体5800円+税

● **中国の財政調整制度の新展開**──「調和の取れた社会」に向けて
第8回華人学術賞受賞　慶應義塾大学博士学位論文　徐一睿著　本体7800円+税

● **現代中国農村の高齢者と福祉**──山東省日照市の農村調査を中心として
第9回華人学術賞受賞　神戸大学博士学位論文　劉燦著　本体8800円+税

● **近代立憲主義の原理から見た現行中国憲法**
第10回華人学術賞受賞　早稲田大学博士学位論文　晏英著　本体8800円+税

● **中国における医療保障制度の改革と再構築**
第11回華人学術賞受賞　中央大学総合政策学博士学位論文　羅小娟著　本体6800円+税

● **中国農村における包括的医療保障体系の構築**
第12回華人学術賞受賞　大阪経済大学博士学位論文　王崢著　本体6800円+税

● **日本における新聞連載 子ども漫画の戦前史**
第14回華人学術賞受賞　同志社大学博士学位論文　徐園著　本体7000円+税

● **中国都市部における中年期男女の夫婦関係に関する質的研究**
第15回華人学術賞受賞　お茶の水女子大学大学博士学位論文　于建明著　本体6800円+税

● **中国東南地域の民俗誌的研究**
第16回華人学術賞受賞　神奈川大学博士学位論文　何彬著　本体9800円+税

● **現代中国における農民出稼ぎと社会構造変動に関する研究**
第17回華人学術賞受賞　神戸大学博士学位論文　江秋鳳著　本体6800円+税

第13次五ヵ年計画

中国の「国情研究」の第一人者であり政策ブレーンとして知られる有力経済学者が読む「中国の将来計画」

中国の百年目標を実現する

胡鞍鋼・著、小森谷玲子・訳
判型　四六判二二〇頁
本体一八〇〇円+税
ISBN 978-4-86185-222-0

華人学術賞応募作品随時受付！！

〒171-0021 東京都豊島区西池袋3-17-15
TEL03-5956-2808　FAX03-5956-2809　info@duan.jp　http://duan.jp